新传媒

NEWMEDIA

主　办　中国传媒大学

协　办　媒体创意研究中心

　　　　中国广播电视出版社

主编　宫承波

中国广播影视出版社

新传媒 2014.1

中国传媒大学媒体创意研究中心　主办

中国广播电视出版社　协办

主　编　宫承波

编　委　（按姓氏音序排列）

崔蕴芳　成文胜　方毅华　贺　明　黄昕恺　金梦玉

蒋海升　李飞雪　李晓霖　刘年辉　刘　萍　凌昊莹

罗　琳　倪　桓　宋培义　沈楚瑾　唐远清　涂晓华

王　佳　王建华　王　军　王锡苓　闫玉刚　杨　凡

赵光怀　赵云泽　詹　骞　詹新惠　张　丽　张晓红

张晓辉　庄　捷

本期执行主编

成文胜　吴　迪

本期特约编辑

田　园　王维砚　刘辛未　王　欢

主编絮语

宫承波

主编简介

宫承波（1966~　），山东章丘市人。山东大学文学（文艺学）博士，中央民族大学法学（民族社会学）博士后。

现为中国传媒大学新闻学院教授、传播学专业博士生导师，任网络与新媒体（媒体创意方向）专业委员会主任、媒体创意研究中心主任。目前主要致力于传媒理论、媒体创意及文化创意产业方面的教学与研究。

如今的"大数据"似乎已成为一个时髦的概念了。从学界，到业界，到官场，许多人张口闭口都是"大数据"如何如何——似乎不提"大数据"即已落伍于时代，似乎不懂"大数据"学问就不能做了，记者就不能当了，当官就不合格了……

我是个文科出身的人，远离数学已三十多年，平时见到什么数呀、码呀，不能说天然地恐惧，起码也是自觉地回避——这不是咱的领地，不可轻易造次。但这回不同了，"大数据"如此铺天盖地，看来实在是躲不掉了，也就只好搜了几篇相关文章学习了学习。在此，不妨总结几点学习认识，以就教于方家，也与我等人共勉：

其一，大数据是人类利用计算机认识、把握人类行为、活动的一种"现代化"手段。计算机是工具，数据化是手段。它是计算机应用技术发展的产物，是人类行为、尤其是社会活动"数据化"的产物，其数据之"大"、之丰有助于我们对相关事实全面了解，洞微执著，对提高人类对于相关事物的把控和调节能力无疑能够提供强大助力；

其二，大数据的主观色彩是不容忽视的。就像新闻的本源是事实一样，大数据的本源是人类的行为活动，它是人类利用计算机观察、了解、认知这些活动的呈现，是一种人造的资源，看似客观，但实际上却是主观化的产物。类似新闻写作的"选择事实"和文学欣赏的"一千个读者有一千个哈姆雷特"，面对同一事实，不同的挖掘主体，其数据也完全有可能会有差异、甚至差异很大的；

其三，大数据重在挖掘，贵在应用。好比从一座山上伐来大批木材、采来大批石材，用来做什么？怎么用？那就要看用的人是谁了。应用主体的德才学识、优劣高下决定了其价值取向、应用目的和应用策略，决定了这些数据在其手中的价值。

总之，拙见以为，大数据时代到来了，我们决不可等闲视之，无论学术研究还是社会管理，都必须高度重视，积极学习、应用，但却又不可迷知、迷信；而尤其是，大数据的主人是"人"，"人"是数据的主体，无论挖掘还是利用，其技能技巧似乎都不难掌握，难的仍然是人本身社会文化内涵的充实，是"人"的塑造。

目录 CONTENTS

新媒体前沿　New Media Frontier

广播电视前沿　Radio and Television Frontier

新闻与传播研究 News and Media Research

文化创意产业研究 Culture Creative Industry Research

媒体创意与策划 Media Design and Planning

创新传媒教育 Innovative Media Education

读书乐园 Book Club

封面人物介绍 Cover figure

Special Reports
特稿

新媒体时代人文精神的重建与弘扬
——"人文精神再讨论"会议综述

■ 毛冬冬

1993年，上海学人发起"人文精神"大讨论，旋即，讨论席卷并震动了整个中国知识界。当时的讨论涉及诸多理论与现实问题，参与者围绕着"市场经济"与"人文精神"二者之间的关系进行了一系列深入探讨。市场经济是否会导致人文精神的丧失？或者它是否会反过来促进人文精神的重塑？虽然那场讨论没能达成普遍共识，却使得人们对市场经济给精神生活产生的正负效应有了较为深刻的认知。同时，这也在很大程度上促进了人们进一步认识和解决市场经济条件下文化建设所面临的实际问题。

如今，新媒体时代的到来早已成为社会各领域不断变迁的助推器。当初那场讨论中所指涉的人文精神问题是否得到了解决？人文精神在当下的社会经济生活中面临着怎样的局势？人文精神是否到了不得不重新建构的地步？又该如何重新建构？种种问题，使得一场深入、严肃的思想碰撞和理论探讨迫在眉睫。

2013年9月21日，由上海大学影视学院教授郝雨首先发起并筹划的，以"新媒体时代人文精神重建与弘扬"为主题的研讨会分别于当日上、下午在上海大学和华东师范大学两个会场举行。与会者包括：《文学报》主编陈歆耕、上海大学影视学院院长郑涵、中国社会科学院文艺所研究员李建军、清华大学哲学系教授肖鹰、《上海文化》杂志主编吴亮、复旦大学教授郜元宝、华东师范大学教授杨扬、天津《文学自由谈》杂志执行主编黄桂元、同济大学教授张生、上海交通大学教授何言宏、澳大利亚著名华人作家兼评论家黄惟群、复旦大学教授龚静、河北大学文学院院长田建民、上海大学影视学院副教授赵为学、《光明日报》文艺评论主编王国平、《中华读书报》主编舒晋瑜、上海师范大学都市文化研究中心主任杨剑龙教授、中国传媒大学新闻学院教授宫承波、厦门大学新闻传播学院副教授谢清果、苏州大学凤凰传媒学院教授曾一果、上海政法学院文学院副院长李有亮教授等。

一、贴近当下现实，聚焦人文精神重建与弘扬

会议开始后，陈歆耕先生首先阐述了自己对这次会议主旨的认知与期待。他认为，虽然此次研讨会与20年前的那一场人文精神大讨论存在某些内在联系，可以视其为人文精神讨论的一次延续，但此次会议的主旨并不在于对历史上的讨论做更多的回顾、解读与反思，而在于对当下现实的观察、关照与思考。同时，他也谈到，讨论"人文精神"这一话题，如果仅仅从概念到概念，空谈康德、马克思，是不会产生多大实际意义的。他希望此次会议的讨论更贴近当下现实的具体问题、具体现象，能做一些真正有价值的思考。

他以近十年来我国私家车数量的发展变化为

例，谈到自己对这一现象的反思。十多年前，私家车在中国可谓刚刚起步；而时至今日，整个中国社会的私家车拥有量已经过亿；据预测，到2020年中国的私家车拥有量将达到2.2亿辆，全国有五个城市私家车拥有量将超过200万辆。伴随着汽车文化、汽车文明在中国生根发芽，我们的人文知识分子对此却并未给予足够的关注和思考。很多汽车恶性事件频频发生，或许与此有某些内在联系。他指出，只有将涉及人文精神的问题具体化，关于人文精神的讨论才更加有意义。

郝雨教授也谈到，此次会议应更多地关注现实问题。自从研究方向从文学领域转到新闻传播领域之后，他越来越深刻地认识到，很多现实问题的产生，论其根源都是由于人文精神的缺失，所以特别需要人文知识分子对这一话题予以特别关注。

如果说20年前的人文知识分子对人文精神失落的忧虑源自市场经济的勃兴，那么，在资本大量积累、市场化程度不断提高的当下，人文精神的处境是否会变得愈加艰难？面对新媒体时代的到来，文化市场化早已成为一种行之有效的文化生存样态，我们的文化界对此是否还拥有独立的话语权呢？

清华大学教授肖鹰坦言，作为一个人文研究者，自己越来越对当下的许多社会现象感到"无语"，"这些社会现象跟我们的研究领域相关，但是我们却无法对此发声，即使发声实际上也产生不了什么效果，我们没有办法去解读它。"他以今年文化界的热点事件——郭敬明《小时代》电影引发一系列文化争议的现象为例，阐释了人文研究者在当下社会现象中失语的内在因素。肖鹰认为，我们一些正面主流的文化评论在面对郭敬明时，可能还没办法找到自己的话语体系来面对一个完全市场化的文化活动、或者说完全市场化的文化社会。

在肖鹰看来，当下谈人文精神，最重要的是要面对一个资本化的文化界，"我们在多大程度上将资本化的文化界理解到位，也才可能在多大程度上把郭敬明这样似是而非的青春文学解读清楚。"对他而言，"作为人文学者，我们现在要做的工作是，能够在多大程度上把文化从资本那里做一种解读与解救。人文学者的使命和责任，还是让文化回归心灵、回归自我、回归精神。"

那么，文化资源的市场化是否真的完全否定了人文精神的价值，挤压了人文精神在社会各领域中的空间呢？市场化的推进与人文精神的重建能否并行不悖？虽然肖鹰对如今文化市场化的现状感到忧虑，却也坦承，"市场化本身并不是坏事，市场化实际上和人文发展是并行的，一体两面，市场化强调尊重个体，以个人的价值为中心，这正是人文精神的题中之义。"

《上海文学》主编、评论家吴亮则认为，当下的社会生活实践中，人文精神的问题其实正在于一切都不够市场化，或者说没有做到真正自由的市场化。在他看来，人文精神的失落并不是市场经济、资本造成的，更重要的是当下的中国，用科斯的话说没有做到"思想市场"的开放，"为什么这些年来中国原创力严重匮乏，为什么出不了大师？就因为中国是一个没有思想竞争的社会。"他表示，事实上，人文精神的重建在于人的思想、内心价值的重建。

二、文明规范与价值取向，人文精神本质之辨

人文精神的本质究竟为何？它与物质文明的发展之间存在着怎样一种关联？它是一种由人们共同建立起来的社会文明规范，还是人们在面对某一范畴或者某一类事物时的价值取向呢？

苏州大学曾一果教授认为，首先需要明确的一点是，人文精神究竟有没有失落？实际上，在

他看来，人文精神的失落在很大程度上只是知识分子的自我焦虑。"人文精神可能始终是一个不断变动的概念。而且，1993 年，文学界在进行人文精神讨论的时候，是基于当时中国的国情，主要针对的是商业社会，他们所感受到的更多的也是商业社会对他们自身地位的冲击。这其中，文学界受到的冲击最大。文学知识分子曾经在社会中扮演重要角色，往往又自视甚高，所以在 20 年前人文精神讨论的时候，他们会产生强烈的失落感，觉得社会堕落了。事实上，我们的社会是否像一些人所说的那样堕落了呢？说实话，我没有很深刻的感受。"

曾一果教授坦言，自己更愿意把"人文精神"这个话题换成"人文主义"。"因为将'人文精神'作为话题，好像感觉会很沉重，而转换成'人文主义'之后，可能很多跟文化相关的东西就都可以涵盖进来了。听听音乐、看看画展，都可以看做是一种人文的熏陶，并非一定要把某些特定的精神层面的东西看做是人文熏陶。所以，在这个意义上，我比较赞同雷蒙德·威廉斯提出来的观点。他是文化研究学派的代表人物，他把文化看成是一种生活的方式。在新媒体环境之下，我们的社会越来越多元化，在这样的背景下，寻找大家的共同点到是有必要的。并不是说社会多元化，就不存在一种共同的文化了。这种共同的文化就代表了一种共同的人文的价值的观念。包括杜威、李普曼在谈西方社会变化的时候，也都在寻找一种共同文化。总体上说，尽管在新媒介环境下有各种各样的危机，但是好像也不必那样悲观。当然，知识分子在这其中应该起到关键作用。"

对于曾一果教授的观点，宫承波教授并不认同，他提出了不同的意见和观点。"人文精神对抗的是商业逻辑、市场逻辑。这是它的主题。回过头去看中国历史、世界历史，在经济面前，在商业逻辑面前，在物质利益面前，精神的力量、人文的力量，始终是脆弱的。这是自古以来从未改变过的。也正是因此，哪怕是哀鸣，最可贵的还是人文精神及其倡导者。人文精神在如今的市场化浪潮中仍然扮演着这样的角色，其日渐失落的情势也绝不仅仅是知识分子的自我焦虑。它的缺失和穷富也是两回事。无论什么时候，越是社会发展了，物质富裕了，我们越应该去倡导人文精神；越是始终处于社会边缘的人文知识分子，尤其是搞文学的知识分子，越要把人文精神的倡导与人文精神的弘扬摆在一个主流位置上。一果教授可能是从另一个侧面看待这个问题的，我不是特别赞同。"

田建民教授则认为，在进行人文精神讨论时，应该首先对人文精神的概念有一个明确的界定。"人文精神绝不仅仅是爱心，也不仅仅是道德这么简单。它本质的、核心的东西到底是什么？人文精神究竟要怎样界定？1993 年的人文精神大讨论中，我看就没有一个明确的界定。我觉得这个问题应该搞搞清楚。"谈及 20 年前的人文精神讨论会，田教授认为那次讨论中出现了两种倾向，"一方认为，人文精神就是对人的终极关怀，而强调人的个体自由、选择和个性的张扬，在很大程度上，好多人把人文精神解释为人本主义，甚至有人把人文精神作为欲望扩张的遮羞布；另一方着眼于人类文化的普遍意义、超越性价值，把人文精神看成是对人生价值和意义的关照和理性的把握，把它作为人的一种道德理想主义的信仰，甚至有人把人文精神当成道德信条，进而成为一种道德暴力。这也是人们没办法忍受的。这两种观点都走向了极端。"

田教授尝试着对"人文精神"进行界定。"'人文'，顾名思义，就是人类文化或文明。'精神'，一是指事物的本质或者核心，二是指人的头脑对于客观世界的反应，也就是意识。那么这样看来，人文精神可以从两个方面来理解和把握。一个是人类文化或文明的实质或核心是什么；二是人文意识，也就是说强调人的精神文化生活对人类文化或文明的理性关照和把握。所以，人文的实质和核心，其实也就是人文精神的核心内涵。人之所以是万物之灵，就在于人创造了文化和文明，从某种意义上来说，是人的一种生存智慧。人类创造的物质文明和精神文明的成果是多方面的。物质生产的极大进步使人们从那种茹毛饮血的生活进入到享受高科技成果的现代化生活；而就精神文明来说，文字的出现使人类获得的各种知识和经验得以记载和传承，艺术的创造也极大地丰富了人们的精神文化生活，而其中最重要的，我认为，核心的就是人们在长期的碰撞冲突中建立起来的社会文明规范。这种社会文明规范是人类文化的最基本的出发点、核心和实质。它表现为人的个体的本我欲求与社会群体的文明规范之间的矛盾统一，其本质目的就是为了人自身及群体的生存与发展。社会的文明规范对每一个个体的本我欲求都是一种限制，但同时又是一种保护。二者之间是矛盾的又是统一的。那么极端地强调一个方面而贬抑另一个方面，就会破坏二者的平衡统一，造成严重的后果。比如西方中世纪严酷的神权统治，我国封建时代的那种存天理灭人欲，十年浩劫。那种文化专制主义，否定个体人的价值和尊严，对人性进行粗暴地践踏。那么不了解社会文明规范的本质意义和目的是对人自身的终极关怀，反之片面地强调个人的自由选择和绝对权力，放任个体贪欲的洪流，去冲毁社会文明规范的堤防。那也是了不得的。所以，对人文精神的理解既不能只看到其最终落脚点是对人生存的终极关怀，而看不到这种终极关怀是以遵守和维护社会文明规范为前提的；也不能把人文精神道德理想化，而否定人的个体的合理诉求。"

宫承波教授认为，田教授所述内容实为"人类文明规范"，而非"人文精神"，是否符合人类文明规范不是人文精神的实质。他将"文化精神"归结为人面对一个范畴或者一类事物时的价值取向，并认为这才是文化精神以及更进一步的人文精神的核心。"价值取向不是一个死的东西，是在不断变动的。人文精神最终应该落脚到文明规范上，还是应该落脚到价值取向上呢？我认为，一说到规范，就局限于群体，而相对忽略了个性。而价值取向不仅仅可以涵盖群体的范畴，同时也是尊重个体的。所以，将人文精神定义为一种价值取向可能是更为贴切的。"

三、知识分子理应担起人文精神重建之责

"由于知识分子的失职和知识阶层的不作为，逐渐导致人文精神的危机几乎蔓延到了社会生活中的每个角落，而且这种危机比许多年前还要严重得多。"中国社科院研究员李建军的一席话无疑代表了当天多数与会学者的观点和感受。一个社会的人文价值失范、人文精神式微，知识分子究竟应该承担多大的责任？又该怎样担负起自身的职责？

在李有亮教授看来，在拿当天的讨论与20年前的讨论相比较的时候，我们首先不能让"道德激情"成为过去式。20年前为什么会发生这样一场讨论呢？我认为，当初那些知识分子探讨这个问题不单单是因为自己被边缘化之后表现出的一种焦虑，他们依然是有他们作为传统知识分子的对社会责任的一种担当，一种对于民众即将陷入新的蒙昧状态的"公共的焦虑"。虽然商品经济刚刚展现出初始状态，但是他们已经敏感地意识到，这一洪流到来之后，恐怕会导致一场灾难，所以这种焦虑不单单是对个人处境的焦虑，而是带有公共知识分子的品质的，是一种传统的人文关怀的体现。那么，今天我们回过头来看呢，他们的确是一批先知先觉的人，今天的状况甚至比他们当初想象的还要严重。对于20年前

的那场讨论，我们不必去关心它的理论价值和社会影响，我认为最重要的是它表现出的一种姿态和象征意义。它让大家知道，中国还有这样一批人，面对着整个世界一体化、现代化的进程，敢于提出质疑并保持足够警惕。当然，我们要反对道德霸权，但道德激情无疑是可贵的。今天的人文知识分子尤其需要这样一种品质。

谈及知识分子双重责任时，李有亮表示，一方面，知识分子应继续承担批判社会的职能。"尽管现在'公知'已经成为一个被取笑的词汇了，但是中国目前特别需要一些知识分子把社会批判的职能担当起来。美国的50、60年代，日本的70、80年代，很多国家都是这样过来的，都是他们的知识分子担当起来的。我们为什么要缺席呢？我们应当有这个自觉，承担起这样的使命。"另一方面，人文知识分子应该具有自我批判的意识。"批判不能只向外，也应该勇于把它向内转，拿同样一面镜子照照我们自己，让我们看看自己目前究竟是什么样子。我觉得这种对外的批判和对内的反省是密切相连的。一个人如果没有这样一份真诚、这样一份勇敢，只是去批判社会，我觉得这也没有多大的力量和说服力。我们必须首先是一个身体力行的人。我说到了，并且我还能做得到，哪怕只做到一部分，我觉得你就具备了批判的资格。只是说给别人听，只是想着启蒙民众，说实话，我们连自己都不信。我们有必要做一些自我检讨。"此外，李有亮认为某些人文知识分子对大众文化的排斥，对大众需求的贬低，是没有道理的。在新媒体时代，人文知识分子和大众之间是有融合和共建的广阔空间的，而非彼此对立。

以李建军、郜元宝为代表的大多数学者均认为，知识分子对人文精神重建理应负有重要责任，但是同济大学教授张生对此持怀疑态度。他认为，"工业化生产制度、生产方式一旦来临，便不可逆转，我们采取任何的方式都不会有变化，所以也不必为传统意义上的人文精神的失落而焦虑。"在他看来，当下的人文精神已经有了自己全新的形式，"表面上人文精神好像丧失了，我们该为它唱一句挽歌；但一种新的人文精神，随着工业社会的到来以及新文明的转变而出现，只不过与我们习以为常的西方文艺复兴时候的人文精神有所差异罢了。"因而他进一步提出："不应再把作家、学者当成这个社会的导师"，作家和学者在当下多元的人文精神下，已经被剥下了崇高的外衣，当下的人文精神重建依靠的是，"人们通过现代文明自己教育自己"。

四、人文精神重建，重中之重何在

如今，传统意义上的人文精神在整个社会生活中已呈现全面退却的趋势。在这样的背景下，我们究竟该如何看待传统人文精神的失落呢？从媒介的角度出发，人文知识分子又能为此做些什么？人文精神的重建是否该转向个体的实践？能否从社会的宏大场域中返回到个人的外部生活和内心思维情感的各个层面，以期积少成多最后蔚为大观？这或许为我们提供了另外一种可能性。

"生活也好，做学问也好，其实都是个人的行为。个人的行为里面有每个人的审美取舍、审美标准，包括对一些事情的看法。而这些都只代表你自己，不代表别人。"华东师范大学中文系教授杨扬认为，当下的人文精神发展中最重要的一点，就是要承认个体差异。他指出，当下文学评论中存在的一种倾向，喜欢就某一个问题达成默契，似乎达成默契后这个问题就解决了，因而评论界的群体作战也不鲜见。在他看来，文学评论恰恰因为有不能达成默契的东西，才能够有文学评论的多元样态和丰富见解。"如果我们的文学艺术像以前那样，都是以同样的景象、同样的景观呈现给我们的话，想想那会是一种什么样的创作？"

这一观点与上海交通大学教授何言宏的感触不谋而合，"在中国独特的历史与社会变迁之中，我们每一个个体的思想道路、命运体验都非常漫长。20年的时间里，我们对个体研讨，就能够切实地考验人文精神的基本状态。"对他而言，这种个体的研讨，应当回到社会结构中来考察，"诊断每一个个体，怎么在这个结构中到达他现在所处的位置，将包括尊严、价值、信仰的确立、道德的重建在内的种种问题，回溯到对每一个个体的思考上，思考别人的同时也进行自我思考。只有通过这种思考与自我思考、诊断与自我诊断，才能够使人文精神的探讨深入下去。"

上海大学副教授赵为学提出，当代中国应当从当初人文精神的弘扬逐步深化发展为对公民精神的倡导。"当国家放开对商品、劳动力和资本市场的控制，将经济从国家的支配型计划体制中解放出来时，也将个人从无所不包的城市单位和村集体等社会主义机构中解放出来。这导致了一种有限的、国家认可的个体化过程。"当"个体化"、"风险社会"、"全球化"成为当今社会的主要标签时，我们不能简单地停留在人文精神的弘扬这个阶段，公民精神的倡导理应成为时代要求的应有之义。

在复旦大学中文系副教授、作家龚静看来，与其对人文精神进行理论化的阐释，不如进行具体而微的实践，"人文精神要谈，但基本更要做"。具体而言，就是在人文社会的架构里做一些基本的东西，这些基本的东西究其根本来说就是对人的尊重，对人的生活、行为、思想、尊严给予最基本的肯定和尊重。龚静认为，这有赖于日常生活中个人的内在修炼，"每个个体都是造成社会问题的因缘，我们要有信念、有持守、有反省觉知。解决好自己的内在问题，对人、事、历史、文化、现实或多或少有一些关照和思考，其实也便是一种人文精神了。"

上海大学影视学院院长郑涵从自身的经历出发，谈到了自己对人文精神重建的看法。"人文精神就是要反对文化专制，但是如果只从精英主义的角度去反对，或者说只从民族主义的角度去反对，这恐怕都是有问题的。"他进而谈到，约翰·密尔顿曾经在他的著作《论自由》中谈到这样一个观点，一个自由的社会是可以让个人反对全社会的，但是有一个底线，就是不能伤害别人。"如果说一个社会中的某些个体可以不受限制地侵犯他人的权利，企图在这个社会上游刃有余，或者说客观上游刃有余，那么，这个社会将是没有什么希望的。人文精神的问题恐怕是这个社会各类问题的集中体现。如果这个社会的文化专制主义不转变，人文精神的转变将是困难的。"

马明高先生认为，讨论人文精神，最重要的是"回归常识"。"人首先应该是诚实的。我们先不说其他群体，就知识分子而言，很多人向政治妥协，向金钱妥协，这都是不诚实的表现。其次，人应该有敬畏之心，不能为所欲为，这恐怕就是我们缺乏信仰造成的。再次，人应该控制自己的欲求。现在很多人的观念是，我赚的钱越多越好，当的官越大越好，房子有三套五套也不够，这简直是本末倒置了。有一套房子够你生活就行了，不管你当什么官，有一份能够养家糊口的职业就行了。现在应该提倡一种节俭的意识，只获取能够满足自己生存基本需求的物质就可以了。最后，人毕竟是有精神和灵魂的。在衣食住行得到满足之后，也要有更高的精神追求。"

宫承波教授认为，新媒体时代的人文精神已经发生了"异化"，具体表现在"内容传播的失范与媒介接触浅层化"、"意见表达的失范与公共空间建构的困境"和"媒介审美失范与快感审美"三个方面。就"公共空间建构的困境"而言，他谈道，"从社会学及民主政治视角来看，新媒体为每个个体都带来了表达的机会与平台，促进了政治民主化的进程。甚至有人说，真正民主的时代到来了。这样想恐怕太过简单化了。任何工具都是供人来使用和控制的。如果人们用它来做促进民主政治的事情，它就是民主政治的福音；如果不是这样呢？反而会带来社会的混乱。众声喧哗，人人都有发声的机会，带来的并非都是民主政治。这是一个现实的问题。"而对于新媒体时代人文精神的"救赎"之道，宫承波坦言，目前，无论是学界还是业界，也只能把握一个大致的方向。他本人提出三点意见：第一，培育广大受众的媒介素养，尤其是新媒体素养。第二，建构理性的公共空间。第三，回归主流美学话语。他认为，人文知识分子在这一过程中扮演着重要的角色。

杨剑龙教授提出，人文精神最核心的一点应该是"把人当作人来对待"。"我们常常在新媒体中看到许多令人发指的事件，很多都是我们从前闻所未闻的。而发生在我们身边的很多事件都是不把人当作人来对待的。"在杨教授看来，儒家文化的理念中很重要的一点便是"把人当作人"，而官场腐败与环境污染，当前中国社会的这两大问题之间不仅相互牵连，而且在很大程度上也是由于这一理念的丧失所导致的。

针对目前新媒体时代的人文精神状况，厦门大学的谢清果副教授提出，首先应该着力于加强媒介批评的力度和品质，而且应该将人文精神作为媒介批评的终极指向。在他看来，媒介批评需要人文精神的观照与指导，而人文精神也需要媒介批评的培育。媒介批评过程中应当遵循"人性、理性、灵性"的人文精神要旨，以维护和高扬人文精神作为自己的天职。而人文精神既是媒介批评的思想资源，又是媒介批评正常深入开展的精神动力，两者共同竭力去营造健康和谐的媒介批评与"求真、趋善、臻美"为核心内容的人文精神良性互动的文化环境，为我们建构社会主义和谐社会和提供我们的文化软实力贡献力量。

杨剑龙与郝雨两位教授分别对下午的会议进行了总结，肯定了此次会议的意义与成果。"事实上，中国社会经历这些年的发展，确实在很多方面比以前有了很大的进步。我们今天讲人文精神的失落，也并非是说我们的精神已经一败涂地了。我们只是希望社会比以前更好。我们讲知识分子的批判意识也好，责任意识也好，都是抱着满腔热忱和希望来说的。这便是这次会议的真正的价值所在。"

【毛冬冬（1989— ），上海大学影视艺术技术学院新闻传播学专业 2013 级硕士生】

焦点话题：微电影研究

Focus

解读当前微电影发展的失范与规制

【摘　要】本文根据国家新闻出版广电总局颁布的一系列有关微电影的政策规定，解读了当前微电影发展的主要失范问题，以及未来针对失范问题建议采取的相关规制手段。通过对新问题的解读和解决，以期建立一个健康、良性的微电影传播环境。

【关键词】微电影　《补充通知》　失范　规制

■ 吴　迪

2012 年 7 月，原广电总局和国家互联网信息办公室联合印发了《关于进一步加强网络剧、微电影等网络视听节目管理的通知》。时隔一年半，针对实践中出现的新问题，国家新闻出版广电总局于 2014 年 1 月 20 日又制订了《补充通知》，旨在进一步完善管理，营造文明健康的网络环境，防止内容低俗、格调低下、渲染暴力色情的网络视听节目对社会产生不良影响。① 政府监管部门之所以在两年内相继出台有关于网络视听节目的相关规定，一方面是源自于以微电影为代表的网络视听节目在当前所呈现出的爆发式的发展势头，亟须相关法规对其进行合理引导；另一方面，其根源还是在于，同微电影等网络视听节目过快的发展速度相比，我国政府部门针对网络媒体的监管体制建设尚无法完全适应市场化的微电影发展，必须加快对微电影传播环境引导的探索力度，随时发现新情况解决新问题，才能及时调控和完善在发展中出现的各种失范问题。

一、缺乏审查筛选；规范亟待统一

与传统媒体产业的垂直管制模式不同，微电影进行传播的媒介渠道是基于相对开放的网络平台，这使得微电影的准入门槛相对较低，水平自然良莠不齐，因此长期以来微电影的审查监管一直存在着疏漏。一些在传统媒体上无法通过审查进行播放的视听产品，却有可能以微电影的形式在网络平台上进行播映。身份和标准界定的模糊不清，使得微电影在"过度自由"的传播环境中缺乏一个正确的方向引导，甚至是"得过且过"。很多视频网站的负责人就抱怨说，"几乎是'什么部门都有资格来管，但每个部门又都无法给这些视频内容下一个确切的定义'，什么样的内容适合发布，什么样的内容不允许发布，都只能是处于一个'事后监管'的状态。"② 面对微电影在数量上大面积投放的现实，仅仅依靠

---

① 来源：《关于进一步完善网络剧、微电影等网络视听节目管理的补充通知》，国家新闻出版广电总局官方网站－通知公告，http：//www. sarft. gov. cn，2014 年 1 月 20 日。

② 郑照魁：《现在，让我们进入微电影时代》，载于《南方日报》2012 年 2 月 12 日。

"事后监管"的补救式审查机制，明显已经不能适应微电影的增长速度和审查力度，难免会出现各种内容上的偏差和取向上的失范。因此这就要求传媒管理体制应当及时根据网络环境的变化和发展，重新规范并解释新的审查机制，为信息内容的自由传播提供更为良好的环境。

《补充通知》规定，从事生产制作网络剧、微电影等网络视听节目的机构，应依法取得广播影视行政部门颁发的《广播电视节目制作经营许可证》。互联网视听节目服务单位不得播出未取得《广播电视节目制作经营许可证》机构制作的网络剧、微电影等网络视听节目。个人制作并上传的网络剧、微电影等网络视听节目，由转发该节目的互联网视听节目服务单位履行生产制作机构的责任。互联网视听节目服务单位只能转发已核实真实身份信息并符合内容管理规定的个人上传的网络剧、微电影等网络视听节目，不得转发非实名用户上传的此类节目。《补充通知》还强调，网络剧、微电影等网络视听节目上网播出前应完成节目信息备案；上网播出后，群众举报或新闻出版广电行政部门发现节目内容不符合国家有关规定的，要立即下线。广播电视节目制作经营机构生产制作网络剧、微电影等网络视听节目，节目内容违反广播影视有关管理规定的，主管部门要按照《广播电视管理条例》、《广播电视节目制作经营管理规定》等相关规定予以处罚。[1]

这一政策细则的出台为微电影在网络平台上的传播加固了制度关卡，将其播出和审查环节明确规制在三重把关的责任范围内——即制作方、播出平台和国家政府监管部门，架构了一个宏观的法律框架。在这个框架内，行业内外部各方都需要遵循统一的规范进行操作，一旦违反就会有相应的惩罚机制进行权力制约。从微电影的传播者角度来看，传播行为不再是匿名的、无责任的随意行为，而是根据微电影的公共传播性质限定了传播者的传播责任和义务；从微电影的传播过程来看，明确了传播平台的把关人权责，即必须对所传播的微电影视听内容进行审查和筛选，符合政策规定的传播内容才可以对公众进行开放播映；同时加强了反馈机制的建构，一旦有群众举报不合乎规定的微电影内容在进行传播，相关制作经营机构要按照规定接受处罚。只有权责有序、奖惩分明，才能让微电影传播链条上的各个节点机构都有章可循，在"规定动作"内合理展开创意策划。

二、过分渲染阴暗；定位正确导向

微电影的生存空间导致其在内容和形式上的把控更加灵活和求异，以期吸引更多的眼球和话题。这本无可厚非。但当今微电影发展的一大诟病就是在内容题材的选择上越来越偏离主流的价值轨道，而是在低俗、阴暗、暴力、色情等格调低下的泥潭中做茧，甚至走向创作的极端，只顾"点击量"而不顾其作为公共传播产品的社会责任，成为大众所抨击的价值失范典型。这一方面严重污染了和谐的网络环境，让充斥其中的暴力色情影响到传播伦理，甚至触犯法律；另一方面，大量阴暗炒作的传播内容也极易刺激受众，导致受众对社会现状的不良认知和反面情绪加剧，造成社会的恐慌甚至威胁社会稳定。而在内容层面上失范引起的最为直接的后果，就是受众在面对微电影时的已经想当然地贴上了"内容低俗"的标签，从而不屑于对其艺术价值和审美价值的认同，刻板地将其归类为品位低下或是粗制滥造的范畴，这就严重影响到了微电影的整体传

---

[1]　来源：《关于进一步完善网络剧、微电影等网络视听节目管理的补充通知》，国家新闻出版广电总局官方网站－通知公告，http：//www.sarft.gov.cn，2014年1月20日。

播环境和价值认同。以《青春期》微电影系列为例，其中展现的大部分内容都不外乎"性"与"闹剧"的影像狂欢，充斥的负面情节对受众特别是对青少年受众无疑会造成极为不利的影响。如何抵制此类哗众取宠的消极效应，也是监管部门当务之急需重视解决的问题。

《补充通知》强调，互联网视听节目服务单位要履行好开办主体的职责，严把播出关，制作播出适合网络传播、体现时代精神、弘扬真善美、人民群众喜闻乐见的网络剧、微电影等网络视听节目。[①] 这就将规制微电影的落脚点定位于对社会舆论的正确导向，从内容创作的源头控制微电影题材的选择，通过对"播出关"的监管，避免对社会造成消极影响的微电影进行播放传播，也避免因不正当竞争而无法面世的优秀作品成为遗珠。一部优秀微电影的衡量标准，不仅在于其商业价值的诉求实现，更在于其对社会公共精神以及正面社会价值观的倡导，对当下现实与精神感悟的关联，对时代精神与时代共识的体现。只有让微电影成为健康价值观乃至理性表达的载体，杜绝内容低俗、过分渲染阴暗面的内容出现在微电影中，才能营造一个有利于其发展的健康传播环境。

三、商业色彩明显；行业需要自律

由于微电影起源与发展的特殊性，导致当前很大一部分微电影的表达诉求带有明显的商业色彩，大量的广告植入使受众对微电影在性质上的理解产生偏差：微电影究竟归属于电影还是广告？《一部佳作的诞生》是网易明星微电影中徐峥拍摄的一部微电影，片中有这样一句台词："你们知道中国电影为什么拍不好吗？就因为总

是纠结在文艺片与商业片之间，而忽略了细节上的审美追求，如果我们的电影不能走进观众的心，我们怎么能取得商业上的成功呢？"应当说，微电影在产生之初，就是商业与艺术的一次合谋——借由电影形态的艺术性，将隐藏其中的商业目的潜移默化地转变为受众的消费欲望。但是，从整个行业链条来说，微电影已经逐步地发展成为一种独立的艺术形态，应当逐步树立其相对自主的艺术追求标准和行业发展准则，寻找适合自身发展的路径，而不应一味地沦为商业利益的傀儡。过重的商业痕迹，只会造成微电影作品的内容空洞，主题模糊，简单粗暴地对品牌和产品进行宣扬，导致部分观影者受拜金主义、享乐主义等价值观的误导掌控，还有可能导致受众由于对商业炒作的反感而产生对微电影的抵触，从而影响微电影的发展。

《补充通知》要求，各地新闻出版广电行政部门要加强对广播电视节目制作经营机构的管理，对生产制作网络剧、微电影等网络视听节目的主创人员开展有针对性的培训，加强网络剧、微电影选题管理，确保所选题材积极健康向上。同时，采取举办创作座谈会、开展优秀节目评比、行业自律和文艺批评等方式，引导主创人员自觉坚持正确导向。[②]

政府部门的行业监管体制建设，将促使微电影自身的行业自律意识快速确立，相关从业人员得以加快业务能力的提升和自立自强的自觉，将微电影视为表达内容情感的有力和有效载体，不因其"微"而过分依附于商业利益，将"广告"特质融入电影的艺术性中，实现商业性与艺术性的平衡。通过一系列的座谈、评比、批评等形式，激发微电影创作的动力和活力，将市场资金

---

① 来源：《关于进一步完善网络剧、微电影等网络视听节目管理的补充通知》，国家新闻出版广电总局官方网站－通知公告，http：//www.sarft.gov.cn，2014年1月20日。

② 同上。

的独揽地位让位于艺术创新的表达动机，使微电影真正做到"浓缩的都是精华"，在艺术殿堂中占得一席之地，践行提供审美体验的视听作品本质内核。如举办"微电影"大赛，组织"微电影"节，用多种形式和手段丰富微电影作品的创作和产出。另一方面，可以积极搭建专业创作团队与资本市场之间的开放平台，如土豆网推出的"土豆映像"活动，为微电影行业内的人才培育和流动以及广告客户的选择和合作，都提供了一个兼顾商业性和艺术性的行业交流渠道。

四、寻找创意亮点；产业持续发展

微电影说到底是一种文化创意产品，要规避失范、实现发展，其根本还是在于创新性的实现程度究竟几何，倘若偏激地痛斥不良现象或是浮夸地空谈求新求变都只是本末倒置，不能从本源上解决实践中的问题。只有切实认识到创意对于微电影的意义，才能从内容形式和价值取向上制作出更多既吸引受众又坚持正确导向，同时又具有文化内涵的艺术作品。

与传统意义上的主流电影相比，微电影的制作门槛明显要更加"接地气"，这给无数有"电影梦"渴望的草根有了实现电影梦想的机会，涉入表达原创意愿的艺术创作中来。但是，微电影毕竟不同于粗糙的网络视频，它的完美呈现需要的是精妙的叙事结构和浓缩的拍摄手法，一个好的剧本和一个好的导演甚至比传统电影显得更为重要。因此有人将微电影形象地比喻成"未来导演的训练场"，检验的就是导演和编剧的创新能力——即如何更好地用"微表达"协调好时长和叙事的关系。如原北京电影学院的学生张思庆，就利用毕业作业的练手机会，拍摄了微电影《拾荒少年》，一举获得第49届台湾金马奖最佳短片奖，以"微电影"开启了自己的导演之路。可见，一部成功的微电影作品，最关键的决定因素还是在于好看的故事情节、情感的共鸣、作品的内涵等一系列关乎创意的核心元素。

未来微电影可持续发展的道路还是应坚持以人为本。首先重视微电影人才的发掘和培养，鼓励具有创新精神的草根或是精英投身到微电影创作的事业中来，充分调动创作人员的积极性和主动性。倘若能在推广上将播出、发行、社交媒体、营销活动等环节融会贯通，合理运用，将更加有利于微电影的迅速传播。其次，抵制内容低俗的根本在于优秀创意的切实可行。只有确保那些关怀人性、提升审美、短小精巧的高品质微电影顺畅播映，才能进一步净化和美化网络视听节目的传播环境，使微电影真正成为经得起时间考验、有文化积淀、具有传承意义的艺术佳品。

【吴迪（1984—　），女，中国传媒大学传播研究院传播学专业2012级博士生】

不求重建世界，但求重建你的眼睛
——波兰动画微电影《白寡妇行动》创意分析

【摘　要】波兰动画微电影《白寡妇行动》运用出乎意料的情节设置，将外星人攻打地球与雪花飘落两个看似毫无关联的事物巧妙结合，综合运用各种视听元素完成对悬念的铺设，进而重建观众的视听世界。

【关键词】微电影　动画　视听元素　创意

■ 林安琪

《白寡妇行动》（*Operation White Widow*）是一部由波兰动画大师 Jacek Mazur 独立完成导演、编剧、建模和动画制作的 3D 科幻动画微电影。影片没有一句对白，却拥有简单而绝妙的情节构思：成千上万的外星人从高空战机中纷纷落下向地球俯冲，密集的炮火从地面袭来，一个同伴不幸被击中爆炸。战友锁定地面目标后，手拉手围成一圈旋转着降落，周身闪着白色的耀眼光芒——令人意外的转折出现了，随着镜头拉远，无数外星人连成的圈在风中飞旋飘舞，成为夜空中静静飘落的雪花。一粒雪花飘下来，熄灭了地面上正簌簌燃烧的烟花的引线——原来整场战斗只是冰晶凝结的过程，原来那些炮弹只是人类在天空绽放的焰火，同伴的牺牲，是雪遇热融化的结果。一个外星人攻打地球的俗套科幻情节，就这样在观众的惊讶中实现了想象力的羽化。

波兰的动画往往具有一些非常独特的元素：偏重于美术或抽象感，不重于故事的述说；意念为先，在美术创作上允许有较大的空间；很少出现刻意搞笑的闹剧或是好莱坞式的笑点；《兔八哥》（*Bugs Bunny*）、《汤姆与杰利》（*Tom and Jerry*）之类的拟人化动物角色几乎没有，激烈的身体语言也极为少见；对于人与人的矛盾、人类内心的绝望、微茫感有充分的体认。这些特色或许和波兰民族一直饱受战祸洗礼，不断被外来势力入侵的历史背景有关。波兰的动画，在主题方面普遍呈现出一种忧郁感，然而在美术创作方面仍然极具创意与想象力。总而言之，波兰动画的存在，显示了平面设计风格在动画媒体上的运用，对于动画艺术的贡献，主要是开了一扇实验的窗子，使全球动画增色不少。[1]

---

① Vini_Kazm：《波兰动画短片个人十佳选》，http://www.douban.com/note/194421614/。

一、视听元素创意分析

《白寡妇行动》无疑把波兰动画的特质展现得淋漓尽致。它的创意是一个精致的集合，体现在影片的方方面面。

（一）情节与画面

在情节设置和画面制作方面，影片前后形成了鲜明对比。影片一开头用地面目标检测定位的视角，奠定了紧张的战争基调。紧接着转到机舱中外星战士相互示意、整装待发的场景。随着舱门的打开，门外庞大的战机队伍映入眼帘，战机呼啸而行，无数外星人从飞机跳下，自由下坠的宏大场面随之展开。影片对高空降落的场面进行了细致刻画：视角三百六十度全方位旋转，远、中、近不同景别不断切换，给观众造成强烈的空间感，仿佛置身其中与外星人一起下坠，既有自由飞翔的洒脱和俊爽，又有身负使命的责任感和神圣感。外星人进入大气层，影片气氛进一步升华，画面由冷色调转变为暖色调。天上炮火纷飞，地面街灯融融，战士们穿梭于密集的枪林弹雨之中。同伴牺牲后，外星人分别簇拥成团，凝聚成晶体，全身银甲发出白色光芒，此时影片达到了高潮，也达到了一个重要的分水岭。

在观众的惊讶中，镜头迅速拉远，外星人搭在一起围成的圈在观众视野里逐渐变小，在寒风中愈发轻盈柔和。白色的多边形晶体在空中悠然飞舞，画面是那样似曾相识——观众渐渐意识到这一切不过是雪花的形成。先前的惊心动魄、豪情壮志都灰飞烟灭，眼前所见只是雪花静静飘落，烟花在夜空中完美绽放，仿佛一切祥和如初。然而经历了这样的骤然变化，观众怎能以完全平和的心态欣赏眼前的静谧美好？这种对比留下的是久久的震撼和回味。结尾的出人意料是影

片最大的亮点，而这种巨大反差效果的形成与影片前期的不断渲染和造势是密不可分的。

（二）音乐安排

在配乐方面，作者运用了音乐人 Tommy Zee 的动脉乐章。[1] 乐曲有着极强的节奏感，富有力度的鼓点为宏大场面的铺设起到了画龙点睛的作用；动人的旋律赋予了外星人坠落过程舞蹈般的优美。随着战斗的升级，音乐越来越紧张。逐渐浮出的女声合唱烘托了同伴牺牲、外星战士团结赴死过程的悲壮。

在化为雪花的那一刻，强劲的节奏和旋律骤然而止，只剩下女声低吟，一切归于沉寂，不时有烟花冲天爆炸的声音。精彩的音乐成功牵动着观众的心，使人回味无穷。

（三）人物形象

在人物形象设计方面，外星战士的形象体现出极强美术感和抽象感，且具有明显的平面设计风格。

外星人的轮廓几乎没有曲线，棱角分明的机械外壳呈现出精致的金属切割效果，同时巧妙照应了影片最后对外星人其实是凝成雪花的冰晶的揭示。外星人的脸部设计同样使人印象深刻——没有对鼻子、嘴、耳等器官的刻画，只有一大一小两个圆形发光口不对称地设置在脸部的一侧充当眼睛，如此简约而新锐的设计充满科技感和现代感。外星人下坠过程中的细节展示也堪称华丽，例如金属外壳在气流冲击中的抖动，给人金属轻薄灵动的质感；又例如炮火明灭中外星人身体的反光，可谓流光溢彩、绚烂无比。

二、影片主题创意分析

（一）主题创意解读

影片主题的表现方式是一个将信息巧妙提取

---

① 佚名：《创意科幻动画〈白寡妇行动〉》，http://www.vmovier.com/18748/。

又凝聚重组的过程。

首先，影片创意来自于对身边无生命的细微事物的体察和对物与物关系的洞悉。烟花和雪花，本是相去甚远的两种事物，却被作者天马行空的想象力赋予了奇妙的联系——烟花融化雪花，雪花熄灭烟花，这再平凡不过的自然现象，突然变成有因果循环，有矛盾冲突的科幻大戏。那么，如何表现这些复杂的关系呢？作者放弃了传统的叙事方式，放弃了二者的对话以及有关背景的赘述，反而单纯撷取了雪花下落的过程作为影片的主体内容，以大量技法来刻画"外星人"如何穿越重重险阻。观众头脑中"外星人进攻"的设定被不断巩固后，作者利用结尾短短数秒实现了外星人与雪花的角色转换，雪花与烟花关系的交互。这种设计如蜻蜓点水，只不着痕迹地一触，即引发观众陷入思考，信息在观众主动的获取与解读中，如同涟漪阵阵扩大。

《白寡妇行动》有着出乎意料的表现方式，然而在情节背后，作者独特的思维方式和敏锐的视角才是真正可贵之处。外星人进攻原来是雪花的飘落，这确乎是令人叫绝的设计。但是，如果仅仅把目光局限于情节的逆转，那么这部微电影只不过是作者卖弄小聪明，故弄玄虚的小品，让观众唏嘘一时而已。创意之所以伟大，不在于给观众带来片刻美的刺激和对精彩情节的满足，而在于其能够让观众看待事物的方式发生变化，从而陷入对整个世界的重新思考。试问，当我们仰望夜空时，怎么会把想象力延伸到那样微观的层面——延伸到每一个微粒分子都是一个有血有肉有思想的独立个体。如同从一滴水中看到整个世界，作者从一粒雪中看到了一场战斗的血雨腥风。看完这部微电影的观众，在面对一粒沙，一缕风的时候，会不会想象其中承载着庞大的故事？即使做不到凭借想象勾勒出一个完整的故事，至少也可以形成这样一种心理暗示：处处都是生命力。如果怀有一丝对生命的敏感和体察，

我们在举手投足中会不会多一分柔软，多一分关怀，多一分敬畏。影片留给我们的，除了结局恍然大悟的惊喜，更多的是对自己看待世界的方式的反思。

（二）同类题材比较

《白寡妇行动》的题材属于科幻短片。从科幻风格来看，《白寡妇行动》很难定义：把外星人入侵同雪花飘落挂钩，既有抒情类科幻的影子，又带有一丝黑色幽默的色彩。同样以结局的出人意料闻名，《白寡妇行动》常常被拿来和另一部科幻动画微电影《E. T. A》（《孤独还剩多久》）对比。《E. T. A》曾获多项国外大奖，是丹麦动画师亨里克的·比耶勒高·克劳森花费将近四年精心雕琢的 3D 短片作品。影片刻画了一个科学工作者在宇宙飞船中百无聊赖，疲惫不堪的生活状态，突如其来的外星人侵入让气氛紧张到了极点，然而结果却让人啼笑皆非——张牙舞爪的外星人原来只是一台咖啡机。

《E. T. A》和《白寡妇行动》二者在剧情构架，主题阐释，影片类型与创意等方面有共通之处，都有着高超的电脑特技，收放自如的想象。但是，在科幻母题的阐释上，二者又存在明显区别。尽管《E. T. A》在悬念设置上做足功夫，但影片要展现的不是一个咖啡机的虚张声势，而是在惊悚和哑然失笑的急速转换中一直贯穿不变的，主人公的孤寂与麻木。《E. T. A》成功地将这种深入骨髓的孤独感传递到观众心中。而《白寡妇行动》则不同，虽然它植入给观众的有情感因素，但更多的是思维方式。虽然《E. T. A》在传达情感的手法上要高明许多，但是《白寡妇行动》在情感的渲染力度上却是不容忽视的。"外星人战士"的交流与默契，同伴之间的战友情怀，团队精神，为拯救同伴不惜从容赴死的大无畏气度……将一个微粒赋予复杂的个人感情，足见作者的人文情怀和浪漫主义。

对比其他科幻大片，科幻微电影可谓是在方

寸之地施展拳脚。《黑客帝国》用了一个电影系列才完成一个庞大恢弘的世界架构，相比之下，短短几分钟内，微电影几乎不可能重建一个体系完备的科幻世界。然而科幻微电影的影响力就一定不如电影大片吗，答案是否定的。

可以用科幻微型小说来作类比。美国著名评论家罗伯特·奥弗法斯特曾下过这样一个定义：微型小说必须高度"浓缩"，富有戏剧性，在1500字左右的篇幅中完整地包含一篇普通短篇小说应有的情节。他认为，微型小说应当具备这三个要素：1. 构思新颖奇特；2. 情节相对完整；3. 结尾出人意料。① 这在某种程度上难道不是和微电影相通的吗？以"日本微型小说之父"星新一的作品为例，星新一特别擅长创作科幻微型小说，他往往选取一个巧妙的角度，别开生面，以小见大，宛如一面面精巧玲珑的小镜子，从不同的角度折射出社会生活的各个片断。要把微型小说写得简洁洗练、详略得当，必须掌握高超的剪裁技巧。星新一深谙此道，往往出奇制胜，长话短说，惜墨如金，尺幅千里。星新一在作品结尾尤其别出心裁，这使得他的作品给人以面目一新、回味无穷的艺术享受。同理，微电影的每一分每一秒都体现了高超的剪裁技巧。或许微电影的长度限制了题材的深度，但能否获得深入人心的传播效果终究还是取决于构思的创意。

反观中国，尽管目前微电影在国内呈现蓬勃发展趋势，各类微电影层出不穷，但科幻题材微电影却是凤毛麟角。2012年上映的《孤者定律》和2013年上映的《幽浮目击者》，属于国内近几年科幻微电影的代表作。虽然身披着科幻的外衣，二者的叙事方式、表达重点并没有摆脱传统剧情片的俗套。一个是得不到认可的天才数学少年的挣扎；一个是人与人之间的怀疑和欺骗。在想象力方面，始终没有拓展到令人惊讶的维度。

从微电影《白寡妇行动》中我们可以借鉴这样的价值观：好的科幻能给人情感上以震撼和世界观以刷新。这种震撼不需要如惊雷般有力，这种刷新不需要大规模地推倒重建。真正的创意能够指导我们如何在自己的生活中从细微处发现感动和乐趣。不能改变世界又如何，能改变观众的心就已经足够伟大。

【林安琪（1993—　　），女，中国传媒大学新闻学院媒体创意学专业2012级本科生】

---

① 百度百科"星新一"词条，http://baikebaidu.com/link? url=v8Grthb6zKL893u8wYegM__iRSHCT1yexxP0QAL46fZnhpSZTRgboicaSkGgs6Na。

广告微电影创意探寻
——以耐克广告微电影《科比就是黑曼巴》为例

【摘　要】本文以耐克公司的广告微电影《科比就是黑曼巴》为例，从广告微电影创作的一般策略与创新策略两个视角，对广告微电影创意进行探寻。

【关键词】广告微电影　一般创作策略　创新策略　广告植入

■　陈诺丹

一、广告微电影概述

随着科技的高速发展，我们已进入一个信息碎片化的时代，互联网环境的变化与发展将我们的生活分割成一个个零散细碎的时间段，这些碎片化时间，无形中助长了微媒体的发展，广告微电影就是"微家族"中备受欢迎的一位成员。关于广告微电影，专业定义，指专门运用在各种新媒体平台上播放的、适合在移动状态和短时休闲状态下观看的、具有完整策划和系统制作体系支持的、具有完整故事情节的视频类广告宣传片，时间通常为 30~300 秒，可以单独成篇，也可以系列成剧。① 笔者认为，简而言之，广告微电影就是为宣传某产品或实现某种诉求而拍摄的时长较短、具有一定情节、以电影为表现形式的广告。其本质依旧是广告，只不过为达到更好的

传播效果，将广告内容进行一定程度的扩充，从而成为一段故事性情节。广告微电影可长可短，不受时间限制，传播渠道多元化，符合受众的感性诉求。其完整的故事情节，电影化的叙事手法，能够更深入地实现品牌形象、理念的推广和渗透，而人们对于品牌的认知与情感也在观影过程中不断升华，达到"润物细无声"的效果。2011 年国家对电视剧插播广告的禁令，互联网和手机的普及加上电视广告自 2007 年开始的每年 10% 的提价，这些在令电视广告商叫苦不迭的同时，却为广告微电影的兴起提供了契机。2010 年 12 月 27 日，凯迪拉克的微电影《一触即发》让广告微电影真正走进了人们的视野，其带来的可观效益使人们充分认识到了广告微电影的优势。据不完全统计，仅 2011 年一年，就有逾 2000 部微电影问世，其井喷态势使 2011 年毫

---

① 张学佳：《广告微电影特色分析——以卡萨帝〈谁的爱填满冰箱〉为例》，载于《新闻世界》2012 年第 10 期。

无争议地成为"微电影元年"①。2011年1月31日，耐克公司强势推出微电影《科比就是黑曼巴》，顿时吸引了无数大众的眼球，毋庸置疑，广告微电影正处在一个蓬勃发展的阶段。

二、广告微电影的一般创作策略

随着社会化媒体和移动互联网的深入互动，在移动观影状态下于趋于固定的微型屏幕介质上观看，广告微电影正朝向一种独立的电影样式演变。下面笔者就广告微电影的一般创作策略进行分析。

（一）"明星效应"与品牌诉求的完美结合

针对人们崇拜名人的心理特点，抓住人们对偶像的仰慕心理，选择观众心中崇拜的明星，配合产品信息展示给观众的传播策略十分有效。由于名人偶像有很强的号召力，能够帮助提高产品的知名度和销售地位，树立品牌的可信度，诱发消费者对广告中明星所赞誉的产品产生注意并激起购买欲望，这便是"明星效应"。因此，广告微电影经常会选用有一定影响力的明星，明星及其演绎的生活态度、情感观念具有相当大的号召力，能够引导观众对微电影产生认同，进一步对微电影背后的品牌产生认同，从而达到良好的说服效果。

（二）对消费者追根求底心理的满足

多数消费者都有"打破沙锅问到底"的心理，顺应其追根求底、一探究竟的心理，在适当时候吊吊消费者的胃口，是很多广告商都会采取的创意策略。② 他们通常会把广告微电影的内容做得更碎片化，更具话题性，把原本可以一次讲完的故事分好几次讲，采取分季、分集的播出方式，吸引受众不由自主地"追剧"，③ 在具有对话性质的传播中接受电影的剧情、创意，从而收到良好的传播效果。

（三）寻求目标受众与品牌核心要素的深层结合点

广告受众虽是自发的、未经组织的人群，但并不意味着他们无类可归、心无所系，恰恰相反，他们从心理到行为都将自己视为某一特定的群体，总是自觉或不自觉地将自己划归在某一特定群体的行列，而广告创意有意进行的目标市场细分和对目标消费者的影响，更强化了广告受众的归属意识。而受众归属意识的源头便是目标受众和品牌核心要素的结合点，实现两者间的完美对接，便能达成具有有效共鸣点的品牌诉求。

以上这些创作策略，是每一个广告微电影创作时所必须遵循的，如果没有实现这些基本创作原则，广告的效果将会受到很大影响，并且很可能使影片与品牌割裂，无法实现有效的营销。所以当我们进行广告微电影的创作时，在寻求创新前，要时刻保证影片符合一般创作策略，只有在这种创作策略的基础上进行创新，才能收获完美的效果。

三、广告微电影的创新策略

普通广告微电影拥有较为固定的结构创作套路，虽不乏小的创意点，但在信息爆炸的时代里，多部广告微电影罗列在一起，仍给人千篇一律之感。所以说，想要制作一部成功的广告微电影，绝不能只遵循一般创作规律，创新是不可或缺的，以下是笔者通过对耐克公司的广告微电影《科比就是黑曼巴》的分析得出的广告微电影创新策略。

---

① 杨启飞：《广告微电影的创意及传播策略研究》，载于《今日中国论坛》2013年第13期。

② 秦俊香：《影视创作心理》，中国广播电视出版社2004年版。

③ 杨启飞：《广告微电影的创意及传播策略研究》，载于《今日中国论坛》2013年第13期。

（一）独特的影片结构，带领观众走入剧情

在信息过剩、人们感官麻木的时代，最短缺的资源就是能够迅速吸引眼球的故事。① "讲故事"作为广告创意的一种方式，无疑成为广告营销的制胜法宝。这种有吸引力的沟通方式成就了很多商业传奇，打造了许多成功品牌。作为一种通俗而有趣的沟通方式，故事成了信息泛滥时代有效沟通的重要途径。通常的广告微电影，侧重于对产品的宣传，往往在影片结构上有意从简、缺乏创意。

通常来说，一条完整的情节线，由一连串的情节点相连接，随着时间延伸，经历开端、发展和结局三个阶段。② 《科比就是黑曼巴》中，采用了一种不同于大部分微电影、甚至在整个电影界也很少被采用的影片结构，将现实中导演罗德里格兹与科比讲戏的片段与电影中的片段相穿插。罗德里格兹向科比讲述着电影中将会设置的情节，而画面随即进入到相应的电影情节里，这样独特的叙事结构，巧妙地在这部仅仅5分45秒的微电影中设置了两条穿梭的故事线：其中讲戏的一条线索为观众营造了一种讲故事的氛围，观众仿佛与科比处于同一心境下，一起在第一时间得知了影片即将展现的剧情，另一条线索则是影片真实的故事，两条线索交织构成了整部微电影。这种影片结构，看似与通常的影片结构有所不同，却也符合开端、发展、结局这一完整的情节结构。这样将剧情与讲戏结合在一起的影片结构，更像是在给观众们讲一个鲜活逼真的故事，让观众不仅没有对虚构感明显的影片剧情产生疏离感，还将注意力自然而然地就融入进影片之中。

一部微电影成功与否的最关键因素，就是能否在短时间内引人入胜，同理，一部广告微电影就更需要讲求视觉效果，从这一点来看，新颖而别具特色的影片结构，势必会给广告微电影带来不同凡响的效果。

（二）酷炫的特技运用，抓住观众眼球

由于广告微电影相较于完整电影时间短、制作精小，当今市面上的广告微电影往往较少使用电影特技，然而我们不可否认，烟火、动作等电影特技，的确会在视觉上给予人极大的冲击与刺激，能够在短时间内吸引观众的眼球。特技在微电影中的使用，能给人"反其道而行之"的感觉。在《科比就是黑曼巴》中，大量炫目的特技被运用在各个情节中，不仅做到了短时间引人入胜，也给整部影片带来了华丽精致的效果，给观众以精心制作的感觉，无形中为品牌留下了良好的印象。

（三）递进的情绪表达，引导观众思绪

影片第一个情节是黑曼巴到达小镇，走下巴士后巴士的爆炸，暗示了故事的发生环境与背景，故事开始发生，由于巴士爆炸带来的意外感，观众的注意力开始集中；第二个情节是黑曼巴与由丹尼·特乔所饰演的残骨者的相遇、打斗，③ 开始将影片的情绪向前推进；第三个情节是黑曼巴驱车前往火焰球场，与由布鲁斯·威利斯所饰演的优雅哥对话，④ 为后段的高潮设置了有效悬念，处于一个情绪抬升前的低点，符合电影情节起伏的常规设置，有利于接下来高潮的到来；第四个情节是黑曼巴来到大楼顶层的露天球场，达到影片情绪的高潮，观众的情绪也来到一个制高点。巧设悬念是讲好故事的有效手段，悬念是吸引观众继续往下看的动力。在悬念被揭开

---

① 张学佳：《广告微电影特色分析——以卡萨帝〈谁的爱填满冰箱〉为例》，载于《新闻世界》2012年第10期。
② 王明端：《单情节微电影的创意初探》，载于《传媒观察》2013年第3期。
③ 佚名：百度百科"科比就是黑曼巴"词条，http://baike.baidu.com/view/5239763.htm。
④ 同上。

的过程中，观众会获得精神上的愉悦和审美上的快感，节奏是讲好故事的关键。① 四个情节的节点清晰明确，将观众的视觉情绪稳稳牵住，使观众跟随影片的引导最快捷地走向产品本身和品牌的内涵。

（四）广告植入方式自然流畅

《科比就是黑曼巴》这一广告微电影，以耐克为科比设计的新款蛇纹篮球鞋为主要宣传产品，同时也为其他科比系列篮球运动装备造势。整部广告微电影中，篮球鞋作为主要线索，直接出现在镜头前的次数为四次，出现在镜头前的次数没有过于频繁。第一次出现于残骨者向黑曼巴索要球鞋时，镜头跟随残骨者手指的方向锁定到球鞋；第二次在二人讲戏的过程中，导演向科比解释影片中可能出现的球鞋特写镜头；第三次是小狗撕咬球鞋时；第四次与第一次类似，当优雅哥向黑曼巴索要球鞋时，镜头顺势给到球鞋一个特写。中心产品的四次出现，均由剧情正当适时地引出，并未带来广告有意植入之感。同时，将中心产品球鞋直接作为广告微电影的主要线索也成功迎合了广告宣传的要求。除此之外，在整部微电影的结尾，球场上被火花划出一道耐克公司的商标"对钩"，这一安排虽略显广告植入的唐突感，但作为结尾，在观众注意力最为集中的时间将商标植入画面，可谓选取了广告植入的最佳时机。

在广告微电影的创新中，最不能忽视的一点，就是品牌理念与广告微电影情节、营销的有机结合。品牌理念在一个品牌推广的过程中，其地位无疑是先于具体产品的，让人们在收看广告时，最大限度地接纳品牌想要传播的思想观念，是从根本上赢得消费者的方法。品牌理念往往有所侧重，而这些重点，正是广告微电影需要展现给观众的，这也正是笔者认为广告微电影与普通广告最根本的不同之处。短时间内，普通广告很难展现出企业非凡的内涵与深层次的思想境界，而广告微电影则拥有足够充裕的时间将这些一一展现。《科比就是黑曼巴》在 5 分 45 秒的时间里，极力刻画出了黑曼巴英勇无畏、唯我独尊的霸气人格，而这也正是耐克公司的终极品牌理念。人们在观看微电影的同时，不仅了解了耐克的运动产品，更跟随电影情节高效接纳了耐克的品牌理念，这无疑是耐克这则广告微电影制胜的最关键因素。

广告微电影改变了简单、粗暴地表述信息的方式，能够降低受众的抵触与排斥心理，使其于不经意中接受品牌的理念渗透。成功的广告微电影更是抓住了消费者的心理，实现了创意与品牌核心要素的完美融合，创意策略与传播策略的双管齐下。总的来看，现今广告微电影存在着极大的发展空间和发展市场。但是，在一切急速发展的今天，广告微电影仍旧面临许多问题，如监管不力、质量良莠不齐，等等，广告微电影未来将走向何方，如何在未来的广告竞争中制造出具有创新视野的优秀广告微电影作品，这些都是值得我们继续研究和深入探讨的。

【陈诺丹（1994—　），女，中国传媒大学新闻学院媒体创意学专业 2012 级本科生】

---

① 李荣荣：《传播学视域中的微电影叙事策略探究》，载于《东南传播》2011 年第 12 期。

当爱情成为一种"符号"
——爱情微电影《符号》创意分析

【摘　要】微电影《符号》将 A4 纸和马克笔作为传递爱情的载体，使得爱情化身简洁有力的符号语言。本部影片的创意主要体现在故事设计和叙事手法两个方面。在故事设计上，影片选取都市白领的典型代表，用纸片传情的创意勾勒出都市男女的爱情故事；在叙事手法上，以三次闹铃声叙述爱情的三个阶段，塑造人物在不同情境中的心理状态。

【关键词】微电影　符号　故事设计　叙事手法

■ 肖娅斓

微电影《符号》是戛纳电影节上的获奖作品，是一部平淡如水却精致无比的爱情短片。影片讲述的是一个单身白领上班族在异地城市里孤独而机械地生活，他的生活如此单调无趣，直到某一天，无意间瞥见了另外一栋大楼里同样是上班族的她，二人从此用纸片隔空传情。就在男主人公打算邀请她出来见面时，女主人公却意外地从办公室中搬走了，落寞的男主人公又恢复了从前单调乏味的生活。然而一束刺眼的强光却让剧情完成了逆转。女主人公并没有离开，只是换了一间办公室。影片最后二人在马路上相遇，女主人公拿着一张纸片表达爱意，二人相视一笑，剧情戛然而止，给人以无限的回味。不得不说，这是一部无处不蕴含着导演精巧设计创新的作品，下面笔者将从这部影片的故事设计和叙事手法层面，来浅析导演的精巧创意。

一、故事设计的创新

影片要表达的是人类永恒不变的主题——爱情。对于这类体裁的作品，要想吸引观众，就必须要在故事情节上下工夫。真挚的情感表达自然不必说，在此基础上那些能体现男女主人公爱情的独特与偶然的影像，往往更有可能赢得大众的心，《符号》中男女主人公的爱情便是出自偶然。男主人公的无心一瞥，看到了对面写字楼中的女人。更巧的是女主人公似乎意识到了男主人公的目光，也抬头回望过去。就是这样偶然的目光交汇，使得爱情的种子在两人心中萌芽。二人相遇是如此偶然奇特，而二人的交流更是独特充满新意：二人从未面对面说话，而是采用 A4 纸和马克笔来传情达意。这一富有个性和新意的表达方式，给人眼前一亮的感觉。这一桥段十分经典，以至于后来的很多影片都采用了这一情节。二人的情感经历也并非是一成不变，而是波动与曲折并存，这样的情节更能吸引观众，调动情绪。当二人的感情越来越深，观众的情绪也跟着高涨；当女主人公搬走时，观众随着男主人公的情绪一起跌入谷底。那一束刺眼的光同样也是一个亮点，当镜头以男主人公的视角转向女主人公时，我们才知道原来那束光是女主人公用来吸引男主人公注意的。于是男主人公那一句没有送出去的话也终于得以传递。影片结尾处，当男女主人公相遇在马路中央，男孩儿欲开口说话时，女主人公却拿出一张写有 "Hi" 的 A4 纸，此时这张 A4 纸不仅仅是一张纸，已然成为二人爱情的符号。男主人公瞬间意会了女主人公的意思，二人相视一笑，影片戛然而止，留给观众无限的回味。

二、叙事手法的创新

整部影片围绕男主人公的生活和内心变化展开。叙述视角多以男主人公的主观视角展开。这样的视角能带来更多的情节悬念，更具有观赏性。依据男主人公的内心世界变化，影片在叙述情节上大致可以分为这样三个段落：1. 第一次闹铃响起，展现男主人公单调乏味的生活；2. 第二次闹铃响起，男主人公的生活因为有了女主人公的出现而变得新鲜有趣；3. 第三次闹铃响起，男主人公打算向女主人公表白，继续发展恋情。从分段上可以看出，笔者以为，闹铃的声音在整个叙事上发挥着不可替代的作用。可以看到影片中的一大特点是男女主人公完全以无台词方式演绎，声音层次上仅有环境声和配乐两层。在没有台词的情况下，这两层声音就显得尤为重要。闹铃是叙事段落之间的间隔符号。闹铃间接地表现了男主人公的生活状态和心情。随着闹铃响起次数的变化，本身单调机械的嘟声似乎

也带有不同的感情色彩了。

（一）第一次闹铃响起

这一段落中，未有画面，先闻闹铃声。单调刺耳的闹铃声为这一段落奠定了一个黯淡的情感基调。多达 22 次的闹铃声，间接地反映出男主人公不愿起床，不愿上班，不愿重复单调乏味程式生活的疲惫心态。此段的背景音乐节奏缓慢，给人以压抑低沉的听觉体验。这一段中，导演以几个片段来展现男主人公的孤独。一个人吃早饭；在熙熙攘攘的人群中匆匆行走；看到一成不变的办公室，每个穿着白衬衫的人在被划定的格子间里面对着电脑、纸张重复着同样的工作；男主人公无意识地注视着复印机机械地复印着文件；误以为那个吃冰激凌的女孩会走向自己，但其实只不过是扔个垃圾；开会时，随着众人的笑也随着敷衍地笑笑；回家途中，一对夫妇的吻让男主人公感到颇为敏感；回家后听着语音电话中的父母留言，疲惫地躺下……这些片段都充分贴切地展现了主人公无聊乏味的机械生活状态，表现出主人公孤独疲惫的精神状态。其中复印机的特写镜头和听语音电话的情节尤为是亮点。首先，复印机镜头，先是给男演员一个中景，将男主人公及复印机同时纳入画面，交代了男主人公此时正在复印文件。然后镜头特写复印机并逐渐推进。接着是一个男主人公面部的特写，展现男主人公此时的麻木，呆呆地盯着复印机的状态，此时的环境声一直是复印机运作的声音，并且这声音被逐渐推大。同闹铃的作用一样，导演此时匠心独运有意将复印机的声音放大，同样是为了表现单调机械的办公室生活。另外一个富有张力的情节便是男主人公放电话语音一段。男主人公依然是孤独地吃着用微波炉热过的剩饭，在昏暗的灯光下疲惫地背对着镜头坐在床上，而这些镜头的背景声都播放着母亲的语音："在那个城市过得还好吧？我相信你一定是众星捧月、逍遥自在……估计你是和朋友去聚会了（父：没准是女

朋友。）"导演在此使用了长时间的声画对位，形成了强烈的情感张力，愈加突出主人公的落寞与孤单。主人公背对着镜头坐在床上，孤独的背景与此时的心境恰与画面中那盏昏暗孤单的台灯形成意味深远的呼应。

（二）第二次闹铃响起

第二次闹铃响了四次，导演通过闹铃响起的次数，来反映男主人公对崭新的生活充满期待。这一段落与上一段落相比，叙事节奏明显加快，导演的叙事镜头忽略了第一段落中起床到上班这中间的穿衣服、吃早饭、坐车等镜头，而且起床和走路这两个镜头时间也明显缩短了。与画面语言相对应的，背景配乐也由原来的舒缓过渡到了节奏轻快，曲调跃动的音乐。接着导演采用了一系列组接镜头，运用蒙太奇的表现手法使叙事时间缩短，多从客观视角和男主人公主观视角来讲述几天相处的过程。这样处理使得情节更加紧凑，观看效果更佳。这一部分同时也用一段非常完整的音乐配合画面，并且此段音乐声较大，一定程度上保证音乐声进入观众耳朵，带动观众的情绪，使得观众情绪随着情节中二人感情的逐渐发展而涌动兴奋起来。同时，在这一段表现二人纸片传情的情节中，包含了很多喜剧的元素，带给观众更轻松幽默的观赏体验。与上一段形成鲜明的感官、情绪对比，使得对上一段落压抑的感觉有些厌烦的观众重新调动起情绪。

（三）第三次闹铃响起

男主人公打算向女主人公表白，继续发展恋情。这一次闹铃仅响了三次，这次男主人公非常精神地起床迅速按掉了铃声。背景音乐也推入一段快节奏的旋律。这段快节奏的音乐不仅能表现出男主人公心中着急的情绪，也能表现后来男主人公发现女主人公不见时的意乱心烦。这一次男人的走路镜头变成了跑，他甚至嫌弃电梯慢而选择自己爬楼梯。这一串的镜头都体现着男主人公的焦躁情绪。当男主人公发现女主人公离开后，为了表现男主人公又回到了从前孤独的生活，导演特地选取了同第一段落相类似的镜头。男主人公一个人孤独地走在人群中；一个人孤独地坐车；一个人孤独地坐在桌子前盯着那张没来得及展示的纸；一个人在昏暗灯光笼罩下坐在床上；一个人看着单调乏味的办公室……似乎一切都恢复成了原状，但是一直响着的背景音乐却没有换成同第一段相同感觉的音乐。就是这段音乐成为导演留下的巧妙又隐秘的线索，向观众暗示着，这一切都还没有结束，奇迹随时有可能发生。当那一束刺眼的光照过来，镜头随着男主人公的目光看去，发现了女主人公，音乐也在此时进入了一个高潮，将整个影片推入高潮。此时，背景音乐对剧情的推动、预示作用又一次被凸显出来。

【肖娅斓（1993— ），女，中国传媒大学新闻学院媒体创意学专业2012级本科生】

科学的浪漫
——科学微电影《白眼之殇》创意分析

【摘　要】作为题材较为少见的科学微电影，《白眼之殇》将果蝇作为影片主角，并以果蝇的视角重新审视世界。精彩生动的文案创作，不拘一格的拍摄技巧，科学知识的创意呈现，这些在构成本片创意元素的同时，也将科学上升至哲学范畴，带给观众更深层次的思考。

【关键词】科学微电影　视角　文案　创意

■ 王　凡

《白眼之殇》是由清华大学的学生创作的一部科学类微电影，这部微电影的主角是生物学上经常用以研究遗传方式的果蝇。果蝇的眼睛颜色大多是红色，只有小部分果蝇的眼睛由于祖辈的变异而呈现白色。控制眼睛颜色的基因位于决定性别的染色体上，因此果蝇的白眼性状是伴性遗传。基于这个高中生物学的基本知识，微电影《白眼之殇》的创作团队从果蝇的视角对这个世界进行了观察，使得整部微电影创意十足，主要体现在以下几个方面。

一、视角选取独特

纵观现如今的各种微电影，近乎所有微电影都是从人的视角出发对世界或这个社会进行观察和分析的。在这样的大环境下，这部以昆虫的视角审查世界的微电影就显得格外有创意。

故事的主角是许多个富有性格特点的生活在生物实验室中的果蝇，它们的生活空间就是一个体积有限的用于培养果蝇的广口瓶。生活在狭小空间中的果蝇有自己认识这个世界的标准，但是它们无法解释被人类的研究活动打扰时发生的有悖于果蝇世界常规的事情。为解释这些奇怪的现象，果蝇中的科学家们提出了各种各样的学说，这就为表现短片的科学性和映射人类社会奠定了基础。

视角选取上的创意之处还在于很好地把握住了果蝇伴性遗传的特点。这种生物性状在性别上的差异又为该部微电影提供了许多可供选择的话题，微电影的制作者也很好地抓住了这一点，就这种由性状带来的性别歧视问题进行了深入讨论，与社会热点紧密结合。

二、文案精彩生动

由于果蝇这一主体缺乏人类表情、肢体所能展现的表现力，这就要求文案必须用新颖独特的创意来弥补果蝇由于表情、动作等信息表达渠道缺失而造成的生动性降低的问题。

这部微电影的文案的确很精彩而富有创意。首先，果蝇的起名方法颇具创意。制作者巧妙地利用了欧洲的家族命名方法，比如这部微电影中第一只出现的果蝇叫做德拉索菲拉·米兰诺嘉斯特三世，是 F. R. T. 家族的成员。而这个"F. R. T."其实是培养这些广口瓶的科研人员写下的标识，但在果蝇世界里这些被认为是"神谕"。一些果蝇科学家的名字也耐人寻味，比如以牛顿为原型的果蝇物理学家蝇顿·德拉索菲拉·米兰诺嘉斯特十四世、以柏拉图为原型的果蝇哲学家果拉图·德拉索菲拉·米兰诺嘉斯特十一世等富有趣味性名字。这部微电影中还出现了"果蝇反对种族隔离委员会"、"雌性果蝇联盟"这样的组织，俨然是人类社会的缩影。

微电影中主要讲述了三只来自不同家族的果蝇的故事，这三只果蝇都是通过第一人称的角度进行叙述。这些诉述非常口语化，毫无生硬的感觉。其中不乏"我真的没法相信自己的每一个复眼！""无神论果蝇总是鼓吹什么我们只是更大的物种随机进行的活动的参与者和牺牲品罢了，这都是瞎扯！"这样诙谐而有哲理的句子。从每个果蝇的叙述中我们不仅能够感受到它们自己独有的世界观，还能感受到一丝调侃与幽默。

另外，作为科学类的微电影，本片文案中除了趣味性之外，也体现出了它的专业性。这部微电影涵盖了众多的科学领域：以生物学为基础，涉及神学、统计学、地理学、哲学、社会学等多个学科。不管是从哪一个方面展开的对果蝇世界的讨论都是十分专业的。文案中准确使用了各种专业术语，很好地体现了这部微电影的专业性。

三、拍摄技巧不拘一格

受到拍摄主体对象的限制，整部微电影的视频制作没有远景、近景、特写等视频拍摄手法的应用，想要让这样对象单一、科学性强的微电影吸引观众兴趣是很有难度的。幸好制作者运用在拍摄和剪辑技巧上的创意解决了这一问题。

整部微电影的视频内容大致分为两个部分，第一部分是在实验室中拍摄完成的，主要内容是对果蝇在广口瓶中的生活进行特写，这些镜头向我们展示了果蝇在叙述由"神力"而造成果蝇的世界发生动荡时，究竟是实验人员在做什么。视频中虽然有少许研究人员的出现，但仅仅是被虚化过的白大褂的形象，并不影响果蝇的主体地位。通过这一部分对果蝇真实生活的描写，我们可以直观地感受到果蝇口中的"神力"与人们的试验行为之间所形成的巨大反差，帮助我们更加形象地认识果蝇的世界。

视频的第二部分是由漫画形式构成的，卡通的画法将果蝇的社会描绘得惟妙惟肖，拟人的画风很好地切合了果蝇的形象。这一部分弥补了主体对象行为、动作上的不足，表现了果蝇进行的各种社会活动，使原本枯燥的主体对象变得生动形象，甚至给人以可爱的感觉。

在剪辑上制作者巧妙地结合了两部分。虚与实配合得非常流畅，加上原创音乐与果蝇叙述的情绪完美结合，使得整部微电影情节紧凑、行云流水，丝毫感觉不到科学类短片制作经常会产生的枯燥与无聊。

四、科学知识创意呈现

作为一部以科学为基础的微电影，相关的专业知识必不可少。但单纯为讲述专业知识而创作的微电影是无法引起大家兴趣的，这部微电影之所以能够吸引人们关注，重要的就是将专业知识进行了再加工，将专业知识创意性地表现在微电影的各个元素之中。

其最主要的创意在于将我们学习过的知识进

行灵活的变通，从果蝇的角度出发，用类比的思想将知识进行改造与创新。比如在叙述摩尔根研究果蝇眼睛颜色性状发现伴性遗传这样原本枯燥的课本知识时，制作者从果蝇的视角将其改编为怪兽摩尔根用食物换取果蝇的故事；还有在解释基因重组而导致的性状分离时，制作者构造了白色眼睛的红眼七世杀父娶母的故事。这样一个个精彩的故事，加上卡通形象的演绎，使得原本枯燥的知识一下子变得生动起来。

电影中的科学知识不仅体现在生物学上，而且涵盖了很多其他学科。例如神学家果蝇认为上帝主宰了一切，白眼是罪恶的，呼吁停止与白眼果蝇进行交配；统计学家果蝇从对每代果蝇的分析中得出伴性遗传的基本规律，呼吁停止与白眼雌果蝇进行交配；社会学家果蝇对白眼果蝇所遭到的不公平的待遇进行了阐述，表示白眼是无罪的，应该受到平等待遇；地理学家果蝇认为宇宙中存在着无数个平行的世界，提出了"蝇顿场"这一概念，认为果蝇的多少是由"场力"决定的。制作者用种种学科的知识来分析果蝇的世界，这种知识上的迁移与表现形式上的创新是这部微电影成功的最重要因素。

五、上升至哲学范畴的科学

杨振宁说："物理研究到尽头是哲学，哲学研究到尽头是宗教。"这部微电影并没有被生物学的基础构建所局限，关于果蝇世界的讨论不仅突破了生物学，更突破了自然科学，上升到哲学以及宗教的高度。这部微电影名为《白眼之殇》，其主线就是"白眼是否意味着命运"这个哲学问题，这样的主线设计提升了整部电影的格调。

微电影的开头便抛出了一个哲学问题："果蝇，相信命运吗？"结尾又用同样的句子与开头相照应，让人印象深刻。整部微电影不仅在开头和结尾体现了哲学思想，中间部分也始终没有偏离哲学的主线，其中不乏许多精彩的哲学范畴的叙述："什么是命运？白色就注定意味着罪恶么？""当你相信世界上的一切都有井然有序的规律和原则的时候，却发现是更高的存在决定了一切，主宰了世界的表象甚至最细微的信仰，你要怎样相信自己的生命仍然有意义。"

通过这些具有哲学意义观点，微电影的内涵得到了升华。并且也从一个侧面体现了制作者的独具匠心，从果蝇的角度对世界进行了深入的思考，给观影者带来启发，让人回味无穷。

总之，这部微电影之所以受到广泛的好评，就在于它真正用科学知识勾起了我们的思考。现如今微电影大多都是以娱乐放松为目的，因此也就形成了以都市生活为蓝本的创作潮流。在这样的时代背景之下，一部精心制作的科学微电影的出现确实让人眼前一亮。《白眼之殇》这部微电影不仅选材角度独特、制作精良，而且富含精神营养，实为一部不可多得的优秀影片。相信通过对这部微电影中创意元素的分析，能够为我们今后的微电影创作提供有益的借鉴。

【王凡（1994— ），中国传媒大学新闻学院媒体创意学专业2012级本科生】

微电影为品牌"化妆"
——广告微电影《逆时·恒美》创意分析

【摘　要】本文以佰草集品牌形象微电影《逆时·恒美》为例，从剧本构成、电影画面、影片歌曲、广告植入等方面对微电影的创意进行分析，进而对广告微电影艺术性和商业性的博弈展开论述，旨在探讨如何在微电影中使用创意元素更好地为塑造化妆品品牌形象服务。

【关键词】微电影　品牌形象　商业元素　适度原则

■　林文婷

一、微电影与化妆品品牌形象

"品牌形象最早由 Levy 和 Gardner 于 1955 年提出，是一个基于消费者的概念。"① 品牌形象构成了消费者对商品的认识，直接影响消费者的消费行为，从而成功打造品牌形象，是营销不可或缺的一环，能够提升品牌影响力、可信度，扩大潜在的客户需求。而对于市场细分度高、竞争激烈的化妆品行业，特别是在竞争中处于较劣势地位的我国本土化妆品行业尤其是如此。"未来本土化妆品行业的市场准入证将是'品牌经营'，而不是简单的资本规模。"②

目前微电影的实践意义之一就是商业营销价值，即通过微电影对品牌形象进行塑造、推广和强化，从而把"受众"转化成"消费者"，最终实现微电影的商业营销价值。本文主要探讨的即是如何在微电影中使用创意元素，更好地塑造化妆品品牌形象。微电影与传统化妆品广告有很大不同，一般意义上的化妆品广告突出产品本身的功效，展现的方式也多没有过多的情节设计，大多采取"明星＋广告词"的模式，比如广州市好迪化妆品深入人心的广告——国际明星李玟的一句"大家好，才是真的好"便概括出了品牌形象，而微电影塑造品牌形象的方式则全然不同，在兼具艺术性和商业性的基础上，微电影广

---

① 梁静：《微电影营销对品牌形象的提升作用分析》，载于《管理现代化》2013 年第 2 期。
② 张兵武：《化妆品品牌营销实务》，南方日报出版社 2003 年版，第 19 页。

告的呈现更为系统和立体。

二、《逆时·恒美》创意分析

"佰草集"由上海佰草集化妆品有限公司投资运作，从1995年12月立项至今，产品种类已达180多种，并于2008年走出国门，与国际一线化妆品品牌竞争，是本土化妆品中的佼佼者。"佰草集"的产品定位是现代中草药中高档个人护理品牌。"新逆时恒美"是"佰草集"品牌开发的一组系列产品，"逆时"适合熟龄女士，"恒美"针对年轻肌肤，大致有日霜、晚霜、眼霜、精华液等个人护理产品，价格在160～420元不等。

2012年，《逆时·恒美》微电影在网络正式上线，电影发布期间，在柜台消费的顾客可获得免费附送的微电影光碟。截至2013年12月17日，该影片在我国知名视频网站"优酷"上的点击率为198.2万次，在豆瓣的评分为6.8分——这对于一部商业微电影来说已算是不错的评价。那么，《逆时·恒美》是怎样运用创意元素，完成对"佰草集""新逆时恒美"系列产品的品牌形象塑造的呢？接下来，本文将按照影视制作的组成成分对该片创意进行分析：

（一）最能引起共鸣的剧本

剧本往往是微电影创意最集中的展示。在品牌形象建构方面，微电影相比传统商业广告，最大的优势在于情节性。比起推销式的传统商业广告，微电影能把品牌形象通过一个故事来呈现，让受众在观赏故事的同时树立起对品牌的印象，如果受众能对该品牌树立起好的印象，就能进一步培养其对商品的消费欲望。

当然，剧本的创意也不能天马行空，而是要从叙事内容、风格、人物设定等方面着手，在短时间内鲜明地表现出品牌形象的相应特征。《逆时·恒美》在剧本的设计上采用的是"引发共鸣"

的战略，处处体现贴合目标消费者的创意设计。

1. 影片叙事。影片采用了倒叙式的叙述结构，从影片主人公"君君"的相亲经历进入回忆，以女主角的成长过程为主线，展现了女主角大学时代的爱情故事以及步入职场的友情考验。整个剧情设置和浪漫偶像剧相类似。但仔细来看，却与目前中国25～40岁女性的亲身经历有很大相似性，尤其是都市单身白领女性：大学时代，迎来最美好的初恋；临近毕业，因为损友的介入而与男友产生误会，又因为男友的出国，两人最终分道扬镳；步入职场，看似亲密的好友暗中作梗破坏自己的劳动成果，只好"大义灭友"，向青春道别；女大当嫁，开始相亲，却没办法找到如意郎君……

这其中充分体现出"时代感"在创意叙事方面的重要性。"大学初恋"、"出国热"、"白领热"、"相亲热"，构成了出生于70年代末直至90年代初这一阶段的都市青年的集体回忆。如此典型的叙事安排，恰恰就是"新逆时恒美"系列产品的主要目标消费群——25～40岁有一定经济能力的都市女性经历的真实写照。这种安排，会让目标消费群产生一种自我映射，把自己放到影片主人公所处的环境中去，甚至把自己和主人公对等起来，因此产生"这个品牌也是适合我的"这种认定。而对于广义范围的受众来说，这种情节设计也绝不会引起反感，很容易让人联想起在2013年狂揽7亿票房的《致青春》。近年来，致敬青春的怀旧题材的影片成为一股风潮。这符合当下青年人的心理需要，"怀念校园生活，追逐青春梦想"，因此，也可以获得广泛意义上的观众缘，吸引更多的潜在消费者。

在叙事风格上，影片基本是平铺直叙，娓娓道来，由现实到过去和由过去到现实的时空转换洋溢着浪漫的笔法，如一位女孩的成长日记，显得平易近人而温婉感人。

2. 人物设定。故事的第一主角是一位典型的都市女性，大学毕业已经两三年甚至更久，尚未婚嫁，需要相亲；一身干练的装束，开着小轿车，俨然已有一定的经济实力。尤其重要的是，在时空转换时，这位美丽的女性在容颜上几乎没有改变（只是化妆更成熟），这恰好又迎合了"逆时·恒美"的产品主题。而在性格上，这个女生温柔知性，其恬淡的笑容、大学时代的飘飘长发给人留下了深刻印象。这样一个女孩，不仅是大多数男生心目中的美女，也是多数女孩一心向往的模仿对象。

影片中的男主人公阳光帅气，与女主俨然一对佳偶。由于女孩的损友从中作梗，再加上男孩要远走他乡，如此诗情画意的爱情破碎了，这也增强了叙事的戏剧性。同样增加影片看点的还有开头与女主角相亲的六位男士——在普通餐厅中出现的"自恋男"、"丑男"、"口吃男"、"唐僧男"、"男同志"，以及在高档餐厅出现的"暴富男"，这些男人无疑增加了影片的笑点，又同时反衬出女主角的独立自持，为下文回忆提供了合理动机。

对于一部品牌形象片来说，成功的人物设定并不在于构造了良好的情节，也需要对品牌进行"代言"，让影片的主人公和品牌气质相符合，当然是最直接的方法。比如"美即面膜"的形象片，述说了一个聋哑亚洲女孩在南美的声音奇遇，人物天真可爱，如一颗清透的露珠；而《逆时·恒美》中的女主角知性独立、清纯温柔，有"轻熟女"的特征——这些，都是化妆品品牌形象的良好比照。

3. 情节设置。影片有一个特殊情节的设计十分巧妙。如果说女主人公回忆的主线是爱情，那么起到辅助线索作用的则是对张国荣的怀念。女主角"君君"在现实中把车停到上海体育馆门口，恍然间就想起了在张国荣演唱会结束后，与男主角初遇的情景，十分自然地过渡到回忆之中。两人爱情的美好画面也包括了选买张国荣专

辑；而在两人产生误会，形同陌路之时，张国荣离世了，两人在一棵大树下与众人摆放祭奠蜡烛，正如祭奠逝去的青春；在回忆退回现实后，女主角走入"上海体育馆地铁站"，地铁站里的电视正好播出张国荣演唱会的片段，男主角同时以白领的形象入画，时空倒转，重回当年……

对张国荣的追忆为影片增加了一份真实感与厚重感。当年，张国荣在上海的演唱会可谓是万人空巷，他的绚烂与陨落，对那时青年人的影响之大，简直可以承载起与青春有关的所有回忆。因此，这样特殊的情节更增强了受众的"代入感"，其中张国荣的原声重现，报道的特写镜头，都更让人感受到品牌的真实和诚意。

（二）唯美化的画面制作

画面元素也是影片不可忽视的一部分。正如影片在推广时用的"纯爱"一词，影片的画面也力求唯美，如一部浪漫的青春偶像剧。其中出彩的是动画制作。其实当下，在轻松的青春爱情片中运用动画元素并不新鲜，比如2009年上线的电影《非常完美》，2013年上映的电影《一夜惊喜》。但在《逆时·恒美》中动画的使用独具匠心：一是运用常规手法——用动画的片段替代真人打斗的戏份，将这段男主角帮女主角出头的情节演绎得十分幽默，同时又规避了血腥暴力与主题冲突的感觉；二是特别设计——运用"佰草集"独有的花纹样式，在女主角心情起伏之时，在画面中舒展开颜色各异的卷草，而颜色明显是根据女主角的心情而改变，如男女主角恋情升温的时候，卷草的颜色越来越红，而在得知男主角要走的时候，卷草又重归黄绿色。造型简单而别致的卷草非但没有破坏画面美感，而且强化了"佰草集"的品牌意识，卷草代表着以"中草药护理型化妆品"著称的"佰草集"产品，在卷草的一路陪伴下，女主角完成了她成长道路上的蜕变。

（三）出色的原创主题曲

出色的主题曲从来都能为电影的知名度加

分，比如 2010 年首映的电影《老男孩》，主题曲比影片本身更红，而《逆时·恒美》的主题曲也被众多观者称道，更有网友评论这是"十年来都没有听过"的微电影主题曲。该曲由选秀明星高阳作曲，而高阳本人也参与了演出，出演男主角"小志"的好朋友"泡泡"。这首名为《看透》的主题曲不仅是两人热恋时"小志"从"泡泡"手中抢过来的好歌，其主旋律也贯穿首尾，歌词更是设计精巧——不仅点题恰当，而且充满了青春的感慨。有了原创的歌曲，使得微电影的完整度更高，诚意更大，也透露出品牌自身对于"原创"价值的肯定。

（四）不露声色的道具安排

产品通过道具的方式植入影像作品，是商家最容易想到的广告方法。而在微电影中，这样的"硬植入"往往较少。在《逆时·恒美》中，只有一个镜头扫到了女主角"君君"书架上的佰草集护肤品，而全片跟"佰草集"产品本身几乎无关。在"美即面膜"中，女主角也有使用面膜的举动，在高端化妆品诸如迪奥的形象片中，几乎是整个制作工艺的呈现；而在其他行业，如广药王老吉推出的《倾世之恋》，影片即围绕王老吉展开；被微电影界誉为"开山之作"的《一触即发》，也充分体现了产品的功能。那么，究竟要如何把握"硬植入"的度，本文将在下文中进行探讨。

三、把握商业元素的"度"

上文中对《逆时·恒美》的创意分析，无不体现着艺术性和商业性的博弈，化妆品行业的广告竞争比较成熟，这也决定了品牌形象微电影要恰当地体现商业元素，而不能只拿微电影当噱头。

《逆时·恒美》尽管取得了一定成功，但其中还是有让人诟病的地方。比如在情节设计上还是不能脱离青春校园恋爱的老旧框架，很难"脱俗"，从艺术上占领制高点；对于纪念"哥哥"张国荣这个桥段的设计也是褒贬不一，似乎有"消费张国荣"之嫌……从艺术的角度，这部片子确实算不上佳品，但值得肯定的是，它适度、巧妙地加入了商业元素，而这就是商业创意的最佳体现。

有心理学观点认为，微电影营销行为的根本理论就是基于"建构主义"存在的，即"源于受众认为世界是被演绎的而不是被实证的"。[①]这其中存在着广告主运用各种符号对于世界的演绎，以及受众根据自身因素对这种演绎的解读。而微电影的这种演绎，区别于传统广告，是从情感诉求而不是理性诉求来完成广告诉求的过程。理性诉求要求广告方向受众展示其功能、特征、价格等；而情感诉求就是通常意义上的"以情动人"，让受众对品牌形成价值观上的认同。所以成功的微电影营销创意，也必然是有清晰的情感诉求的。

由此，把握住商业元素的"度"，关键就是在于找准品牌的核心价值观，然后在不影响情感诉求的情况下，进行适量的理性诉求。一旦理性的商品演绎盖过了情感上的建构，这部微电影离失败也就不远了。

随着网络和智能终端的普及，传播形式日益多元化，加之激烈的商业竞争，许多化妆品品牌都选择跨出拍摄品牌形象微电影这一步。希望跨出这一步的品牌能够运用好创意，为品牌化一个漂亮的"妆"。

【林文婷（1994—　），女，中国传媒大学新闻学院媒体创意学专业 2012 级本科生】

---

① 陈清爽：《建构主义视角下微电影广告营销中的情感诉求》，载于《现代商业》2013 年第 5 期。

此心安处是吾乡

——广告微电影 *LEAVE ME* 创意分析

【摘　要】新媒体时代的到来引发了一场微电影狂潮，对于微电影来说，创意为王
至关重要。广告微电影 *LEAVE ME* 凭借穿越时空的奇幻因素、巧妙统筹
亲情与爱情、故事叙事与品牌价值的完美贴合三方面的创意设计从众多
广告微电影中脱颖而出。

【关键词】微电影　穿越时空　情感统筹　无痕植入

■ 冯雅雯

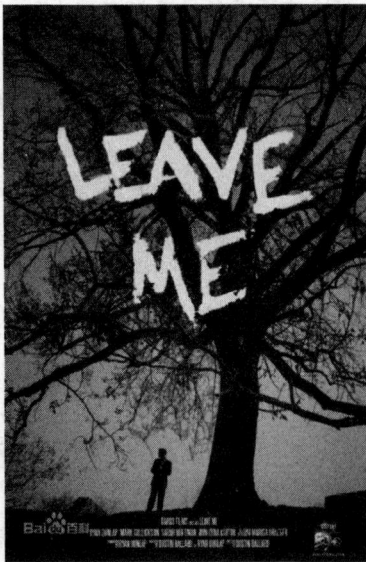

片名：*LEAVE ME*
时长：3 分 50 秒
上映时间：2009 年 12 月 29 日
制片地区：美国

语言：英语
类型：短片/剧情/奇幻
导演：Dustin Ballard
编剧：Dustin Ballard, Ryan Dunlap
主演：Ryan Dunlap, Mark Gullickson,
　　　Sarah Van Eman

随着新媒体时代的到来，人们在日常生活中被海量碎片化的信息所包围，注意力被分割，对于娱乐体验的即时性要求越来越高。以微电影为代表的微媒体的出现，迎合了人们的这种需求，因而近年爆发了一轮微电影狂潮。

微电影 *LEAVE ME* 为佳能品牌定制的微电影广告，讲述了一个痛失爱妻的深情男子因父亲的误操作被摄入亡妻的相机之中，在一幅幅照片里寻找心爱的妻子并最终选择与爱人相伴，在手心里写下"Leave Me"让父亲把自己留在照片之中的故事。故事情节简单易懂，却感人至深，给观众留下了深刻的印象。正如美国广告大师李

奥贝纳所言："伟大的创意或平面广告，总是出其不意的单纯，触动人心而不凿斧痕"，*LEAVE ME* 成功的原因便在于其巧妙的创意。

一、穿越时空的奇幻因素

千百年来，穿越时空一直是人们津津乐道的话题，而一些关于穿越时空事件的传言更为它增添了神秘性和戏剧性，让人忍不住一窥究竟。然而，虽然"虫洞旅行"等假想被科学家们提出，但至今为止，穿越时空仍未可行，因而它只能在人们的艺术作品中得到反映。微电影 *LEAVE ME* 正是抓住了这个能够引起大众兴趣的话题点，通过在此基础上的创新，成功吸引住观众的眼球。

穿越时空的内容分为两种：回到过去与去到未来。穿越的目的主要有：1. 改变历史进程；2. 改变自身际遇；3. 满足好奇心；4. 逃避现实，满足幻想；5. 满足情感需求。*LEAVE ME* 中男主角 Jack 意外回到过去，而穿越时空后他的唯一目的是——再见妻子 Amy 一面，满足自己心中承载的思念。

Jack 穿越的载体是在事故中损坏的相机，而相机的复原本就带有铺垫的意味，似乎预兆着将有神奇的事情发生。当父亲用镜头对着他的时候，前一秒 Jack 还说着"别"，后一秒他就已经来到了树影斑驳的小树林里。时空的转换让他如在云雾里，此时，相机的一声"咔嚓"，他又跳跃到一棵大树下，以声音作为转场，令穿越时空的特征更为明显。穿越时空后的第三个场景是喷泉广场，此场景与前一场景之间的转换直接表现在现实世界那台相机的监视器中。观众可以看到，随着父亲摁下按键，照片换到了下一张，而不变的是照片里的男主角。直观的内容表现能够高度契合观众对于穿越时空的幻想，照片是一个个画面的定格，可在此处也是一个个场景的浓缩。其中有一个细节，是父亲在着急地摇晃相机

时，Jack 失去重心而喷泉却未受影响，不禁让网友们产生疑惑："这种穿越又显得经不起推敲。到底那是另一个平行的世界还是只是留在拍摄的那段时刻?"可是，如康德所说："模糊观念要比明晰观念更富有表现力。"正是电影中这样对穿越定义的模糊性，允许观众能有自己的理解，无论持何种意见的观众都能与故事内容产生共鸣。

父亲再摁下按键，Jack 来到了一场宴会之中，幡然醒悟，自己已经踏上了照片的旅程，来到了六个月前。又一声"咔嚓"，他来到了河边，妻子为那兄弟俩照相的地方。仔细的观众能够发现，这幅照片，曾经出现在微电影开头男主角收拾遗物的一幕里。开头的现实世界的照片与 Jack 如今身处的场景发生重叠，再次提醒观众，这不是梦，他真的穿越了时空，为后面 Jack 拼命让父亲倒至摄有 Amy 的那一张照片埋下伏笔。同样的铺垫也发生在了最后与 Amy 重逢的场景里。谁也没想到第一幕中一张不起眼的照片，竟是故事最后男主角的归处；第一幕中男主角无意中拿起的笔，最后书写了影片主题。首尾照应，虚实世界的交错更能让观众感受到他的选择中满满的爱意。

除了虚实世界的不断转换交错以外，父亲与儿子之间实时的跨时空交流，也是穿越时空这一因素之中的一个创新点。在大多数的穿越剧情里，主角是很难进行跨时空的即时通信的，以国内穿越剧鼻祖——《穿越时空的爱恋》为例，女主角要与现代进行交流，需要许多的特定因素。然而在 *LEAVE ME* 之中，Jack 与父亲却能隔着监视器的屏幕直接进行语言和动作的交流。当 Jack 弄清了自己的处境之后，能够立刻向父亲发出了"scroll to the end"的呼唤；在经历了电池没电等困难后，最终他能再见到妻子的面容，并请求父亲让他留下——"Leave Me"。这个创意的关键之处在于穿越载体的选择，相机实时监视的功能，令父亲的视角成为了上帝视角，

因而能够即时接收儿子所传递的信息。如果缺乏了这一个创新点，故事很难达到最后那个令无数人动容的结局。

"此心安处是吾乡。"微电影 LEAVE ME 的创意，首先表现在拓宽了"吾乡"的范围，令"吾乡"由真实可感的时空转移到了虚拟时空（或是平行时空）。

二、"Leave Me"统一亲情与爱情

"Leave Me"在中文里既有离开我的含义，又有留下我的意思。正是两个看似截然相反的意义组成的题目，统筹了这部微电影里的亲情与爱情。在 LEAVE ME 中有两条故事线索，一为男主角追寻爱妻的明线，一为父亲帮助儿子的暗线。

男主角对于妻子生死不离的深情感动了无数人，正是对于真挚爱情的渲染，成就了这部微电影。暗沉的色调，忧伤的钢琴一点一点的渗透，电影的开头就给人一种忧伤的环境气氛。下一个镜头，Jack 墨绿色的眸子里充满了哀伤与绝望，他手里抚摸着作为摄影师的亡妻最珍贵的遗物——相机，呆呆地回应父亲，似乎已经被心痛所吞没。而影片没有对相机的突然复原作出解释，我们不妨推测为 Jack 因为睹物思人已经悄悄把它修好了。在穿越时空之时，Jack 能够很快意识到处境并知道自己在哪幅照片的时空里，到哪幅照片能够见到妻子，这充分地证明了 Jack 反复查看相机，照片已经烂熟于心。影片创意性地用这些细节来侧面体现 Jack 的爱。从有了准确认识到呼喊奔跑，从见到妻子到决意留下，Jack 从来没有一丝的犹豫。一句"scroll right"，一个看见妻子时眼睛闪烁着泪光，惊喜到说不出话来的神情，一行"Leave Me"，把故事推到了最高潮，如此的执着足以把观众感动到热泪盈眶。观众们在男主角失而复得的喜悦中最终明白到了他对爱情的坚持：因为不忍心

"leave you"（离开你），所以决定"Leave Me"（留下我）。这真正体现了那句话："此心安处是吾乡。"有 Amy 的地方，就是 Jack 的归宿。

LEAVE ME 中父亲一角看似只是情节发展的推手，但实际上，伟大的父爱是微电影想要表达的另一层面。正如上述所言，在大多数的穿越剧情里，主角是很难进行跨时空的即时通信的，所以留在原来时空的人物往往被忽视，但 LEAVE ME 却别出心裁地在两个时空的人物关系上做文章，以跨越时空的父爱打造又一催泪点。

在影片开头，父亲皱着眉头，用手握着儿子的肩膀，为其担忧想要给予安慰的意图显而易见；后来想要为儿子拍照而导致一切事情的发生，也是出于对儿子的爱护。看到儿子穿越了，父亲十分疑惑和着急，不断摆弄相机；后来接收到儿子的信息时匆忙配合，看到电池没电时慌忙操作，一切的一切都体现了父亲对于儿子的关爱。终于儿子儿媳重逢了，儿子表达了留下的愿望。此时镜头一转，老父亲同样墨绿的眼眸里充盈着泪水，重重地叹了口气。整部微电影的最后一个画面是，父亲把儿子掌上写有"leave me"的照片用相框裱了起来挂到墙上。

纵然千般万般不舍，父亲最终还是尊重了儿子的决定，因为他知道只有这样，儿子才能找回往日的幸福快乐。因为爱着儿子，所以尊重儿子的"leave me"（留下我），所以允许儿子"leave me"（离开我）。对于父亲而言，岂不也是"此心安处是吾乡"？在影片的结尾，影片内容呼唤起观众心中对于父亲的敬爱与记忆，二者发生共鸣，令人深深为之感动。

渲染情感是微电影内容组构的重要方式之一，微电影作品能够通过满足观众的情感诉求获得更多的关注度与更大的影响力。LEAVE ME 以离开我和留下我的选择，创新地将亲情和爱情两大情感因素统一了起来，"双管齐下，大打催泪弹"，在观众心目中留下深刻的印象。

三、故事与品牌完美贴合

近年来，随着素质的提高和自我意识的觉醒，观众对于广告越发挑剔。在此背景下，广告行业对于微电影这一艺术形式的采用越来越多，原因是："微电影可以把产品功能和品牌理念与微电影的故事情节巧妙地结合，用精彩的视听效果达到与观众的情感交流，使观众形成对品牌的认同感。"① LEAVE ME 是佳能系列广告微电影之一，它与佳能品牌的创意结合体现在如下三个方面：

（一）故事情节契合品牌口号

"态度蕴含理智，但其根却是扎在情感的沃土之中。对漫天铺地的广告，人们往往来不及进行太多的理智思考，所以在广告说服中，往往'激起人的情感比引起人的思考更重要'。"② 佳能品牌的口号是"佳能，感动常在"，而 LEAVE ME 最大的特点毫无疑问就是感动人心。艺术的表达形式，以人为本的电影内容，使广告微电影看上去没有那么多的功利性，更为单纯地表达对于人性中的真善美的讴歌，因而更能激起观众相似的情感。LEAVE ME 通过对于亲情、爱情的描写，为品牌注入生命力；观众通过欣赏 LEAVE ME 而被感动，建立并加深了对于佳能品牌的良好印象，有利于建立起品牌最重要的价值——顾客忠诚度。

（二）产品融入故事叙事

摄影是对于场景的定格，而摄影的目的是留住有意义的时刻，为日后留存珍贵的记忆。相机正是肩负这样的使命而诞生的。在 LEAVE ME 之中，佳能相机是不可或缺的道具，它具有神奇的力量，把静态的照片转变为动态的时空，让人们能够从照片里获得的不只是记忆，更是找回当时的快乐的机会。正是它搭起了不同时空间的通道，成就了跨越时空的爱恋。虽然在现实中这并不存在，但却反映了广告主——佳能品牌 "delighting you always" 的努力。同时，微电影中不乏佳能相机所照照片的出现，而男主角在时空穿梭中所经历的一个个场景画面的亮度、对比度、饱和度等，同时也是佳能相机良好性能的体现。避开直白、枯燥的广告语宣传而用画面事实进行表现，是广告微电影的一大亮点。

（三）品牌名称无痕植入

据观察，LEAVE ME 当中 "Canon"（佳能）的标志出现次数约为 15 次，但是不少观众却反映在初次观看时根本不知道宣传产品是什么，相信它不是佳能的广告。佳能在影片中之所以能够达到如此好的植入效果，除了上述影片中相机的重要性因素外，全因故事情节的出彩与植入位置的自然。前者已毋庸赘言，后者表现为：1. 镜头前：在 Jack 抚摸相机与父亲为 Jack 拍照时影片都出现了相机镜头的特写，一方面由于标志十分小，另一方面由于特写镜头的重要性，人们不觉得这是僵硬的广告植入；2. 闪光灯下方：这通常是品牌名称的固定位置，但是由于画面其他区域吸睛和镜头没有特意地在此作过停留，再加上影片当中有时该区域因变焦导致模糊，所以也没有给人以广告植入之感；3. 监视器下方：监视器所呈现的画面牢牢吸引住观众的目光，所以一方面能令他们注意到品牌名称，另一方面却又忽视了广告植入这一因素。在看完 LEAVE ME 过后，观众既能保存有佳能的印象，又不会有收看植入广告的不适感，微电影已经成功地达到了其传播目的，最终回归到品牌形象之中。

【冯雅雯（1994—　　），女，中国传媒大学新闻学院媒体创意学专业 2012 级本科生】

①　崔兆倩：《浅析微电影的现状及发展》，载于《新闻爱好者》2012 年第 4 期。
②　朱月昌：《广播电视广告学》，厦门大学出版社 2000 年版，第 241 页。

温暖亲情 人间大爱
——亲情微电影《心酸的恩情》创意分析

【摘 要】亲情微电影《心酸的恩情》讲述了父母与子女、姐姐与弟弟之间的感人亲情。本文从影片内容、影片形式、人物设置三个维度对本片的创新之处进行深入分析：分段式的故事呈现，精巧的情节设置和镜头语言，立体丰满的人物形象是本片值得借鉴的创意所在，对于亲情主题的反思则成为本片留给观众的思考空间。

【关键词】亲情微电影 内容创新 形式创新

■ 刘晶晶

一、内容创新：分阶段展示复杂情感纠葛

"树欲静而风不止，子欲养而亲不待。"在当今社会中，亲情在人际关系中所占的地位逐渐削弱。儿女们大多远离父母在外工作，能够陪伴父母的时间越来越少，父母的恩情渐渐被淡忘在繁杂的生活中。而时间却不会忘记父母，蓦然回首时，父母已老去，当失去才知道珍惜的故事时有发生。

《心酸的恩情》讲述了父母与子女、姐姐与弟弟之间的感人亲情。这部微电影自放映以来就取得了很好的成绩，被网友评为"2013年最为感人的微电影作品"。影片时长20分03秒，共分为四个部分，讲述了四个阶段两个主人公所处

的不同环境，通过这四种不同境遇中的情节发展折射出姐弟俩内心的情感变化，这种变化可以总结为四个阶段。

第一阶段——心生嫉妒：姐姐对于备受呵护弟弟产生嫉妒。在影片一开始，观众就可以感受到一个和谐美满家庭中姐姐与弟弟的小摩擦：弟弟要去学习手风琴，姐姐却不能去，只能送他学；吃饭时，最后一块肉妈妈一定会夹给弟弟……在日积月累的内心不平衡中，姐姐膨胀的不满与嫉妒终于爆发，摔坏了弟弟心爱的手风琴。而父母为了给弟弟换更大的手风琴，利用周末时间去一个并不安全的工厂打工，在一次事故中双双去世。年幼无知的孩子间的矛盾间接推动了家庭悲剧的发生，深爱着两个孩子的父母永远离开了人世，两个孩子的生活慢慢跌入了黑暗中。

第二阶段——守护弟弟的梦想：姐姐的爱是

折下自己的翅膀，送给弟弟飞翔。虽然生活很艰难，弟弟仍然怀抱坚定的音乐梦想。在一次偶然的误解之后，姐姐发现了弟弟内心真实的想法。在自己与弟弟的梦想之间，姐姐选择放弃自己原本很优秀的学业，努力打工为弟弟的音乐梦想铺路。虽然在年幼时不懂得去保护弟弟的梦想，虽然没有受到爸爸妈妈的关注，但出于对血肉亲情的珍惜，姐姐随时都准备着为弟弟付出一切。

第三阶段——破茧成蝶：弟弟在姐姐的全力资助下实现了自己的梦想，成为小有名气的音乐家。在姐姐即将结婚之际，弟弟从上海赶回北京，在咖啡厅等待姐姐时却无意听到了姐姐婆婆对于姐姐的不信任。弟弟想用金钱弥补姐姐，却在与姐夫喝酒时得知了姐姐的内心愿望。在为了弟弟失去了人生的无数种可能之后，姐姐并没有埋怨，她骄傲着弟弟的骄傲，唯一的愿望就是希望弟弟能够为自己演奏一支曲子，为自己不那么成功的人生增添一丝光芒。

第四阶段——心酸的恩情：弟弟在姐姐的呵护中成长、成功，最后以微薄的力量回报姐姐难以报答的恩情。在影片的最后，弟弟为姐姐做了一首曲子《远方在哪里》，并把姐姐请来演奏现场，这首曲子饱含着姐弟十几年的生活历程，姐姐一边倾听，一边不停地流泪。姐姐的心情是复杂的，眼泪可能是祭奠她为弟弟奉献的所有青春岁月，祭奠她为让弟弟成功而放弃的另一种人生；眼泪也可能是对父母在天之灵的告慰，自己终于亲手把弟弟培养成音乐家，完成了父母生前最大的心愿；也可能在音乐声中，姐姐回忆了一路走来的艰辛，弟弟终于长大成人，没有辜负姐姐的期望；这眼泪也可能是因为感动，这首属于自己的曲子是姐姐内心长久以来的梦想，弟弟的报答让她感动不已……

在影片四部分复杂的情感转换中，我们看到了人性中最真实的部分。姐弟俩难舍难分的情感让人感动，两人纠结在一起的命运也让人揪心，情节的设置是影片最出彩的部分之一。为观众展示了血浓于水的亲情，也在情节的推进中启迪我们去珍惜身边的亲人，他们是这个世界上愿意为你付出一切的人。

二、形式创新：情节设置、镜头叙事充满亮点

形式与内容二者相辅相成不可分割。上文中笔者分析了《心酸的恩情》在内容上的创新。其实在形式上，影片同样呈现出很多创新的亮点。

（一）故事分割于高潮处戛然而止

文章采用了四部曲的形式来讲述故事。在微电影中，很少有运用这种手法的作品，如果在故事分割时不到位，很容易割裂整个故事的完整性，使得整个影片杂乱无章。但是《心酸的恩情》在故事分割方面却很有创意。

每一个部分都是在每一个时期故事发展的高潮处戛然而止。第一部分的结点是在姐弟俩的叔叔把两个孩子带回家之后，婶婶非常反对，姐姐听着叔叔婶婶的争吵声落泪；第二部分是姐姐去学校向班主任说明自己要退学，想着父母对于弟弟在音乐上的期望流下眼泪；第三部分是弟弟与姐夫喝酒要给姐夫钱，而姐夫生气地下了车。这些部分的停顿都有意地回避了最尖锐的故事情节，在每一个情节将要发展到高潮时，后面的故事情节都被省略，随即进行下一个时期的故事讲述。这种处理方法使得观众心中埋下疑问，是很好的伏笔；影片按照时间顺序进行分割，构建了影片的整体性，使得观众能够有很完整的观影感受，保证了在删减部分情节之后整个影片的连贯性，也为影片情节的后续发展奠定了基础，酝酿了影片高潮时情感的更大爆发。

（二）倒叙、插叙手法组合使用

其次，影片在叙事手法上采用了倒叙及插叙的手法。这两种手法的组合运用增加了整个影片故事的丰富性，使得情节更加跌宕起伏。倒叙主要表现在影片的首尾呼应，在影片的一开始，弟

弟站在空荡荡的演奏大厅若有所思，慢慢陷入了对往昔的回忆之中。这就是整个影片的引子，在结尾处又是同一个场景，但是这次是弟弟为姐姐的演奏，前后呼应达到一个完整的效果。

影片运用最多的是插叙，在上文中提到影片的分割中省略了很多精彩的故事情节，但是在影片不断发展的过程中，这些情节又随着主人公的回忆一一展现在观众眼前。这一点在第四部分中表现得尤为精彩。在第四部分中，影片把所有之前省略的各个情节的高潮内容完全展示出来，姐弟俩在叔叔家受的苦、姐夫下车后对弟弟说的话、弟弟为什么要作这首曲子，等等，都伴随着悲伤的歌声全部展现给观众。姐弟俩的哭泣与回忆镜头之间的不断切换，使得观众在欣赏该影片时积累的疑问与感情的迅速释放，产生情感上的共鸣，给观众带来很强的心灵震撼。

（三）镜头语言设计精巧

影片在镜头的运用上也体现了一定的创新。在第四部分，弟弟为姐姐演奏时，随着姐弟俩的回忆增多，情绪更加激动，相对而泣时，镜头出现了模糊与晃动，这种手法很形象地展示了姐弟俩泪眼蒙胧、泣不成声的状态，让观众的感觉更加真实，产生身临其境的效果。镜头运用的另外一个创新之处是影片的最后一个镜头定格为姐弟俩在哭泣之中回到了小时候，这种设计巧妙而富有深意。最浅层的含义是在回忆之中两人回到了小时候的状态，又拥有了小时候内心的感觉；深一层含义可能是指姐弟俩终于在这一刻达到了内心的统一，小时候的一切都得到了和解，内心的矛盾与纠结都得到了解脱，亲情在付出与感恩中得到了升华。

三、人物创新：形象设定展现两面性

《心酸的恩情》中的人物设定是固守与创新并存的，影片中虽然有老套的人物，制造了一些没有新意的情节，但同时人物的设定中还是有一些创新的元素值得借鉴。

在很多类似题材的影片中，主人公的形象总是近乎完美的默默奉献不求回报。人物形象的特质已经被固化，善良的人永远善良，而反面人物总是做尽坏事受到报应。但本片中的主人公并不是以一个几乎完美的形象存在，影片既展现出亲情的温暖与人性的善良，也表现了家人之间不断出现的摩擦。

尤其是姐姐这个人物，在影片的一开始，就因为弟弟受到偏爱而倍感嫉妒，冲着家人发火，最后甚至把弟弟的琴摔坏了。在知道弟弟剪坏了录像带之后，立刻给了弟弟一记耳光。这种家人之间的摩擦，使得人物的形象更加丰满。主人公不再是永远善良温和的付出者，她更加的生活化，更加贴近观众。这种设定不仅拉近了观众与人物的距离，也更加体现出这份亲情的珍贵。

另外，在影片中还设置了一个很具幽默性的人物增加影像的诙谐感，博得观众一笑。在影片中有一段弟弟与本班同学剪录像带的场景。这位同学说话带着娘娘腔，身体瘦弱，扭扭捏捏地连墙都爬不过去。并且把剪有不良内容的录像带称作"牺牲我一个，健康千万家"的好事儿。这样一个充满喜剧色彩的形象，不仅让人忍俊不禁，更在姐弟俩每天悲惨的生活中，增加了一丝少有的欢乐。

这种善良与冲动的同在，悲剧与喜感的共存，为影片增加了强烈的对比艺术效果，在这种对比之中，更加突出了姐弟俩生活的艰辛与无奈以及亲情的真实与可贵。

四、《心酸的恩情》留下的思考

一部好的微电影，无论时间长短总是能够给观众无尽的思考。影片只有融入创作者最深切的体会，才能传达出最真实的情感。《心酸的恩情》能让观众留下心酸的眼泪是因为它所表达的内容能够引起共鸣，能够引发深层次的思考。这也成为亲情类微电影成功必须要达到的高度。读懂影片的精神内核，才是真正地理解了微电影，《心酸的恩情》为观众留下许许多多的思考。

首先，亲情类微电影旨在为观众展现人间的亲情大爱。影片通过故事情节的发展，淋漓尽致地展现了默默付出、不求回报的亲情。这部影片拥有唤醒每个人内心感恩亲情的力量，能够引发观众对于自身家庭角色的反思。《心酸的恩情》中制造了很多家庭中的小矛盾，为观众理解家庭关系提供了一些借鉴。影片中的弟弟就是在成长的过程中逐渐学会了感恩自己的姐姐，也让观众懂得了，感恩亲情的真谛是用心去回报，只有这样才能获得感恩的快乐。

其次，影片反映了当下社会存在的一些现实问题。从影片中映射出了孤儿问题、非法采矿业问题、儿童教育问题、老人赡养问题等社会现实，这些问题构成了影片复杂的情节结构，虽然有着虚构夸张的成分，但艺术毕竟是来源于现实生活。这些问题在现实社会中也的确存在，且严重扰乱了正常的社会生活。微电影希望大家把更多的目光投向老人和孩子，孩子健康成长、老人安享晚年是一个幸福家庭的基本标准。每个人都尽心为家庭付出是解决很多社会问题的最好方法，而每一个小家的幸福才能造就整个社会的和睦。

最后，《心酸的恩情》虽然是一部较为成功的微电影，但在某方面还存在着不足，值得探究与改进。这部微电影的一部分情节较为老套，整个故事的矛盾冲突过于剧烈。例如，主人公是父母双亡的孤儿、姐弟俩小时候受到婶婶的虐待、婶婶家的女儿变坏、姐姐为瘫痪的婶婶养老……这些情节都是很多电影电视剧的惯用套路，这样缺乏创新的情节设置很容易引起观众的审美疲劳，进而形成对影片的排斥。而对于整个故事来说，过于激烈的矛盾呈现，导致影片的主要矛盾模糊不清，悲剧成分过于直白浓重，不利于清晰地表达故事主题。

2014年央视春晚上王铮亮的一曲《时间都去哪儿了》再次引起人们对亲情的感叹，"时间都去哪儿了，还没好好看看你眼睛就花了。柴米油盐半辈子，转眼就只剩下满脸的皱纹了……"忧伤的旋律提醒着每一个人，从此刻起好好守护"心酸的恩情"。

【刘晶晶（1992—　　），女，中国传媒大学新闻学院媒体创意学专业2012级本科生】

创新思维在微电影中的运用
——以微电影《拾荒少年》为例

【摘　要】本文运用创新思维的视角对微电影《拾荒少年》的创意进行分析：组合思维，让电影主题能够紧紧抓住受众心理；逆向思维，给受众留有更多思考空间。可以说，创新思维与微电影的结合让微电影更具魅力。

【关键词】微电影　组合思维　逆向思维

■ 梁　杰

微电影《拾荒少年》讲述的是一名在厦门生存的拾荒者马跃进，他长期在火车站跟踪扒手，把扒手们扔掉的钱包捡起来，联系失主以勒索小钱财。一次，扒手在窃取他人钱包时，一张女人的照片从钱包里掉出来，被拾荒的小男孩捡到。小男孩一直跟踪马跃进，想趁他上厕所的时候偷走钱包，却被马跃进识破。马跃进与小男孩纠葛许久之后才弄清，原来照片中的女人和小男孩有很大渊源。马跃进想勒索钱包主人却进入了一个圈套，而小男孩把一切看在眼里。死里逃生后的马跃进与小男孩冰释前嫌，决定帮小男孩寻找妈妈，为了凑足路费，一老一小开始了相依为命的生活。元旦过后，他们终于凑足了回家的路费，各自带着希望坐上了回家的火车：他们都是为了回到自己亲人的身边，马跃进为了自己的女儿，小男孩是为了妈妈。出乎意料的是，当他们回到老家时，一切希望都破灭了：马跃进的女儿已经不知去向，房子也正在被拆迁；小男孩一直

保存的"妈妈的照片"，其实只是之前收留他的老爷爷随手拿来某台湾女作家的照片编织的谎言。

一、组合思维：升华影片主题

微电影作为新媒体时代的产物，是一种以互联网为主要传播平台，可供普通大众在碎片化时间内快速浏览欣赏，以大众审美趣味为主要的创作标准的新型影视形式，因此可以说微电影是一种典型的网络文化，整体上呈现出一种通俗化的审美特质。目前网络上的微电影作品其通俗化的主题主要集中于以下几个方面：1. 爱情主题；2. 亲情主题；3. 青春梦想主题；4. 公益教育主题；5. 社会现实主题。①

在主题方面，《拾荒少年》融合了亲情、公益教育和社会现实三大主题，可谓创新性地做到了"通而不俗"。

---

① 薛国梅：《微电影美学特征及其价值研究》，山东师范大学 2013 年硕士论文。

电影将主角设置为两个拾荒者，带给观众更多的思考，触动人内心最柔软的部分，召唤公众的社会责任心。中国经济愈趋繁荣，人民的生活水平不断提高，而就在这样一个国度中，一些阴暗的角落，一些人被甩到了边缘地带，靠着捡拾废弃品而存活。这样的人物设置让观众能够关注社会上的边缘人群，达到公益教育的目的。

在中国的传统观念中，家庭观念是非常重要的。"家是温馨的港湾"这可能是每个中国小学生都熟记于心的一句话。而每年春节上亿人的返乡大潮，又再一次证明了"家"在人们心中的重量。所以，家、亲情的主题是最容易让人们接受并引起共鸣的。纵观其他以亲情为主题的微电影，亲人都是有明确对象的，也就是有真实对象，而在《拾荒少年》中，亲情只能化作是心灵深处的希望。小男孩一直在寻找亲情；马跃进一直给家乡的女儿写信，却不料女儿早已不知身在何处。相比于其他"真实存在"的亲情，这种仅仅是希望中的亲情更能够感动观众。虽然寻亲的主题在电影界已经颇为寻常，但是在日渐商业化的微电影市场上，仍可以说是对亲情主题的一种创新。

同时，微电影《拾荒少年》也是对社会问题的侧面反映，正处于社会转型期的中国社会存在着各种问题。以反映社会现实为主题的微电影往往紧扣时代脉搏，及时关注社会舆论热点话题。微电影《拾荒少年》就侧面向人们反映出当下社会存在的三个问题：第一，底层人民的生活问题；第二，儿童拐卖问题；第三，城镇化过程中的拆迁问题。

组合思维是创新性思维的一种，是指将两个或两个以上的事物组合在一起的思维。所谓组合，就是把两种或两种以上的事物简单的叠加，以形成新的事物。20世纪后半叶，世界重大创新发明成果的80%以上都是组合的成果，可见组合法在创新活动中，占有重要的地位。[①] 将这种组合思维运用到微电影主题的创作上，其作用也是显而易见的。《拾荒少年》将三个主题组合起来，更好地抓住了受众心理，获得了观众认同。

二、逆向思维：留有思考空间

新媒体发展所带来的"微时代"具有信息碎片化的传播特点。在搜索引擎上随便输入一个关键字，就会有数以亿计的结果出现，在这个信息泛滥的时代，信息的价值可以说是微乎其微。纪录片之所以能够拥有较高的艺术价值，而且为学界所称赞，一定程度上是因为其传播的是知识而不仅仅是单纯的信息。因此，一部微电影要真正做到"有味"，就应该让受众有一定的思考。

在这个信息碎片化的时代，反而反其道而行之，让受众来思考，可以说是对创新思维中逆向思维的一种应用。这种让受众思考的形式，已经在电视节目上取得了成功，江苏卫视的《一站到底》就是一个很好的例子。《一站到底》是一个答题闯关型的节目，虽然问题都是各个领域的常识类题目，但是却能吸引受众一起进行思考，牢牢锁住了一部分收视人群，这大概就是思考的魅力所在。

纵观微电影市场，为求达到较好的传播效果，故事一般都较为通俗直白，留给受众思考的余地并不多。在微电影《拾荒少年》中留下了大片的空白给受众思考，这也可算是一种创新。

影片以马跃进与小男孩渐行渐远的背影结束，形成了一个开放式的结局。马跃进是否会帮小男孩继续寻找他的亲生母亲？马跃进是否会把小男孩当成自己的儿子，一辈子生活下去？除此之外，电影中还有许多条人物线索是留给受众去

① 王传友、王国洪：《创新思维与创新技法》，人民交通出版社2006年版。

思考的。既然马跃进有个家，为什么还要在外过着流浪拾破烂的生活？小男孩是因为被拐卖还是其他的原因和妈妈失散了？之前收养小男孩的爷爷也是为了给小男孩一个希望才用假照片欺骗他的吗？种种的疑问，都足以让受众回味无穷、浮想联翩。

在施拉姆的大众传播模式中，特别强调了受众的反馈。随着新媒体的发展，受众的反馈变得越来越重要。如何能够吸引更多的受众，给受众更大的选择空间就是一种很好的方法。微电影《拾荒少年》正是将受众的身份进行转变，使受众不仅仅是故事的聆听者，更是故事的创造者。以一个开放的故事结局创造了广阔的空间，让受众去思考、去设想。

【梁杰（1994—　　），中国传媒大学新闻学院媒体创意学专业 2012 级本科生】

微电影镜头语言创意分析
——以《吾时将近》(*Our Time Is Up*)为例

【摘　要】镜头语言有着情感语言的表现功能，富有创意的镜头语言，不仅能完整、清晰、生动地传达出导演的意图，还能为影片的趣味性和丰富性增色不少。传统电影和微电影短片在镜头语言上的运用有很大差别，本文以微电影《吾时将近》为例，分析其在使用镜头语言上的创意，以期引起微电影工作者对镜头语言运用的重视。

【关键词】微电影　镜头语言　创意

■　李思敏

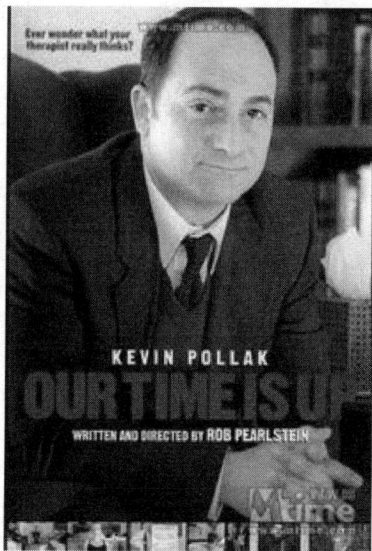

导演：Rob Pearlstein
编剧：Rob Pearlstein
主演：凯文·波拉克
类型：喜剧/哲理

制片国家/地区：美国

语言：英语

上映日期：2004 年 10 月 8 日

片长：14 分钟

《吾时将近》讲述了美国收入颇丰、小有盛名的心理医生罗纳德·斯坦工作中经历着各种各样的病人，人们在他面前袒露心扉，而他的内心却十分麻木，从不关心这些人遇到的问题，表面却还要装出认真倾听的样子，像是一个无法亲近的行尸走肉。某天斯坦医生接到他私人医生的电话，从中得知，自己还有六个星期的生命。这一消息让他备受打击，随后他开始改写自己的生活轨迹，不仅以自己最独特的方式帮助所有病人治好了他们的怪病，也懂得了享受生活、予人为乐的道理。整个影片叙事分为开端、发展、高潮和结尾，全长 14 分 20 秒，获 2006 年奥斯卡最佳短片奖提名，在 2004 年汉普斯顿国际电影节与 2005 年蒙特利尔喜剧电影节均获得奖项。

一、微电影中镜头语言的重要性

镜头语言就是把镜头当做一种语言去表达我们的意思。我们通常可通过摄影机拍摄的画面看出拍摄者的意图，透过拍摄主题及画面的变化，感受拍摄者运过镜头所要表达的内容，这就是所谓的"镜头会说话"。在影像的世界里，虽然和平常讲话的表达方式不同，但目的是一样的。只要用镜头表达意思，不管用何种镜头方式，都可称之为镜头语言。[①] 人们对镜头语言有一种心理效应，镜头语言有着情感语言的表达功能，镜头语言的运用要和影片本身联系起来，意在加强视觉冲击力，会使画面更具备感情力度。[②] 镜头语言以镜头为单位，大体可从画面景别、构图、场面调度、镜头调度、光线造型、色彩、长镜头、特效等方面进行研究和讨论。

作为声画结合的信息载体，所有的电影本身都是一种视听语言，然而传统电影和微电影短片在镜头语言上的运用有着很大的差别。现代人生活节奏快、资讯发达，每天都会从四面八方接收大量的信息，大部分受众并没有闲情逸致去阅读长篇大论，而倾向于接受短、平、快的信息，即信息的"碎片化"，微电影正适应了这样的特点，所以发展非常迅速。也正是因为微电影的这种"短小"的特点，要求它必须在短时间内呈现出更多的信息，所以传统电影中的一些镜头，即使很出色也不适用于微电影。以远景为例，在传统电影中用以表达场面的广阔与震撼，但是由于它的细节性内容不能在短时间得以展现，代入感不强，所以这种镜头景别就不适合在微电影中使用。

因此可以说，在进行微电影短片创作时，镜头语言的设计尤其重要，它应该更加注重于如何恰当地表现影像内容，回归叙事本质，在增添艺术成分的同时兼备精神价值。一个人头脑中有故事固然重要，但他必须知道怎样将故事表达出来这个故事才有存在的意义。同样，一部微电影需要有一个精彩的故事，也同样需要有一个会讲故事的导演，衡量他是否会讲故事的重要标准就是看他能否用好镜头语言。富有创意的镜头语言，不仅能完整、清晰、生动地传达出导演想要表达的意思，还能为影片的趣味性和丰富性增添不少姿色。以微电影短片《吾时将近》（*Our Time Is Up*）为例，我们可以从中分析出大量创意镜头语言的运用及其为影片带来的精彩效果。

二、《吾时将近》镜头语言创意分析

这部微电影短片亮点之一就在于各种镜头语言淋漓尽致的运用，导演在故事情节的基础上也创意性地用镜头语言的变换告诉了我们改变的力量。

故事开端，镜 1~8：以推、拉、移等方式切入几个物品的特写：七点的闹铃、统一的衬衣、整齐的领带、锃亮的皮鞋……巧妙地向我们描绘了主人公的性格特征：喜欢规律的生活、古板的套路、有条理、爱整洁。镜9、10进行更深入的描绘：面对园丁的问候头也不回，翻阅《国家心理学家》月刊的中景描写，这一切初步表明他的身份——心理医生。十四分钟的影片直到将近一分半才让观众看到了主人公的正面、才让他和别人开始有所交谈，这让观众在前面的一分半钟有充足的空间通过镜头语言的描述对主人公的形象进行自我构想，这种对人物刻画的镜头创意为整个故事的镜头叙事奠定了基础。

故事发展，主人公在电话里拒绝了新人拜访

---

① 佚名，http://baike.baidu.com/link? url = t0f2Ksrr3WlRIHonpRe6yvsrJw7KLO_oOdyvI2DMhIFm28 – 7kt_mpOOHmm4FvgIuH xeB4s17z1hZmZm17gI_sK。

② 傅晓姣：《当代影像镜头语言研究》，来源：中国知网。

请教的请求后，开始了每日正常的接待心理病人的工作。他有许多病人：走马灯换女朋友的花花公子、减肥狂人、隐性同性恋者、洗肥皂的洁癖狂、恐惧乌龟的大男人、怕老婆的家伙、爱摸女人屁股的患者、黑暗恐惧症患者，等等，镜1～41在病人们的转换上对连续蒙太奇的运用富有创意：通过正面、侧面等不同机位的变换，在医生和患者的一问一答间巧妙地进行了过渡，同时，这样的过渡还绝妙地说明了一个问题：医生对病人的问题和回答千篇一律，"你为什么那么认为呢？""你怎样认为呢？"他只是在麻木地进行着"倾听垃圾桶"的工作，完全没有"对症下药"。镜40：最后一个病人问："治疗了很久了，有作用么？"镜41：他淡淡地笑："到时再看吧"……直到一个电话改变了一切，以这个告知他"还剩六个月"的电话为起点，故事有了转变。

新的一天开始，一组简单的特写镜头呼应了影片开头：闹钟、鞋子、衬衫、领带、报纸……还是那些物品，唯一不同的是全部变成了静态镜头，创造性地表明一切都再没有了往日的生机，这组镜头最后给医生一个面部特写和体态的全景：他死气沉沉地瘫坐在沙发上。这些镜头组合引人思考：如果一个人只剩下六个星期的生命他能做些什么，还是让生命如流星一样悄无声息地划过夜空？

故事进入高潮，他的患者再次一一亮相。医生的答复终于不再相同，镜1：一针见血地道出病根，接下来所有镜头都在表现他对所有患者做了两年该做却从未做过的治疗。为了配合他的变化，镜头语言也变得丰富了：镜头角度不再只是先前对话时仅有的正面和侧面，而添加了正侧面、斜侧面、背面等不同视角，另外还增添了更多的机位，使景别相应地也有了全景、中景、近景等。在一段行云流水的镜头文章后，镜头缓缓转来，第三次对那些常规物品进行特写，而一切都变得不同了：闹钟被摔、院子里三份未取的早报，医生悠闲地坐在沙发上，手中是性感女郎作封面的时尚杂志，往日只能在屋外清洁或者透过窗户偷窥的园丁工人也进屋坐在了医生身边闲扯着无关紧要的话题。故事的高潮部分以镜头定格在"房屋待售"的标牌上作结。

故事进入结尾，他的患者们第三次亮相，利用积累蒙太奇的手法——道出患者的病情的好转以及他们由衷的"谢谢你"。这些镜头语言可谓简洁有力。故事尾声的镜头更是富有余味：新人的问询电话再次打来，医生按下免提，静静地躺在沙发上，只是说了一声"不如现在"……

可以说，微电影是一门新兴的艺术，镜头语言也是这门艺术的一个分支，它的表述充满了创造性，有一定规律可行但却不能被规则束缚。镜头不是单纯的摄影技巧，影片也不是机械地将所有镜头内容相加，而是将一个个画面按照叙事性与艺术性统一的原则分切组合起来的蒙太奇。如何在导演这个总设计师的统筹下将最美、最好、最富有戏剧性、最具有表现力、最蕴含深意的情境通过视点、光影、色彩、调度、构图等镜头语言表现出来，必定是电影工作者们最基本、最基础、最需要不断探索的艺术追求。[①]

由于国内目前微电影仍处于初步发展阶段，更注重剧情叙事及商业价值，对镜头语言略为忽视。本文章旨在以《吾时将近》为例，分析它在利用镜头语言上的一些创意，希望广大微电影工作者能重视镜头语言的运用，能够认识到镜头语言的魅力，并从《吾时将近》中获得启发，拍出更多有创意的镜头影像。

【李思敏（1994— ），女，中国传媒大学新闻学院媒体创意学专业2012级本科生】

---

① 余苗：《深隐的意蕴：〈断臂山〉镜头语言解析》，来源：中国知网。

未来的视界
——微电影 *Sight* 创意分析

【摘　要】本文通过对科幻微电影 *Sight* 的产品创意与主题创意两方面内容进行深入解读，从学理层面提出了"技术与人类的关系"这一核心命题，通过对技术绑架的反思，探索人类究竟如何理性地面对技术。

【关键词】科幻微电影　创意　人与技术

■　付文卿

2012 年，以色列耶路撒冷比撒列艺术设计学院的学生 Eran May raz 和 Daniel Lazo 在 YouTube 上发布了他们的毕业作品——*Sight*。这部微电影采用了一人多事的叙述结构，以男主角为中心，讲述了在未来世界，一款名叫"sight"的隐形眼镜如何让他的生活变得智能化。

作为学生的毕业作品，*Sight* 无疑是成功的。它不仅在剧情、特效、画面处理等方面表现突出，构建出一个颇具创意的科技新产品，而且具有深刻的哲学内涵。这部短短 8 分钟的科幻微电影，与《机器人布林奇》、《消失的记忆》一样，带有浓重的反思意味——反思人与技术的关系。

一、"Sight"产品的创意分析

（一）增强版的 Google Glass

在 Google 发布要开发"Google Glass"的信息不久，这部短片就被上传到了 YouTube 上，也有网友说这部短片是在"Google Glass"这一概念出现前就开始制作的。不管是上述哪种情况，影片所展示的"Sight"产品本身都很有创意。Google Glass 仅仅是智能手机的可穿戴化，在功能上与智能手机没有本质区别。而 Sight 则在此基础上有了进一步的发展，它运用了视网膜成像技术，使人类不需要外接设备就能够浏览网络和虚拟世界，甚至通过数据分析告诉人类应该如何做出抉择。

（二）生活的游戏化

影片开始的画面是一间只有沙发的空房子，男主角趴在地上，四肢撑着，左右摇摆。画面很快就转到虚拟的场景，周围还显示有"speed"、"difficulty：hard"、"excellent"等数据。原来，他正在玩一款模拟高空飞行的游戏。这个创意来源于 Kinect（微软推出的体感游戏）这类体感游戏。

Wii Sports（由日本任天堂公司推出的体感游戏）只能用手腕和胳膊，不仅容易使人感到疲倦，而且对身体也不好。Kinect 改进了这一点，全身上下都可以运用，但它仍存在着很多缺陷，比如延迟、跳帧等。此外，它需要外部设备辅助（通过 USB 与游戏机连接）。而影片所展示的 Sight 则不需要借助外界设备，在任何地方都可投影画面，而且可以准确识别人的动作、手势等。

例如，男主角开始切黄瓜和煎鸡蛋。Sight 会告诉他怎么切是"good"、"nice"，切坏了则要"restarting"，也会告诉男主角煎蛋所要的时间以及把鸡蛋放到锅的哪个位置煎得最好吃，按要求完成则会加分。很明显，人类的生活完全被游戏化了。

事实上，像 Kinect 这类识别人类动作的摄像头技术都是以色列人发明的，两位以色列籍导演均是资深游戏迷和科幻迷，在此种氛围下受到耳濡目染，自然具有超前眼光。

（三）生活的智能化

影片中，男主角一打开冰箱，眼前就会显示冰箱中的物品存放了多久，还剩多少牛奶以及食品的成分、含量等信息。

他在吃饭的时候，电视、日历、社交等多个画面同时呈现在眼中。约会提醒也会显示在屏幕正中央——"DATE TONIGHT, PICK OUTFIT"。确认后，背景立刻变成了立体衣柜，每换一件衣服就会显示衣服所在的具体位置，同时会分析穿哪身衣服更容易收获女生的芳心。接下来一个画面显示，男主角其实是面对着空荡荡的墙在看，而他眼中的世界则是丰富多彩。这就是 Sight 带来的智能化生活。在与女生约会的时候，他可以通过 Sight 点菜、买单，使得生活非常便利和智能。

这个创意应该是源于"智能家庭"这一概念。目前，技术正在研究如何在外控制家里的电器、收快递等。而片中展示的产品不仅是简单控制，更像进一步发展的人工智能，具有人一样的思维，它的分析甚至可能更加准确。

（四）App 的应用

影片中，男主角在约会的时候使用了 Wingman 这个应用，它可以不断评估表白成功的可能性，并且可以提供有用的提示。

在提议点肉类时，他发现女生是素食主义者，眼中就出现了一系列女生的资料、数据，Sight 还会提醒男主角换家餐厅或是点酒水饮料代替。Wingman 应用会通过女生的动作、姿态以及她所有的社交圈、人生经历，分析出她对什么感兴趣，建议男士跟女生聊这些话题。这样表白成功的可能性就会慢慢增加。

戏剧性的是，我们都以为只有女生的一举一动完全暴露在男士的眼睛里。实际上，女生也在使用 Sight。这一创意正是把现代的约会 App 和大数据时代的数据分析结合在了一起，并进行了进一步的发展。

（五）生活的数据化

片中不论是对冰箱中食物的数据分析，还是获取女生信息时所进行的分析，都像是现在大数据时代的发展方向。

他们生活在一个完全数据化的世界，就如同"对谷歌公司而言，书的真正价值不在于它是一部独立完整的文学作品，而在于它是一堆有待挖掘的数据"。[①] 人类在网络中甚至是在生活中的一举一动都能被监测并记录下来，需要的时候则可以被分析。现在出现的大数据新闻、电视节目中的大数据统计等，正是朝着这个方向发展的。

二、"Sight" 主题的创意分析

这部短片在 Sight 产品上的创意的确很有超前意识，但其在主题上的创意则更为深刻。当前网上广为流传的微电影主要分几类：草根恶搞型、青春爱情型、励志奋斗型、感人亲情型和唯

---

① 尼古拉斯·卡尔：《浅薄：互联网如何毒化了我们的大脑》，http://pattop. blog.163. com/blog/static/135528382201376275912/。

美风景型，① 很少有这种科幻题材、反思现实的短片出现。

影片最后，女生在男士家中用 Sight 看到了男士使用 Wingman 这个 App 虏获了很多女生的芳心，觉得自己被冒犯，准备离开男士的家，这时男士把女生叫住，说道"set up""try it again"。画面显示，男士侵入了女生的 Sight（男主角是 Sight 的工程师），更改了其中的程序，这时影片戛然而止，留给观众思考的空间。很多人都评论说，看了这部影片觉得后脊背一凉，感到对未来充满了恐惧。

（一）技术绑架了人类

尼古拉斯·卡尔说："实事求是地评价任何一项新技术，或者一项新的发展，需要对所失和所得具有同样的敏感性。我们不应该允许技术的荣耀蒙住内心的双眼，完全无视我们自身某个至关重要的部分将陷入麻木状态的可能。"② 这段话很准确地表达了"Sight"的主题：技术是不断发展的，未来的生活会更便利、多彩，但我们不能被成就蒙蔽双眼，应该看到技术带给我们不好的影响，需要时刻警惕。就像麦克卢汉说的"我们的工具'增强'了人体的哪个部分，哪个部分最终就会'麻木'"。③

影片中，男士就是过分依靠 Sight 对女生和其他事物作出分析，用它代替自身的判断做出决定。在最后，女生要走的时候，他仍然只是想到用技术侵入女生的账户，重置她的系统。他的大脑已经完全被程序所替代，似乎没有自己的思维，抑或是他的思维已经麻木。

（二）技术如何对人类进行绑架

1. 功能上的满足和依赖

现在，很多人出门都是全副武装（手机、平板、数据线、移动电源等），少带了什么就会忧心忡忡，心神不宁。这些看似都很必要的东西，是否就真的是缺一不可呢？北大心理学系人工智能研究学博士张亮表示："每个人都或多或少有些强迫症，无论是主动还是被动的，功能上的满足和对于依赖性的追求往往会造成高科技对于使用者的裹挟。"④

影片中男主角的客厅空荡荡的只有沙发，他不管干什么都会戴着 Sight，因为他觉得只要有了这副眼镜，其他什么都不需要了。可见，他对 Sight 具有强烈的依赖性。从他的表情也可以看出，他对于 Sight 的功能和使用体验感到十分满意。可见人的惰性，正是技术绑架人类的重要原因。

2. 专业分工造成技术垄断

"闻道有先后，术业有专攻。"在这样一个社会分工越来越明确的新媒介环境中，大家强调的都是专业化。技术正是利用了这一点，加之新技术本身就是少数人创造出来的，这些少数人掌握着主动权，垄断着技术领域，用户只能选择被动接受。

影片在这方面体现得淋漓尽致。女生在发现被冒犯后准备离开的时候，男主就利用他是 Sight 工程师的优势，侵入女生的账户，重置她的信息。在技术面前，由于信息的不对称，普通人就处于弱势地位，在技术强人面前显得无能为力。在我们对它产生依赖之后，只能被迫接受。

（三）对技术绑架的反思

有些人开始反思，既然技术对我们造成这么大的影响，我们的依赖性越来越强，那我们是不是就要抛弃技术，回归过去呢？这部微电影并没有给我们一个明确的答案，而是给观众留下思考

① 佚名：《微电影类型解析》，http://www.ce.cn/culture/zt/wdybg/8/201206/28/t20120628_23445758.shtml。
② 同上。
③ 琅嬛福地：《我们有拒绝微博的自由》，http://book.douban.com/review/5760753/。
④ 佚名：《羊城晚报：生活已被高科技彻底绑架》，http://news.xinhuanet.com/observation/2010-11/29/c_12829062_2.htm。

的空间。

苏格拉底曾感叹书籍的发明将使我们的灵魂变得健忘。他警告说，新的读者会盲目信任"外部撰写的文字"，图书馆在毁灭大脑。① 可是，经过几百上年千年的积淀，我们看到书籍带给了我们更多的思考，它使得知识可以传承下去。历史总是在向前发展，不断进步的。我们不能去否认技术带给我们的便捷，也不应该允许技术的荣耀蒙住我们的内心，完全无视我们自身某个至关重要的部分将陷入麻木状态的可能。路易斯·芒德福曾说："尽管机械钟给我们带来了极大的好处，可是它也让我们远离了时间的自然流逝。"② 就可以诠释这个道理。

我想，用"这是一个最好的时代，也是一个最坏的时代"这句话来评论技术对我们的影响再合适不过了。未来世界同样也是这样，我们在得到一些东西的时候，也必然失去一些东西。就像片中的女生用 Sight 方便、娱乐了自己的生活，却也牺牲了自己的隐私。

我们不应该一味地去崇拜技术，或是拒绝技术的发展，我们需要的是冷静的思考。魏泽鲍姆说过，"人之所以为人的最大特点恰恰就是人最不可能计算机化的部分，我们思想和身体之间的联系，塑造我们记忆和思维的经验，我们具有丰富情感的能力"，"最大的危险就是我们即将开始丧失我们的人性。"③我们与 Sight 这种人工智能是有本质区别的，我们有自己的思考、情感，而它仅是通过大数据来进行分析。我们不该像片中的人那样，用人工智能代替了我们的思考。因为那样，"我们将会毁于我们所热爱的东西"④。

【付文卿（1994— ），女，中国传媒大学新闻学院媒体创意专业2012级本科生】

① 佚名：《互联网严重影响大脑注意力》，http://res. hersp. com/content/508348。
② 布瑞尔：《互联网使我们变成了肤浅的思考者》，http://book. douban. com/review/4974625/。
③ 刘效仁：《我们被互联网"浅薄"了吗》，http://epaper. hf365. com/hfwb/html/2011 – 05/23/content_424016. htm。
④ ［美］尼尔·波斯曼著，章艳、吴燕莛译：《娱乐至死》，广西师范大学出版社2009年版，前言。

武汉系列城市宣传片的创意分析

【摘　要】本文从内容、特点、问题三方面对武汉系列城市微电影《岸边的记忆》、《我的城管女友》、《誓不低头》进行创意分析。

【关键词】城市宣传片　情感　城市精神　内容创意

■ 刘雨丝　于晓婷　左　怡

由爱微传媒出品，武汉市共青团江岸区委员会和爱微电影魔方联合出品的展现武汉市景、人、情的城市系列微电影突破了以往城市宣传的桎梏，不再采用枯燥乏味的景观素材，而采用了电影式的拍摄手法，将故事情节融入到城市宣传中，将城市内涵展现在观众面前。该系列微电影共三部，分别为《岸边的记忆》、《我的城管女友》、《誓不低头》，三部微电影，三种不同的味道。

一、景之革命记忆——《岸边的记忆》

制片人：卢建军

导演：张俊杰

摄影指导：汪忠

主演：张行、何花

时长：14 分 17 秒

上映时间：2011 年 12 月 17 日

【内容简介】　男主角是一位画家，女主角则是武汉团委派来协助其作画的工作人员。影片采用倒叙手法，从女主角失忆开始讲述，以男主角的信笺、画作以及神秘字符为引子，展开了一

段女主角的回忆之旅。回忆分为学、餐、居、行四个段落，用插叙的手法讲述女主角与男主角共同游览武汉城市风光和红色革命历史遗迹，并回忆起自己失忆的原因——见义勇为救助落水者而生病。回忆与现实相交错，以回忆为主体，通过画面配以男女主角旁白来展示；以现实为辅，帮助串联影片。随后，女主角顺利回忆起和男主角的约定，来到轮船上相聚，继续爱的旅程。最后，影片回归现实，在一段抒情的感慨中点题结束。

【特点分析】

1. 植入宣传的革新

作为武汉团委组织拍摄的红色革命宣传片，影片的主要任务便是对红色革命遗迹和人物事迹的宣传。在片中我们可以看到八七会议会址、詹天佑故居、吉庆街等武汉的历史遗迹和城市风貌。本片对传统的宣传片表现手法做出了一定程度上的革新。

2. 标志性景点的自然植入

"武汉长江二桥"和"船长九号"的宣传是不露声色而又让人眼前一亮的。通过迷人的江景来展现两个宣传点，让人印象深刻而又不矫揉造作，丝毫不影响故事的进展，十分自然。这种美好景致的展现既让人记住了景点，也很符合影片结尾浪漫的情调。可以说是一个成功的植入宣传，很有武汉的"江城"特色。

【问题分析】

1. 宣传点主次不明

女主角回忆的第一个段落，讲述二人相遇的故事，同时也是红色宣传的第一个段落。该段落发生在长春街小学，重要的宣传点是长春街小学和"孩子剧团"，但是这个段落存在着很大的问题。

从历史背景看来，孩子剧团是历史的主角，长春街小学则仅仅是一个地点。在片中，"长春街小学"通过画面和语言出现了四次，并且采用

大量空镜头对其进行表现，总时长约为1分半。而对孩子剧团的介绍则集中在男主角的旁白介绍中，出现的画面也仅仅是几个雷同的表演镜头，总时常不足40秒，实属主次颠倒。

2. 段落情节冗余拖沓，信息量缺乏

男女相识的对话中不停地提到"长春街小学"这一次要宣传点，并未传达出任何有助于情节发展的信息，也未通过画面展示武汉市的革命遗迹和城市风貌。不了解武汉的观众会对此感到不理解和不耐烦。而随后出现的"孩子剧团"介绍得也不够丰富和生动，给观众一种一知半解的印象。

3. 画面单一

这一段落主要画面是男女主角的对话以及校园空镜。孩子剧团的故事仅有不同景别的合唱镜头，主要通过旁白来进行解说，极少展示相应画面，观众十分容易感到厌倦。

4. 人物台词生硬而缺乏生活气息

在这方面，与传统宣传片相比，该片没有明显进步。影片中男主角的旁白和传统城市宣传片中的解说词同样生硬、死板。不过是将传统的解说配画面方式换作了男主角进行解说并辅以画面而已。在表现手法上没有本质的变化，对宣传效果也没有起到帮助。此外，该片也缺乏对城市微电影表现手法的深刻理解，其形式外壳加恋爱故事框架并未拉近红色革命历史和观众的距离，相反这种距离与恋爱主题背景放在一起却形成了一种怪异的、矫饰过度的反差。

5. 缺乏武汉的城市色彩和城市性格

影片中对吉庆街的展示选在了一个装潢风格十分西方化、十分"小资"的餐厅，甚至餐厅中还有小提琴的演奏人员。这种餐厅是大城市中千人一面、没有任何特色的。选景在民俗街而未表现出武汉热情热闹、火辣熙攘的城市特色。另外，餐厅的名字多次出现，易引起观众对植入广告的反感。

6. 宣传过度

宣传过度很多时候表现在男女主角的旁白中。男女主角是很私人的恋人关系，在恋爱中却说出了许多宏大的、奉献的话语，两者的结合难免显得牵强。例如，女主角刚刚回忆起自己的恋人时说道："就像那些革命的记忆，那种大爱是不会被遗忘的，而我对你的记忆也一样。"诸如此类过分宣传，牵强附会的台词只会破坏故事的整体风格。这并不是说红色宣传一定不可以和爱情故事相结合，而是这种结合不是简单的台词上的牵连，要考虑到影片的整体性，通过更合理的剧情设置、挖掘更巧妙的表现方式来整合宣传与故事表现之间的关系。

二、人之敬业奉献——《我的城管女友》

制片人：卢建军

导演：张俊杰

摄影指导：汪忠

演员主演：王睿娜、雷江艺（均为城管队员）

时长：18 分 21 秒

上映时间：2011 年 12 月 17 日

我的城管女友

江岸区女子城管队本色出演
全国首部城管题材微电影

2011.12.17
温馨首映 感动江城
城市因你而美丽！

【内容简介】 《我的城管女友》由江岸区城管大队女子中队本色出演，再现了城管女队员坚持梦想，从被误解到被认可并最终获得真爱的艰辛历程。影片在正常的叙述中穿插了倒叙等手法，讲述了女主角选择城管的原因。

【特点分析】

1. 城管视角，贴近城管真实生活

《我的城管女友》中男女主角均为现实里的城管人员，平凡普通的形象首先从情感上就给受众一种接近感和真实感。而从女城管的视角切入，新颖独到，影片中城管女队长说"要我们女城管是为了什么，不就是为了改变城管形象，让大家理解我们，一起把我们生活的空间建设得更和谐"，也诠释了以女城管为切入点的原因。女性视角使影片的情感更加细腻、感性。

2. 将城管职责融入男女对话，自然流畅

相亲时间及工作，女友受了委屈时建议她换工作，都是符合现实生活和故事情节发展的。将城管的职责和做城管的决心融入对话，与一般的城市宣传片中生涩僵硬的设计相比，更加自然流

畅，且触动人心。

【问题分析】

片中部分情节设计太过于戏剧化，刻意衬托城管的正面形象。例如女城管遇见醉鬼并劝说的一段，男主角突然出现，让人感觉突兀，没有自然的过渡。又如城管们执法时遇见摆摊的小商贩，小商贩不但没有躲藏，还振振有词，这与现实中小商贩对城管唯恐避之不及的情况截然相反。另外，城管捡垃圾这一情节也引来了众多网友的质疑，很多网友表示没有见过城管在街道上捡垃圾，也没有人会往穿着制服的城管身上丢垃圾。这些为了刻意衬托城管正

面的形象而设置的情节太过于戏剧化，生涩僵硬，与现实脱节，会影响受众观看此片时的感受。

三、情之坚忍不拔——《誓不低头》

制片人：卢建军

导演：张俊杰

摄影指导：汪忠

主演：李静涛、吴倩

时长：34分05秒

上映时间：2011年12月17日

【内容简介】 热心的哥哥张国庆总爱见义勇为、主持正义，漂亮可爱的妹妹樱子却总是不理解，更因为哥哥救人而耽误自己缴纳培训费的事情耿耿于怀。后来，樱子因轻信人言被一自称是模特公司星探的人骗去拍摄情色照片，尽管她当时摆脱了对方的纠缠，最后却引火烧身，被该团伙绑架。影片以精彩的故事情节、独特的视角，展现了当代大学生求职过程和进城务工人员的艰辛与坚持，反映了他们痛苦挣扎的心路历程。

【特点分析】

1. 城市精神的精彩展现

《誓不低头》由"逼停哥"这一真人真事改

编而来，着重表现主角张国庆热心善良、乐于助人、充满正义感的武汉的哥形象，它展现的是一种城市精神，这在众多"千片一城"的城市形象宣传片中是很少见的。当前，由于过分注重经济效益，许多城市宣传片都以吸引游客或投资商为目的，所展现的内容普遍都是毫无人情味的城市景点和政府投资政策。《誓不低头》恰恰避开了这些人们很容易想到的地方，片中虽然出现了武汉长江大桥等武汉的标志性建筑，但都不是主要的表现对象，景点的出现也不显得突兀，以城市精神作为切入点，看似虚无缥缈，实则最能贴近观众心理，也最易引起观众的注意。

2. 对中低层人民生存状态的深入思考

《誓不低头》涉及进城务工人员和大学生就业这些在城市化进程中为人们所关注的一系列问题，具有深刻的现实意义。张国庆进城开出租车是为了供妹妹读书，自己 30 岁了，还是单身，可见生活的艰辛，这种辛酸也只有身在其中的人才能体会；妹妹樱子的遭遇则更让人同情，大学毕业，就业形势的严峻让她处处碰壁，在这个"拼爹"的时代，步步艰难。进城务工人员和大学生群体在武汉这座城市占了相当大的比例，因而很容易表现出武汉人民真实的生存状态：进城务工人员工作艰辛，大学生毕业就业难。这很容易让观众产生心理上的共鸣，从而留下深刻的印象。

3. 演员的本土化

演员本土化是《誓不低头》的另一特色。该片的参演者都是当地人，在武汉生活多年，对武汉这座城市有着深厚的情感。演员选择的本土化使得《誓不低头》一推出就受到武汉本地人的强烈关注，特别是参演者们在网络上的大力推广，更使得《誓不低头》在土豆网上的点击率高达 74 万多。

【问题分析】

首先，对人物精神的诠释显得太宽泛，作为一部城市微电影来说，《誓不低头》的切入点虽好，但是表现的内容不够典型，任何城市都可能有这样的人、发生这样的故事，虽然有值得感动的地方，但这并不是武汉这座城市特有的。所以在一定程度上说，《誓不低头》的人物形象没有让人眼前一亮，它所展现出来的精神面貌也无法表现武汉这座城市，而更像是一部对的哥表达敬意的短片。

其次，选择武汉当地方言是《誓不低头》的一大失误，这在本地人看来没有亲近感，在外地人看来也没有武汉特色。

目前，我国很多城市宣传片还停留在单一解说、口号、风光拍摄、简单剪辑等较低的电视表现阶段，缺少创意元素。[①] 武汉系列城市宣传片在形式上借鉴了微电影的表现手法，以完整的故事情节，生动的人物形象为载体，将宣传点一一填充进去。在叙事方式上也采取了倒叙和插叙等相对活泼的手法，与传统宣传片相比有了一定的进步。然而，在观众审美越来越难以满足的今天，如何抓住观众的眼球，在众多信息当中脱颖而出，也是拍摄城市宣传片必须要思考的问题。从以上三部城市宣传片中我们可以得到一些启示。

首先，素材选取特色化。《我的城管女友》和《誓不低头》的故事要素选择都是武汉当地人民熟知的武汉女城管和"逼停哥"，特别是《誓不低头》，它的故事是真人真事改编而来，单就这一点来看就很有吸引力。因此在拍摄城市宣传片时，应尽量选取人们熟知的素材，这样不仅使片子显得更有亲和力，而且也会达到事半功倍的宣传效果。

其次，语言方言化。这一点是三部宣传片都没有考虑到的问题，三部宣传片统一采用普通话，观众虽然都能听得懂，却缺少了武汉自己的符号。采用本土方言作为城市宣传片的语言会给人耳目一新的感觉，而且方言也代表了当地的文化特色，将这样一种文化符号去掉会让宣传片失色不少。

最后，情节合理化。三部宣传片的通病就是故事情节过分夸张，人物形象过分夸大，反而给观众一种不真实的感觉。矫揉造作的情节只会让观众厌烦，合理的故事情节和略带瑕疵的人物形象则会让宣传片更有生命力。

【刘雨丝（1993— ）、于晓婷（1992— ）、左怡（1991— ），均为中国传媒大学媒体创意专业 2011 级本科生】

① 郭铮：《城市宣传片传播城市品牌中存在的问题分析》，载于《群文天地》2012 年第 8 期。

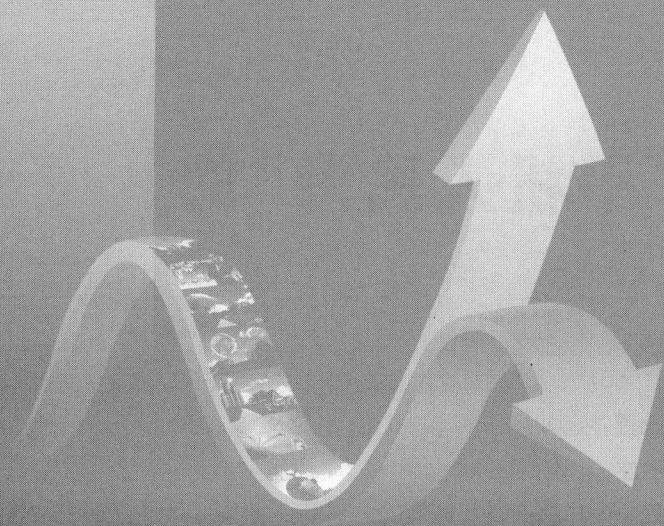

New Media Frontier

新媒体前沿

浅析新闻客户端"手机人民网"的现状和前景[①]

【摘　要】本文主要通过对手机人民网的界面设置、新闻内容特点、自身不足及其前景展望四部分进行了简要分析和阐述，以期对手机人民网有个比较全面和具体的认知，对于其他类手机新闻客户端亦具有共性的意义。

【关键词】手机人民网　新闻客户端　现状

■ 刘昶荣　成文胜

麦克卢汉认为：媒介即讯息，真正有意义、有价值的"讯息"不是各个时代的传播内容，而是这个时代所使用的传播工具的性质、它所开创的可能性以及带来的社会变革。[②] 的确如此，技术的革新必然会带来新闻传播方式的变革，作为一种新的信息传播平台，手机新闻客户端的兴起正是伴随着智能手机的普及式发展。智能手机以其携带方便、功能强大、费用低廉而受到众多用户的青睐，手机新闻客户端应运而生。

手机新闻客户端往往不会单独存在，而是依托于已经存在的媒介，而现有媒介基本可以分为纸媒、电视、广播和互联网四类。其中互联网是兴起时间最晚，发展却最为迅猛的一种媒介。具体到新闻传播媒介，互联网大体可以划分为商业门户网站（如新浪、网易、腾讯等）和国家主流媒体网站（如人民网、新华网、光明网等），这两类网站中比较有影响力的均已开发了自己的手机新闻客户端，这不仅是时代技术发展的客观需要，也可以扩大自身影响力、增加受众的主观选择。

手机人民网主要是依托于人民网而建立的一款新闻客户端，同时也是《人民日报》在全媒体发展进程中的产物。从长远处立意，它的发展影响着《人民日报》在新媒体时代的舆论引导力和话语权问题，体现着传统媒体进军新媒体的姿态和决心；从微小处着眼，它是人民网积极开发新的受众群体，与各大新闻网站抢分市场"蛋糕"的主动进攻之策。因此，在众多手机新闻客户端中，它也有着自身的典型意义。

一、手机人民网的界面设置：用户体验至上

传统媒体入驻移动平台绝非新瓶装旧酒。在这个信息爆炸、可以借助搜索引擎获取精准信息

---

① 本文是国家 863 重点项目"网络舆情分析系统"之子课题——网络舆情分析验证与网络舆情分析系统测试（编号：HW11099）的研究成果之一。

② 郭庆光：《传播学教程》，中国人民大学出版社 1999 年版，第 118 页。

的年代，人们关注的焦点不再是阅读那些严重"同质化"的新闻，而是新闻背后那些满足自我需求、满足个性化需求的东西。① 因此，在新闻客户端开发的过程中，由于很难在新闻内容上体现出媒介特点，那么令人舒适的用户体验则会是凸显媒介特点的一个重要发力点。

在各家网站新闻内容趋同、新闻传递时间近乎同步的媒介环境下，新闻客户端的用户体验主要也必须通过可以凸显自身特色的界面设计来实现，其中包括首页新闻板块分类、新闻订阅、界面切换、标题格式、图文搭配、广告插入等内容。

手机人民网的主色调为大红色，和人民网网站保持一致。首页以十个新闻板块为主，分别是新闻、视界、经济、军事、社会、体育、娱乐、时尚、历史、强坛，以上顺序为界面从上到下的顺序，可以由手指上下滑动一次性完成浏览，避免了因点击二级界面而造成的缓冲、点击错误等不便。其中滚动新闻在首页的最上方，无需界面滑动即可完成浏览，充分利用了手机的便携特点，可以使用户随时随地第一眼看到及时新闻，这也是手机新闻客户端相较于其他媒介的主要优势。

手机人民网的十个板块基本上涵盖了当天新闻的所有内容，全部新闻题目以 16 个字符为标准，这样的字数保证了题目尽可能说明事件本身，从而可以让用户在首页上就完成对新闻的浏览，最大限度地减少了用户浏览新闻的时间成本。同时全部新闻标题的 16 个字符长度标准，使得界面整齐、简洁，增加了阅读的舒适感。

在图片配置方面，手机人民网首页顶部有三件新闻事件图片的循环滚动，并在军事、娱乐和时尚板块搭配有头条图文新闻。首页最下方的强坛是类似于论坛的板块，主要通过设置议题来为用户之间的互动提供平台。图文搭配和网友互动是新闻客户端所不能忽视的内容，这对于迎合用户阅读习惯、增强客户端和用户之间的黏性具有重要意义。

基于中国网民的使用习惯，目前各手机新闻客户端的下载均为免费，因此其主要收入则来自于广告。手机人民网的广告主要位于各板块的最下方，没有窗口弹跳式广告，基本不影响新闻的阅读。由于手机新闻客户端的广告基本以文字或者图片形式出现，这比起网站而言不会使受众产生厌烦心理。

二、手机人民网的新闻内容：严肃与轻松并存

手机人民网相对于人民网（网页版）而言，由于手机屏幕大小的限制，新闻内容的分类讲求少而全，这样的分类特色既是手机客户端的局限，同时也是其优势，较少的分类板块可以保证新闻的高度聚合，从而让受众快速找到目标种类新闻。手机人民网的分类中新闻、视界、经济以及军事类板块基本保持了《人民日报》系的严肃性，同时又加快了新闻更新速度，新闻内容注重来源的可靠性和真实性，一般以《人民日报》、人民网、新华社、新华网等权威类媒体为主。

相对于以上四个板块，手机人民网的社会、体育、娱乐、时尚、历史、强坛板块则体现出了网络媒体的开放性。海量的网络信息，图片新闻和视频新闻的繁荣，这些客观条件必然会促成网络信息受众对"眼球新闻"的青睐，这样的信息获取习惯反馈到网络新闻媒体上则是量化后的新闻点击量，这也成为网络新闻编辑选择新闻的一个重要指标。因而手机人民网的社会新闻板块会以暴力、美色等新闻为主。体育新闻则以赛场外的软新闻为主，因为电视媒体和几大商业新闻网站对相关体育赛事的直播具有手机人民网所没

① 吴京、张永俊：《移动新闻客户端，媒介传播的"后起新秀"》，载于《华中人文论丛》2013 年第 1 期。

有的优势,所以采取扬长避短的方式来满足受众的阅读需求。娱乐和时尚类新闻内容以明星生活、健康养生和穿衣搭配等为主,形式上大多是组图类新闻。历史则是以古代史为主,其中以吸引人眼球的揭秘类古代史为主,近现代史由于时代的特殊性较少涉及。强坛有类似于论坛的性质,话题相对开放,可以提高网友们相互交流的期待值,增强新闻客户端用户的相互沟通。除了社会新闻,其他这五个板块的新闻内容相对来说时效性较低。

我国目前网络新闻的开放与西方历史上黄色新闻的泛滥有着本质区别,前者是属于网络媒介环境在未成熟状态下的过渡阶段,以相对成熟的传统媒介为依托,绝大部分新闻仍以真实性为第一准则,并且网络媒介中的众多把关人均有着传统媒体的工作经验,他们在传统媒介中养成的媒介素养也会规范网络媒介环境的发展。处于网络新闻"前沿阵地"的手机新闻客户端亦具有以上特征。手机人民网是党报在全媒体发展过程中的衍生产品,它依托于人民日报系,在严谨性、真实性等方面有着更为严格的需求,而在核对新闻、精心编撰新闻过程中所产生的滞后性、保守性却会对新闻在网络媒介环境中的传播产生消极影响;其他商业类网站迫于生存等原因,则可能重视"眼球效应"多于新闻内容的严谨真实。对于手机人民网来说,如何在权衡二者的过程中报道出优质的新闻,促进媒介传播环境的良性运行,这需要在实践中不断摸索和改善。

三、手机人民网新闻客户端存在的不足

(一)和人民网(网页版)相比

首先,手机人民网的新闻板块主要以十大类为主,虽说这十类新闻已经具有较全的新闻覆盖性,但是和人民网(网页版)相比,前者可容纳的新闻仍有局限性;其次,同样出于精简的原则,客户端省去了网页版中其他相关网站链接、地方分站的链接以及部分小语种的切换,这不利于用户黏性的提高;最后,由于3G资费问题,手机客户端一般不插入或少插入视频和音频,减弱了新闻传播效果,但是现在随着无线WiFi在公共场合的普及和3G资费的降低,手机人民网在今年年初新改版的版本中已经增加了视频内容。

(二)和其他手机新闻客户端相比

不可否认,网易、腾讯、搜狐等商业网站在发展手机客户端方面迅速,手机人民网在横向地和这些客户端比较之后,则会表现出自身的不足。比如:

新闻推送。新闻及时推送可以在重大新闻发布到客户端后及时提醒受众阅读,这更是对新闻传输速度的强化;

新闻订阅。根据用户自身兴趣爱好和个人需求订阅符合自己阅读习惯的新闻内容,使用户更加依赖于手机客户端;

与社交媒体的链接。受众将新闻链接到自己的微博、微信等,这样的二次传播更具有针对性和说服性;

新闻收藏。对于一些精品新闻,如果可以让用户收藏,便于以后的研读,这既可以提升用户对新闻的忠实度,也可以使新闻达到更好的传播效果。

人民网舆情监测室秘书长祝华新曾在多个场合建议:党报等主流媒体能否像当年办晚报、周末版一样,拔出精兵强将,经营新闻客户端。如何将这种重视新闻客户端同时又认识到自身不足的声音更加主流化,并将其付诸行动,还需要时间去检验。

四、对手机人民网的前景期待

根据人民网舆情监测发布《2013年中国互联网舆情分析报告》(载于中国社会科学院2014

年《社会蓝皮书》）预测：以微信、新闻客户端为代表，移动互联网在一些突发事件和公共议题上开始成为新信源，影响舆论。① 虽然手机人民网还处于完善阶段，也没有人民网（网页版）的建制齐全，但是以目前新媒体的发展势头，对于即将步入4G时代的中国来说，它的影响潜力值得期待。

因为我国目前智能手机绝大部分仍处于3G时代，在手机上进行音视频的播放资费较高，因而包括手机人民网在内的网站类手机新闻客户端为了提高其产品内容使用效率，较少地进行音视频内容的开发。换句话说，在一段时期内，像手机人民网这样的新闻客户端还将主要依托传统纸媒的优势来发展，并为报业摆脱当前困境、实现全媒体发展注入新的生命力。

一者，新闻客户端借助于手机，再次缩短了新闻到达用户的时间，但是在新闻同质化日益严重的状况下，传播速度的快慢并不是影响媒介赢得话语权的唯一因素，只有对新闻的精耕细作，实现观点的原创性，才能提高影响力。对于纸媒自己开发的手机新闻客户端来说，纸媒在长期经营过程中积累下来的影响力依然存在，像手机人民网，其兴盛发展必然离不开《人民日报》在中国的深厚积淀。

二者，目前各大新闻网站，除了依托传统媒体发展起来的网站，如新华网、人民网等以外，其他商业门户网站，如腾讯、网易、新浪等均没有采访权，网站记者在我国目前仍处于空白状态，各个网站类手机新闻客户端所发新闻大多为传统媒体的采访成果，这无疑也为像手机人民

这样的新闻客户端留下了生存发展空间。

第三，人民网的受众有如下特点：年龄以18~35岁居多；男性居多；以农民工、在校大学生、现役军人、年轻白领等群体居多。② 由于《人民日报》现在不在街头报摊上销售，因而手机人民网的开发就填补了这批受众的空白，尤其是对农民工、军人等电脑上网不是很方便的群体来说。依托于人民网而建成的手机人民网新闻客户端可以利用其便携性，加快自身的新闻传播速度，稳固已有受众群体，增加新的受众群体，提升媒介影响力。

一是它的新闻内容可以和社交媒体之间产生链接，使传统新闻的传播借助于强大的自媒体，从而实现二次传播；二是客户端注册用户对新闻的留言评论和在此基础上产生的互动，由于现在网络言论的相对开放性和网友们对社会事件的积极热情参与，有时留言评论甚至会产生"喧宾夺主"的效果，成为更有价值的新闻讨论点。

包括手机人民网在内的整个手机新闻客户端的发展保持着一种强势状态，这种态势使得新闻网站似乎也已经成为了"传统媒体"。甚至有观点认为，信息服务未来将会成为用户对手机的第一需要，而语音通信业务会降到手机第二作用的地位。目前智能手机的普及以及新闻客户端、手机报等内容的发展已经初步证实此观点的正确性。

4G、5G时代即将到来，智能手机技术也在不断突破，我们有理由相信手机新闻客户端在今后的发展过程中会展现更为强势的姿态，以传递新闻信息为初衷的移动客户端也将会提供更加愉悦的阅读体验。

【刘昶荣，中国传媒大学新闻学院新闻学专业2013级硕士研究生；成文胜，中国传媒大学新闻学院副教授】

① 《人民网发布2013互联网舆情报告 预测无线舆论场成为2014最大看点》，http://www.hebgcdy.com/2013/1230/22784.html，2013-12-30.

② 赵文婕：《打造手机媒体国家队——人民网进军手机媒体的实践与思考》，载于《新闻与写作》2010年第8期。

浅谈传统媒体微信订阅号的运营①
——以彭博商业周刊中文版为例

【摘　要】本文以彭博商业周刊中文版为例，解析传统媒体运营微信订阅号的做法和特点以及传统媒体结合微信生态圈的优势，并为以后的发展提出建议。

【关键词】微信平台　订阅号　彭博商业周刊中文版

■ 夏　宾　成文胜

自 2011 年腾讯公司推出微信，其用户至今已接近 7 亿，庞大的用户数量和强大的用户黏度为媒体开创了一条新的信息传播渠道。2012 年 8 月 23 日，作为微信一大功能产品的微信公众平台正式上线。新功能允许任何申请公众平台成功的个人或组织编辑文字、图片、语音、视频并群发给订阅该账号的用户。之后，微信公众平台在微信的最新版本中得到细化，传统媒体被归属于订阅号的类别中。微信平台在生产、呈现、推送与互动机制上的天然优势引来传统、新兴媒体的纷纷进驻，以订阅号的形式在微信上占有一席之地，并借此进行资讯传播、网络互动和商业运营。新鲜领域的开拓伴随着"蓝海"的优势，只是诱人的蛋糕背后也逐渐显现出运营上的问题和矛盾。

一、传统媒体何以纷纷登陆微信平台

（一）订阅模式需要高质量的资讯

微信上的信息以订阅模式呈现，便将它与另一个新媒体信息传播平台——微博划分出了明显的分界。"订阅"表明用户希望在订阅号中获得比自己更专业、更全面的视角和观点，新闻的原始事实就得要经过整合再输出。微博上的资讯是争取共鸣、披露真实，它可以是广阔的"舆论战场"；而微信上的资讯是给人以观点、想法，这既是微信的内容价值，也是传统媒体的优势所在。换句话说，在新技术引发的新媒体冲击下，对于正在寻求转变出路的传统媒体来说，打造微信平台将有助于凸显自己的内容生产优势。

（二）推送模式让用户量更有价值

微信的内容形式有文字、语音、带链接的图文信息，还有"第三方应用消息"。一旦用户数量增大，配合强制推送的手段，在宣传活动、分享内容、打造 APP 和网站品牌上会更加有效。此外，推送模式中还具有"广告价值"。不像微博，广告发布后客户还要查看转发量、评论量，微信的强制推使到达率接近 100%（除了由于手

---

① 本文是国家 863 重点项目"网络舆情分析系统"之子课题——网络舆情分析验证与网络舆情分析系统测试（编号：HW11099）的研究成果之一。

机微信版本问题而无法接收外），这让微信公众账号的订阅用户更具价值。

（三）较强的用户连接提升传播效果

粉丝量是评价一个微博账号影响力、公信力等的直接标准，但它同时也催生出金钱交易的"僵尸粉"的存在，微博关系弱连接性应是此现象的主要原因。但微信订阅号与微博不同，前者不能主动关注用户，如果微信有"关注"这一栏的话，数量会是零。但用户的主动关注说明媒体在品牌价值和需求满足上已经得到用户认可，精确的、点对点的关注更是提高了关注用户的整体质量和水准，在碎片化、海量化的庞大信息更新时代，此连接模式会使得传播更加有效。同时，微信关系强连接性还表现在其朋友圈功能上。将订阅号的文章分享在朋友圈中是微信的功能之一，它类似于微博中的转发，但朋友圈的私密性以及关系强度却远非微博可比。微博的转发在浩瀚的信息量以及弱关系网下，极易石沉大海，而微信的朋友圈分享却会获取更高的关注度，信息量相对较小，停留时间长，亲密关系容易产生实际关注，并且"朋友"二字会代表着共同的兴趣点和关注方向，所以信息的传播功效会有很大提升。

以彭博商业周刊中文版（以下简称商周）为例，《商业周刊》是全球最大的商业杂志，在被布隆伯格收购后成为《彭博商业周刊》，之后进入中国，诞生《彭博商业周刊》中文版。作为一本为中国商业精英量身定制的国际商业周刊，它于2012年年末主动拥抱微信，线上推出属于商周的微信公众平台。商周微信订阅号的用户数量为6万左右，虽比其微博数量明显"缩水"了五倍，但通过数据分析可知，关注商周用户中的76%至少还关注了其他一家商业性或金融性的公共账号，且商周推送消息出现在某个微信用户的朋友圈后，短时间内会接连出现同一朋友圈内同一内容的转发，说明朋友圈内部形成的对于商业新闻、商业知识的兴趣可以使得商周信息的传递到位、直接、有效。

二、传统媒体如何运营好微信订阅号

随着微信5.0版本的出现，公共账号被分化成了微信服务号和微信订阅号。服务号变成了银行、企业等给客户提供服务的组织的专属，媒体则悉数进入了订阅号的领域。这其中的区别有三：1.服务号可以申请自定义文件夹，而后者没有；2.服务号一个月推送一次消息，后者每天不可超过三次；3.消息提醒会直接出现在服务号中，而订阅号则会全部收入统一文件夹中。这样的改变和调整更需要传统媒体的微信订阅号在有限的时空中提高传播效果。那么，传统媒体该如何准确把握定位和抓住受众呢？商周的一些操作方式或可借鉴。

（一）内容为王 推送精品

"内容为王"是纸媒一直奉行的宗旨，精读、深度是其追求所在。微信版本改变之后，订阅号每天推送消息不能超过三次，在传播次数大大减少的情况下，提高传播内容的质量，精选信息产品便是纸媒在微信平台上要研究的关键点。

以商周为例，商周推送消息的频率约为一天两次，内容大多是当前政治经济热点和杂志中的优秀报道，如在联想、谷歌的收购热潮中及时推送《原配（元庆、佩奇）哪有二婚好》，在除夕夜当天及时传递京东上市新闻《京东突袭IPO招股书狙击阿里》，在2014年两会结束当天适时发出《彭博两会核心要点大盘点》。而杂志中的优秀报道则多以原创特写的形式出现在微信中，特写往往是最接近故事本来面目、最深入事实真相，也最耐读的一种新闻报道形式，譬如《原创音乐满血复活》，在诸如《我是歌手》等歌曲类真人秀节目火热之时，商周记者应景的特写让微信读者了解了原创音乐的商业故事；《YY两年10亿投"100教育"品牌，互联网要消灭教师》，互联网科技带来的远程功能在近些年被广泛运用到教育事业，科技带来便利，同样带来利益，这篇特写把虚拟的网络教室背后的利益链条呈现在读者面前；《虎扑：一家新媒体体育网站如何成功逆袭》，虎扑网是中国体育网站中的异类，却少有媒体对它进行纵深横向的整体报道，商周的这篇特写让大家看到互联网、体育和商业的结合。当然，并非全部杂志的内容都会在推送中出现，推送前会进行浓缩和精简。出现在推送内容中的除了专门文章，还有类似于新闻集合式的综合拼接报道，所以信息干货不会减少，并且保证了可读性。

（二）简化内容编辑　提高视觉冲击

离开纸这个承载媒介，传统纸媒要把内容放在虚拟化的信息市场中，需要做的是重新编辑、重新设计。当受众手上捧的从一张实实在在的纸变成了一部智能手机时，了解受众习惯、熟悉受众信息接触环境便是能够重新编辑成功的关键。

目前用户多在手机界面上接受微信公众账号信息，而手机界面偏小，且受众多在等公车、吃饭、工作、游玩间歇玩手机时浏览公众账号推送的内容。因此，媒体的微信公众账号最宜做成"迷你"杂志，而且必须在海量信息中突出自己。根据"三秒"定律，当一个路人经过报刊亭的时候，3秒钟的时间就可以决定他的购买情况，所以好的封面和导读视图在现实生活中很重要，而在更加快速的移动互联网世界里，微信推送内容的界面一样起着关键作用。

以商周微信订阅号为例，一次推送基本上会有三条内容，在手机屏幕上从上到下叠放，最上面的内容是主推内容配横幅大图片，并在图片上有白色黑底阴影字体的标题，其他非主推内容则在一句标题后，同水平方向的右侧配一个近似小正方形的图片，面积极小，如此一来，一次推送的所有内容会刚好接近整个手机屏幕的大小，不用下滑，一步到位。

另外菜单式的阅读体验也更容易让受众有效地寻找目标。所有内容都会以标题图片的形式依次排列，受众在决定继续阅读、点击标题后，才进入二次阅读界面，这种类似于报纸头版以及杂志封面的设计形式，极大地节省了用户的时间，并且在微信平台上实现了无需翻页找寻文章的麻烦，优化了用户体验。

（三）互动方便　即时为先

微信的本质是一款即时聊天工具，它之所以具有巨大的用户黏性和极高的用户数量，主要得益于沟通在人类社会中的重要地位，而微信所实现的即时移动沟通、语音沟通、视频图片沟通是它的立足之本。微信平台上的受众不再是只能接受不能反馈，或可以反馈但不够及时的PC时代中的受众，更不是微博的"泛受众"，他们是可以实现实时跟进新闻、实时发表评论互动、实时更新消息内容、实时传播最新消息的活跃受众。即时聊天平台让微信订阅号的媒体与用户互动更加方便。

商周微信订阅号与用户互动的经典活动是"封面秀"。商周在每期杂志的编排和设计时，会有三个左右不同的封面作为备选，风格迥异、夺人眼球。在每期杂志正式出版前，商周微信订阅号就会推送"封面选秀"活动，点击进入后会有商周当期杂志的所有候选封面，用户只需做出自己的选择并且留下一句评论或者选择理由，就有机会获得商周最新版的杂志一份。以最近一期的杂志封面秀活动为例，封面包括"美国打车革命"、"性、谎言、APP"、"性商进化论"以及"性趣盎然"四个封面供用户选择，选择任何一个封面，只要以朋友之间聊天的形式直接微信回复即可，方便快捷。

三、传统媒体运营微信订阅号的不足及改进建议

除迎合微信的生态特点带来的好处，传统媒体在走上微信时同样会有做的不到位的地方。

（一）用户黏度有待进一步加强

保持用户黏度不仅是任何商业公司的头等大事，也是媒体必须要做好的地方。用户黏度的提升不但可以保住存量，同时用户的口碑永远都是最好的广告，在扩大增量方面同样会起到作用。微信平台中的媒体订阅号在提升用户黏度方面做得并不理想。

关注媒体订阅号的绝大多数用户本身是对某个媒体有所了解的，并且通常是在线下认同该媒体才会转移到线上来继续关注。而在如何把这些追随到线上微信平台的用户抓得更牢方面，商周做得并不出色。精选的内容推送和简单的互动对于用户来说是形成习惯的弱刺激，必须在适当的频率下进行强刺激才可以不停激活，增强受众对于商周的品牌忠诚度。

商周订阅号不妨采取线上线下相结合的方法来加强用户黏度。譬如商周可以与单向街、Pageone 等高格调书店合办线下讲座活动，设定时下热点话题，邀请专业人士与商周的读者用户进行线下的讨论交流。如此一来，商周从"网上"走下来，从"虚拟"中走出来，给用户以现实生活中的触感，对于用户黏性的提升和忠诚度的提高都会带来很大好处。

（二）朋友圈有待进一步开发

微信朋友圈的天然属性就是社交关系，这也是微信区别于微博、博客等各种新媒体传播平台的最大不同。封闭式的生态环境使朋友圈里的关系十分稳定，因此，在朋友圈出现的内容的传播效用也会被放大。媒体的微信订阅号与普通用户的微信有一个区别就是，前者没有朋友圈，而后者的朋友圈却是一个极其丰富的世界。在微信的聊天界面占有一席之地远远不够，要进入朋友圈，把用户的朋友圈变为己用是做好媒体微信订阅号的一个关键。

以商周为例，比如说可以与某个餐饮店进行合作，以"看商业周刊，享折扣美食"为口号开展活动。要求用户在分享活动内容至朋友圈后，可以获得某个餐饮店的优惠券或者打折卡一次，并且在店内免费投放商业周刊的最新版，让用户在享受美食的同时，可以阅读最新的商业故事、金融资讯。如此一来，可以让商周高频率地出现在微信用户的朋友圈中，进行首次宣传，同时可以给餐饮店带来数以万计的潜在客户和几乎零成本的广告投放，用户最终选择在餐饮店消费时，商周将会得到二次宣传。不过，对于合作餐饮店的选择一定要有讲究和标准，一要符合商周气质和格调，二要能够接地气。

另外，商周还可以进一步提升即时互动的效果，因为并不是每一次推送的内容都会有即时回复的功能，多增加与受众的即时互动，甚至在线上为受众解决线下的问题，譬如解决一些理财性的问题等，这样更加亲密的社交可以保证商周在用户心中的地位。

（三）用户大数据有待进一步发掘

信息时代是一个讲求数据的时代。微信之所以能够成功是因为它通过各种接口可以掌握所有用户的数据，从聊天频率到兴趣爱好都能够通过数据反映出来。那么，登上微信平台的传统媒体更应该进一步发掘大数据，并以此拓展新的业务，巩固自己的地位。

以商周微信订阅号为例，可以通过频繁地与用户互动，从中统计出用户关注方向的比例，以此发现用户个人的兴趣点。根据每个用户的喜好不同，如电商、股票、房地产、银行、IPO 等方面，可以做更加精准的消息推送，例如特殊分组推送。其次，可为有共同兴趣的用户推送消息，使之互相

添加为好友，并建立聊天群，在单纯的消息推送中加进社交功能，在获取信息的同时，可以得到志趣相投的好友，这是大数据所能贡献的。

诞生仅两年的微信已在很大程度上改变了人们的生活、工作和学习习惯，同样被改变的还有传统媒体。传统媒体登上微信平台后，必须要保持自身的特有优势，做到内容为王，深度精选，并且主动迎合微信生态圈的特点，这样才能在两者先天基因不同的情况下，在后天融合时取得最佳效果。

【夏宾，中国传媒大学新闻学院新闻学专业 2013 级硕士生；成文胜，中国传媒大学新闻学院副教授】

试论网络新闻评论专题的特色与功能

——人民网观点频道《聚焦改革 2014 两会言论》专题评介

【摘　要】本文从网络新闻评论专题的栏目设置、写作特色、舆论影响力三个主要方面入手，对人民网观点频道《聚焦改革 2014 两会言论》专题进行评介，在党性原则的指导下，其评论基调为正面颂扬，具有选题及时性、内容广泛性与贴近性、文风平民化和艺术感等优点，并且注重数据挖掘可视化手段的运用，此外还提出了该专题的不足之处。最后，在"三个舆论场"的语境下进一步探讨了该专题的舆论引导与监督作用。

【关键词】舆论引导　两会言论　人民网

■　刘辛未

人民网观点频道诞生于网络科技蓬勃发展的 21 世纪初，是人民网 2000 年 4 月开设的全国网站第一个言论频道，即网络评论频道。观点频道常设栏目包括《人民网评》、《网友来论》、《观点 1 +1》、《人民视点》、《报系言论》、《人民时评》等。历年来，人民网以其权威话语平台、高素质评论人员、全方位资源整合等突出优势，成为官方信息发布、民众意见表达、社会舆论引导的主阵地和排头兵，特别是在每年两会期间，人民网更是以其独有的官方信息资源成为网民关注与青睐的网络新闻评论平台。本文主要是选取人民网观点频道《聚焦改革 2014 两会言论》专题中的评论文章作为分析对象。

一、人民网观点频道的栏目组织特色

人民网观点频道《聚焦改革 2014 全国两会言论》（以下简称《2014 两会言论》）是 2014 年两会期间人民网专设的网络新闻评论专题，这一版面既保留了人民网观点频道的主要栏目和风格，又开拓了两会专题的独有个性，简洁大方之中不失严肃与深度，其包含《两会系列评论》、《两会舆情日报》、《人民日报评两会》、《媒体观点》、《两会最声音》、《快评两会》、《两会观察》、《两会舆论场》、《两会最受关注话题》等栏目。

从网络新闻评论栏目的组织上来说，人民网主要根据评论的内容与性质进行有层次、有针对性的栏目划分，并兼顾原创性、融合性、公开性、贴近性和权威性原则。其中，《两会系列评论》是原创的网络新闻评论专栏，也是观点频道《人民网评》栏目文章在两会评论专题中的集合，是人民网评论员和其他原创作者针对当日热点话题和新闻，专门为人民网撰写的原创网络评论。《人民日报评两会》则主要是《人民日报》多个评论栏目的内容整合，是报网融合、报网互动的一个典型。《两会舆情日报》是人民网舆情监测室根据两会期间人大、政协的议事话题进行的报道与评论，如对热点关键词的解读、汇集代表委员议案提案进行公示、诉说网众声音、表达舆论诉求等。《两会最声音》是观点频道常设栏目《观点 1 + 1》的变体，以"媒体评论 + 评论员小蒋点评"的"1 + 1"方式，对新闻话题进行解读，加深受众对事件、政策的理解。《两会观察》则充分体现了人民网的平台优势和权威性，该栏目汇集了人大、政协委员代表们的声音和观点，这是人民网较之于商业性网站的相对优势。

两会期间，报纸与网络中均有大量的新闻评论作品产生，而这些深度性的文章不能像及时更新的新闻消息一样编排，如果只是简单的列表排布，一是缺乏层次感，容易产生压迫感和堆砌感，二是不利于网民就特定话题进行检索，阅读体验较差，受众易流失。因此，"2014 两会专题"推出了《两会最受关注话题》栏目，对涉及社会生活方方面面的评论文章进行细分与整合，公众最为关心的行政体制改革、反腐倡廉、干部作风、环境治理、法治建设、食品药品安全等话题相关文章都可以被轻松检索查阅。

二、人民网观点频道的评论写作特色

总体来看，《2014 两会言论》专题的评论文章具有以下五个突出特色：

一是注重选题的时效性。评论能够及时跟进时事发展态势，最大限度满足公众的求新欲和知情权。这里需要指出的是，"新闻报道的时效性，重在强调新闻的时间性、快速性；新闻评论的时效性，着重于评论对象的现实性、与现实热点的

结合度、针对性。"[①] 2014 年"两会"期间，余额宝服务的存废之争颇为热闹，从评论员、银行高管到银行业协会都试图从自身群体利益角度出发进行辩驳。政府工作报告给出明确答案，将对包括余额宝在内的一切新生金融事物放开一条生路。人民网 3 月 8 日发表评论文章《多些"宝宝"，才有金融一池活水》，及时向公众明确了政府工作报道的政策意图，满足了公众的知情权，同时综合评论各家观点，反驳了"抨击民间金融创新"的言论。3 月 10 日下午 15 时，第十二届全国人民代表大会听取了最高人民法院院长、人民检察院检察长工作报告，下午 17 时 54 分，《人民网评》随即刊发了题为《让民众在案件中感受到公平正义》的评论文章，点评今年"两高"报告在对待暴力恐怖事件、司法不公、冤假错案等问题中的处理态度、改革举措，做出了快速及时、严肃准确的反应。

二是注重内容的广泛性和贴近性。2011 年 8 月，中宣部、中国记协等五部门组织策划了一项意在推动新闻工作中群众路线实践的改革活动——"走基层、转作风、改文风"，人民网在"走转改"活动中始终走在前列，将群众观点、群众路线融入日常的新闻编辑之中，努力落实"三贴近"原则。2014 年人民网两会评论涉及社会生活的方方面面，关注民生疾苦，体现了全国性新闻网站应有的广度和人文关怀。首先是文章选题涵盖范围广，从国际外交事务、官方政策方针到社会民生、科教文娱全方位覆盖，并且更注重政治经济与社会民生方面等贴近人民群众生活的话题；其次评论文章能够从公众的利益出发，并上升到一定的思想高度，既坚持草根视角，又凸显精英高度；此外，评论文章还注重运用网民观点，对网络舆情进行监测与反馈。

三是注重文风的平民化和艺术感。相较于其他网络评论专栏如《东方时评》、《红辣椒评论》

---

① 何晓青：《人民网"人民时评"专栏研究》，华中师范大学硕士学位论文，2012 年 4 月，第 15 页。

等商业网站评论专题来讲，人民网观点频道代表的是官方声音，整个话语体系呈现严谨庄重、高端宏大的语言特色。商业网站新闻评论以营利为导向，以市场竞争逻辑进行新闻编辑，更注重新闻性；而人民网新闻评论则以国家利益为导向，以"喉舌"逻辑进行报道与评论，因此更注重宣传性。在践行"走转改"的过程中，人民网注重对于文风的改革，语言风格逐渐走向平民化，常借俗语、歇后语或采取比喻、拟人等修辞手法来表述政府工作，如《"感性答问"折射总理"执政特色"》（人民网－观点频道2014－03－14）中，用"不回避热点、不绕过难点、不躲开痛点，彰显着'说一尺不如干一寸'的实干精神"对总理的"感性问答"作点评，"热点、难点、痛点"三点连用、化繁为简、通俗易懂。又如《公车改革，省钱限权才是硬道理》（人民网－观点频道2014－03－07）形容公车改革从"雷声大"走向"雨点大"，"'车轮上的腐败'并未禁绝"、"车改'过河'脚步不可一直浅水摸索"的说法则更为形象生动，言辞中肯。还有"牵牛鼻子的改革"、"改革深水区到处是硬骨头和险滩"，妙语连珠，呼之欲出。此外，从文章标题到评论语言中，不乏对仗工整的骈俪文，彰显评论员的文字功底，如"建睿智之言，献务实之策"、"民之所望，施政所向"等。

四是注重数据挖掘与可视化手段的运用。当今大数据时代环境下，数据挖掘、数据可视化成为各家媒体的重点抓手。以《两会舆情日报》栏目为例，2014年"两会"期间发表评论文章15篇，文章多出自人民网舆情监测室的监测师之手，综合运用问卷调查、内容分析、数据统计等手段对网络舆情进行廓清与解读。如在《2014年两会词频的舆情视角：全面深化改革铸就中国梦》（人民网－观点频道2014－03－03）一文中就统计了2014年31省区市地方两会政府工作报告高频词，通过统计高频词来窥测政府工作的重点与方向。评论文章指出2014年地方政府工作报告中提及"信息化"71次，"信息服务"30次，"信息公开"15次，"4G"15次，"舆论监督"14次等，以这些词频统计作为论据，得出当下"依法加强互联网管理，净化网络空间成为各地网上舆论工作的重点"的结论。《图解新闻》由人民网要闻部出品，通过可视化、动画手段对两会工作亮点进行整合与点评，如推出了《李克强答记者问变与不变的"强"式风格》等一系列可视化专题，展现新一届政府的改革决心、反腐意志、担当勇气与民生情怀。

五是注重评论的权威性和党性。人民网依托《人民日报》的办报资源和媒介公信力，有着先天优势，是报网融合的范例。《人民日报》是我国党中央机关报，是我国最具权威性质的党报，是我国主流媒体的"排头兵"，评论员团队整体素质较高，兼有理论高度和思想深度，一定程度上体现"政治家"的素质，善于从政治高度看待与思考问题，具备审时度势、客观剖析社会问题的能力。因此，人民网评论专栏相较于其他商业性网站评论来说，有着不可比拟的评论人才优势。人民网观点频道的评论类型大致可以分为专业评论员评论、其他媒体评论、网友来论三个类别，其中以《人民网评》（以下简称"网评"）和《人民日报评两会》（以下简称"报评"）的评论员评论为其主打内容。相较而言，网评篇幅短小精悍，适合互联网平台的浅阅读；而报评则是报纸评论文章的专题整合，相对于网评来说篇幅稍长，且其语言风格更体现了党性原则。不论是网评还是报评，都蕴含了党报、党网的"正面宣传艺术"，正面并非强调正面报道或评论，而是看专栏文章整体风格、舆论引导导向总体上是否呈现正面基调。《人民日报评两会》依存于我国人大、政协会议的召开，这是党对内对外宣传塑造积极正面形象的最佳时机，报评中主要是对于社会主旋律的弘扬，文章的落脚点往往是坚定信仰、克服困难、勇攀高峰、光明无限等，充分体现了党报属性。

但需要指出的是，从国家、政府形象宣传的角度来看人民网观点频道《2014 两会言论》，不论是栏目组织还是评论写作方面，都促使其达到了较好的传播、宣传效果，但从网民体验和草根诉求方面来看，人民网无疑还需再"修炼"。观点频道的各栏目文章后大都设有互动栏、留言板，通常情况下，发表留言的人数较少，互动性较差。虽然人民网评论诞生于互联网平台，但却没有继承其互动传播的内核，"互动"流于表面，且只在少数，缺乏深层次、宽覆盖、高水平的思想交流与沟通。对比人民网"2014 两会报道专题"页面来讲，评论专题要求受众具备更高的政治素养、媒介素养，更注重精英政治话语的表达，但对平民政治诉求的言说则存在一定程度的断裂和缺位现象。

三、人民网观点频道的舆论"支点"作用

在我国，社会舆论场可以细分为一个三元结构：一是政府舆论场，即体现党和政府意志的舆论场；二是媒体舆论场，这个舆论场为媒体的新闻实践所构成。在这个舆论场中，媒体既反映党和政府的路线方针政策，又表达民情民意；三是公众舆论场，它通常是民众从自身利益、情感和意愿出发而形成的舆论场。[①] 人民网作为代表官方声音的喉舌，在舆论引导功能方面，具有一定的特殊性。人民网的媒体属性决定了其可以通过新闻产制形成媒体舆论，另一方面，人民网的"官媒"属性则又使其很大程度上必须体现党与政府意志，成为政府舆论场的"代言人"。在人民网这一媒体"支点"中，政府舆论场占据绝对主导地位，媒体舆论场则处于从属地位，甚至是处于二者交并、重合的状态之中，而公众舆论在官媒双方强强联合、水乳交融的状态之下，如蚍蜉蚁子，人少马微。

引导公众舆论。随着自媒体的不断发展，公众的表达权利得到了一定程度上的实现，个体意识的崛起体现在网络世界中即形成了对新闻事件、社会问题的差异化见解。知识水平结构、利益阶层构成复杂的公众在对社会事务进行言说的过程中，具有很强的自发性与无序性，有必要对公众舆论进行梳理和引导。媒体专业评论人员相对于普通公众而言，知识体系更为全面、评说解读更为理性、客观。另一方面，媒体自身作为"社会公器"，对于新闻评论的组织和表达具有超越社会成员个体的立场和视角，因此，媒体有能力也有责任对公众舆论进行引导。《2014 两会言论》专题的《人民日报评两会》专栏于"三八国际妇女节"当日刊发"本报评论员"文章《深化改革需要"她力量"》，首先从妇女的历史地位与贡献谈起，提出妇女解放事业仍然"在路上"，结合当下毕业季女大学生求职难、女干部比例与国际脱轨等事实，指出性别歧视顽疾仍然存在，对现状进行描述："全球范围内健康与生存、教育程度等方面的性别差距已不那么显眼，但经济平等和政治参与的差距仍然很大。"[②] 继而设问"女性带给世界什么"，并从女性的操持与营造、创意和付出、人性化亲和力等特点进行正面论证，最终落脚于"两性平等享有资源和权利，共同享有发展成果"的主旨之上，通过现象描述、事实引证对"深化改革需要'她能量'"这一论点进行深入浅出、娓娓道来的论说，呼吁两性平等、破除性别歧视，引导受众树立正确的平等观，传递社会正能量。

[①] 刘九洲、付金华：《以媒体为支点的三个舆论场整合探讨》，载于《新闻界》2007 年第 1 期，第 37 页。

[②] 人民网 – 观点频道：《深化改革需要"她力量"》，2014 年 3 月 8 日，http://opinion. people. com. cn/n/2014/0308/c1003 – 24570326. html。

舆论监督功能。新闻舆论监督是新闻媒体的基本社会功能之一，运用新闻舆论的力量对社会生活进行监督是现代社会进步的表现。"每年全国和地方两会，代表、委员的开会状态时常成为新闻，各种细节、场景都会被敏感的媒体捕捉进镜头，进入公众的视野。"① 2014年"两会"期间，全国人大代表团不约而同发出醒目要求：代表开会不得玩手机、搞直播，不准玩游戏，这样一条要求引起了不小的舆论热潮。《尽心履职，从放下手机始》（人民网－观点频道2014－03－05）对这一现象进行评述，指出全国两会正面临一个前所未有的"微时代"，从"微"观层面对两会代表委员进行监督，从正面肯定了代表们在工作中注重对微传播的运用，接地气、近百姓、传正声，是一种社会进步；从反面批评了一些迷恋微传播到须臾难离地步的做法，是会风疏懒、不可原谅的失职，最后落脚于对代表履职尽责、会风严谨庄重、政府科学决策、社会民主发展的呼吁和期盼，既是对代表委员也是对社会公权力鞭辟入里的评介和细致入微的监督。

人民网评论在三个舆论场中起到了引导、联结、监督的作用，特别是对公众舆论的引导、对政府公权力的监督功能尤为突出，成为三个舆论场的"支点"和"节点"。

【刘辛未（1991— ），女，中国传媒大学新闻学院新闻学专业2013级硕士生】

---

① 人民网－观点频道：《尽心履职，从放下手机始》，2014年3月5日，http://opinion.people.com.cn/n/2014/0305/c1003－24528680.html。

新媒体背景下的新闻职业道德建设
——以北京电视台与郭德纲的微博骂战为例

【摘　要】在新媒体背景下，新闻职业道德问题逐渐突出。本文以案例作为分析突破口，从北京电视台与郭德纲的微博骂战中探析在新媒体中新闻职业道德缺失的原因，并据此提出新闻职业道德建设的对策。

【关键词】新媒体　新闻职业道德　微博骂战

■　段　然

一、新闻职业道德的概念及历史梳理

新闻职业道德是新闻传播业的行业道德。陈力丹一书中对其定义是："新闻从业人员或者大众传媒自身，遵循一般的社会公德和本行业的专业标准，对其职业行为进行理性的自我约束和自我管理。"① 雷跃捷在《新闻理论》中对新闻职业道德的定义可以总结为：新闻职业道德是职业道德的一种，同普通的道德现象一样，是一种社会存在决定的社会意识，但比其他职业道德更具有鲜明的阶级性和更为强烈的政治色彩，是对新闻传播活动的一种特殊的调节规范体系。《中国新闻工作者职业道德准则》中对新闻职业道德的阐述是：中国新闻事业是中国特色社会主义事业的重要组成部分。新闻工作者要坚持以马克思列宁主义、毛泽东思想、邓小平理论和"三个代表"重要思想为指导，深入贯彻落实科学发展观，高举旗帜、围绕大局、服务人民、改革创新，贴近实际、贴近生活、贴近群众，用马克思主义新闻观指导新闻实践，学习宣传贯彻党的理论、路线、方针、政策，继承和发扬党的新闻工作优良传统，积极传播社会主义核心价值体系，努力践行社会主义荣辱观，恪守新闻职业道德，自觉承担社会责任，敬业奉献、诚实公正、清正廉洁、团结协作、严守法纪，做到政治强、业务精、纪律严、作风正。②

新闻职业道德源于新闻报道成为职业之后，在长久的实践中不断形成和发展的。随着商品经济的发展，带有"社会公器"的新闻职业遇到经济利益时，道德问题逐渐突出并且引起了人们

---

① 陈力丹：《新闻理论十讲》，复旦大学出版社 2008 年版，第 236~237 页。

② 中国新闻工作者职业道德准则（2009 年 11 月 9 日修订）：http://www.china.com.cn/news/txt/2009‑11/27/content_18968088.htm。

的重视。自 20 世纪以后，各个国家或媒体机构纷纷出台新闻职业道德规范。如美国《纽约时报新闻伦理》、《俄勒冈新闻伦理规约》，加拿大《多伦多星期报》的《原则自述》、英国的《英国记者联合会规范》、《BBC 约章》，等等。

在我国，徐宝璜先生在 1919 年出版的我国第一本新闻学著作《新闻学》中专门列出的"访员应守之金科玉律"，可以说是我国新闻职业道德的雏形。最早提出"新闻职业道德"这一概念是在 1979 年 12 月，当时复旦大学新闻系编印的内部刊物《外国新闻事业资料》（1979 年第 4 期，总第 6 期）发表了一篇新闻系硕士研究生俞旭的译文《新闻道德的准则》，文中多次使用"新闻职业道德"一词，被看做是首次将新闻职业道德引入新闻学研究领域。从 1982 年开始，新闻职业道德这一新概念开始在新闻界广为流行。是年 9 月，中国共产党"十二大"召开，大会报告明确地提出要"在各行各业加强职业责任、职业道德、职业纪律的教育"。此后，新闻界开始将新闻职业道德问题作为一个重要课题，开始有计划、有步骤地加以系统、全面的研究。1981 年根据中共中央有关领导的指示，中共中央宣传部新闻局和首都各新闻单位共同研究制定了《记者守则》（试行草案）。《记者守则》的颁行，标志着我国新闻职业道德建设的起步。1991 年 1 月 19 日，中国记协第四届理事会第一次全会一致通过了《中国新闻工作者职业道德准则》（以下简称《准则》）。《准则》是新中国成立后出台的第一个全国性的新闻职业道德行为规范，是我国新闻职业道德建设的一项具有里程碑意义的举措。[①] 1991 年的《准则》一共有八项规定：

1. 全心全意为人民服务；
2. 以社会效益为最高准则；
3. 遵守法律和纪律；

4. 维护新闻的真实性；
5. 坚持客观公正的原则；
6. 保持廉洁奉公的作风；
7. 发扬团结协作的精神；
8. 增进同各国新闻界的友谊与合作。

直到 2007 年第三次修订后，《中国新闻工作者职业道德规则》改为六项规定：

1. 坚守社会责任；
2. 坚持正确导向；
3. 自觉遵纪守法；
4. 维护新闻真实；
5. 发扬优良作风；
6. 加强交流合作。

我国新闻职业道德建设在新闻工作中不断进步、完善，但仍然有很多不足之处需要修补、改正。如今，时代在改变，与新闻工作息息相关的媒介也发生了巨大的变化，新媒体的出现改变了媒介环境，打破了传统媒体下衡量新闻从业者的新闻职业道德标准，需要对新闻职业道德的建设进行重新审视。在新媒体大环境下，职业道德规范出现了很多新的问题，本文主要以北京电视台与郭德纲在微博上对骂为例，对新闻职业道德在新媒体环境下出现失范的原因和对策进行解析。

二、案例分析

2013 年 11 月 19 日，北京电视台台长王晓东去世。继日，相声演员郭德纲在微博上发布了一首打油诗（如图 1）："一去残冬晓日红，三杯泪酒奠苍穹。鸡肠曲曲今何在？始信人间报应灵。"并配发了一张红双喜字的图片。而在此之前，郭德纲与北京电视台曾结下矛盾，并且被北京电视台封杀。因此，此微博一出，便被网友认为是在暗讽北京电视台台长的逝世。一时间，所

---

① 黄瑚：《探析改革开放后我国新闻职业道德建设的历史轨迹》，《湖南大众传媒职业技术学院学报》2002 年 12 月。

有的舆论直指郭德纲，认为这样的行为是对逝者不敬。各家媒体及媒体人开始在微博上批评郭德纲的做法，其中最引人注目的是北京电视台员工纷纷在微博上对郭德纲进行谴责，甚至对其进行痛骂，并且呼吁其他媒体（人）谴责郭德纲的言行。随后，郭德纲删除了此条微博，但北京电视台的员工仍然在微博上对郭德纲进行人身攻击，同时，北京电视台呼吁全国电视台共同封杀郭德纲，就此，舆论支持瞬间转向郭德纲，认为这是媒体私用公权力欺负弱者的表现。

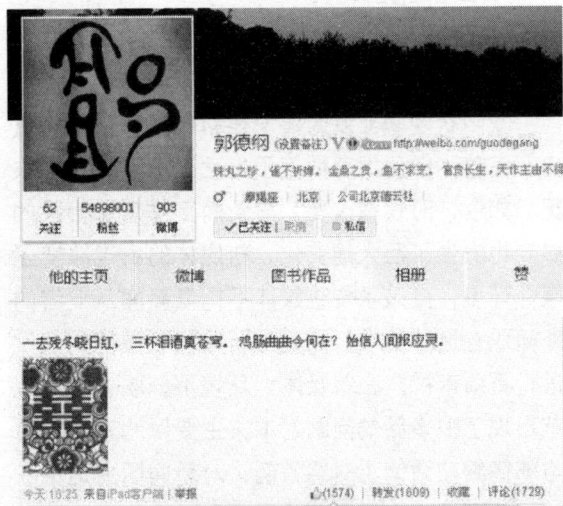

图1　郭德纲微博截图

此事件的主角之一——北京电视台的员工都属于媒体人，他们的言行关系着新闻工作者的形象。在微博上虽是以个人名义对郭德纲进行声讨，但是立场仍然是站在北京电视台这一官方媒体。在这一案例中，北京电视台原本是处在舆论支持的一方，但后续员工的"围剿战"加之后来北京电视台呼吁全国400家电视台封杀郭德纲，被看做是"绑架其他同行"、"滥用公权力"，于是舆论开始转向，批评北京电视台的做法。新媒体时代中，媒体人的新闻职业道德更加容易缺失，原因在于：

一是新媒体的发布信源广，准入门槛低。微博是新媒体的典型代表，最大的特点就是发布平台不受限制。它不同于传统媒体有着版面、时长等限制因素，因此新媒体的发布者多呈现出文化层次多样化的特点。在传统媒体上，很难做到任何媒体内部员工在自家媒体上发表意见。而在新媒体时代，任何一个新闻从业者都可以拥有自己发表立场、观点的平台，每个人都可以成为一张报纸、一家电视台。因此，新闻从业人员在微博上发表的观点、态度，很大程度上代表了自家媒体的立场和价值观。通过微博官方的身份认证，可以看出反驳郭德纲的微博有来自北京电视台的主持人、编导、记者等媒体人，甚至还有央视评论员、《人民日报》这样中央级别的官方媒体。新媒体"低门槛"造成了新闻评论质量的下降，从这些反驳郭德纲的微博中可以看出，大部分并没有理性地看待这件事，只是站在朋友或同事的角度抒发自己心中的不快。由此可见，新媒体的虚拟性，容易使媒体人在使用中忘却自己媒体人的身份，不仅把新闻职业道德的堡垒失守，还将自己定位为大众，对于新闻职业认识的不足直接导致职业道德的丧失。

二是新媒体理性话语缺失。微博规定发布内容不超过140个字，在字数的限制下，发布内容多呈现"碎片化"的特点，因此微博用户经常出现非理性、缺乏逻辑的言论，即便是经过专业训练的新闻从业者也不例外。《北京晚报》的官方微博发布的题为《北京电视台台长王晓东因患肝癌19号上午病逝，一向嘴损的郭德纲发出了这样的微博还挂出红喜字》，这一标题中用明显带有贬义的"一向嘴损"来形容郭德纲，媒体的倾向和立场显而易见。北京电视台的员工在微博上对着郭德纲进行了齐刷刷的谴责和质问，有些言辞甚至不雅。微博使这些北京电视台的媒体人有了便捷的传播观点媒介，恨不能140个字内统统塞满对郭德纲的谩骂。在这件事中，郭德纲做得不对无可厚非，但媒体人应该顾及媒体作为"社会公器"的形象，看到这样的微博，充斥着谩骂、没有理性的思考，不禁要问：媒体的道德底线在哪里？媒体应该是客观公正的报道事件本身，只要将两方观点摆出，将事实讲述清楚，谁对谁错公众自有判断。即便是在微博这样有字数限制的新媒体上发表观点，也应该陈述事实，而不是一味地谩骂和指责。在网民看来，北京电视台员工热爱本台领导固然没错，但言辞不雅让人看到的是一个个素质低下的媒体人，倾巢出动指责郭德纲不免有博得舆论支持的炒作嫌疑，仿佛离"社会公器"又远了一步。

三是新媒体缺乏监管机制。目前，我国的传统媒体主要靠行政力量来维护新闻职业道德建设，一旦出现问题，行业自律很难把控，最后还是要付诸某些行政手段。传统媒体的监管机制尚不完善，更不用说是新出现不久的新媒体了。特别是微博这样有着广泛用户的新媒体，对其监管更是难上加难。有人比喻，传统媒体在新媒体平台上好似脱掉镣铐的舞者，似乎寻找到了自由发表言论的舞台。北京电视台的某记者在微博上发起了"郭德纲滚出娱乐圈"的话题，虽然微博上时常出现"×××滚出娱乐圈"类似的话题，但是身为微博认证过的媒体人，如此非理性的话题实在有损新闻工作者的形象。新媒体虽然成就了媒体人自由发声的权利，但也应当遵守自身行业的准则，不应该只在传统媒体有自律的概念，而转战到新媒体，媒体人似乎认为只是代表自己，而将自律、职业道德全都抛之脑后。

三、新媒体背景下新闻职业道德的坚守

在新媒体环境下，任何一条新闻的传播速度都要大大快于传统媒体，所造成的社会影响也会比传统媒体大得多，因此新闻职业道德的建设应该是更加紧迫的。

1. 形成长效、完善的新闻职业道德教育机制

衡量新闻职业道德建设成功与否的标准不在于订立了多少规则，而在于新闻从业者是否能普遍遵守所订立的规则，以及能否形成自觉遵守的意识。因此，新闻职业道德建设的根本目的是培养新闻从业者的道德自觉性，以及在全行业内形成良好的道德风尚，也就是通常所说的媒体自律。道德意识和道德自觉是人们内心世界的活动，[1] 因此在道德建设中，道德教育是不可或缺的一项重要活动。道德教育可以帮助人们弄清在行业内的是非对错，以及形成在作出价值判断时的标准。因此，新闻职业道德建设应该借力于建立长期的职业道德教育机制来实现。从刚踏入新闻工作开始，媒体机构就可以组织新人学习网络伦理、媒介伦理等课程，还可以不定期开设关于传媒伦理与法治的讲座，介绍相关违法违规的案例以警示媒体人，甚至可以对传媒机构高层进行新媒体知识的集中教育，可以以进修的方式进行。通过不间断、有系统地学习和教育，以期网络伦理思想深入人心，培养新闻从业人员正确的价值观，可以正确地更新自己的价值取向，不仅增强媒体人的职业道德感，更加提高了整个新闻行业的伦理道德水准，使新闻从业人员能在正确的价值观的指导下，合理地使用新媒体，开展新闻活动。

2. 提高网络技术监管能力

与传统媒体管理不同的是，网络监管的一个重要区别在于它极其注重技术手段的运用。目前新浪微博上有"举报"、"辟谣"的功能，可以对涉及非法、恶意的内容进行删除，对危害较大的内容，新浪会对其博主采取注销账户的惩罚措

---

① 宫承波主编：《新媒体概论（第四版）》，中国广播电视出版社 2012 年版，第 279 页。

施。网络文化建设需要技术的支持，新闻职业道德在新媒体时代的建设同样离不开技术的支持。加强技术监管，不断创新网络监管技术，可以对发布虚假新闻或恶意新闻的新闻从业人员实行量化统计，将此数据加入新闻工作人员的个人考核中，实行扣分制度，一旦分数低于规定的水平线，即撤销其从业资格。微博上的媒体人通常都是带有认证的，因此，网络对其管理可以充分借助微博用户的分类来实现。一套完善的技术标准，可以大大提升对网络技术监管的能力。

新的时代下，新媒体的出现一方面分化着新旧媒体的发展趋势，一方面加速了新闻工作的改变，在这样大环境下，新闻职业道德建设显得更加重要。媒体人应该清醒地认识到，只有不松懈对自身的要求，在新媒体这个广阔的平台上才能有更大的作为。

【段然（1989—   ），女，中国传媒大学新闻学院广播电视学专业2013级硕士生】

中国媒体中的外国领导人形象探析
——以中青在线对奥巴马的报道为例

【摘　要】 本文通过对中青在线对奥巴马的报道进行内容分析，探究中国媒体对外国领导人形象的塑造。其中，中青在线对奥巴马的报道重点展示了其三种形象：第一，通过中性、正负面报道相交织呈现的颇受争议的政治领袖形象；通过意义的建构塑造的美国国内经济发展的代言人、国际经济发展的影响者形象；通过对其私生活的报道所描绘的"普通人"形象。

【关键词】 中青在线　奥巴马　形象

■ 魏景飞

一、研究设计

（一）研究对象

本文选取中青在线对美国总统奥巴马的报道作为研究对象进行内容分析，企图通过考察中青在线对奥巴马的报道，了解我国媒体构建的外国领导人形象。中青在线是《中国青年报》的网站，是首家市场化运作的中央新闻媒体网站，也是中国最大、最权威的集新闻发布和青年服务为一体的综合性青年类网站。① 中青在线设有新闻、教育、人才、生活、军事、网络等频道，信息含量大、覆盖范围广、影响力大，具有一定的代表性，因此将其作为分析对象对系统总结我国媒体中的外国领导人形象具有重要意义。

（二）研究方法

1. 时间范围

为了全面呈现中青在线对外国领导人形象的塑造情况，本研究选取 2011 年 8 月 1 日到 2013 年 7 月 31 日共两年的报道作为分析单元，全面了解中青在线是如何通过新闻报道来塑造外国领导人形象的。

2. 确定分析单元

通过设定正文中含有"奥巴马"的词进行关键词检索，从 2011 年 8 月 1 日至 2013 年 7 月 31 日两年间的相关文章共 1340 篇。通过人工分析，去掉与奥巴马报道主题相关性较低的文章，最后确定以奥巴马为主要报道内容的文章为 269 篇。

3. 分析类目

本研究所分析的类目包括报道主题、报道立

---

① 百度百科："中青在线"词条，http://baike.baidu.com/view/73916.htm.

场与倾向、文章篇幅以及报道体裁、报道版面、奥巴马形象以及对华态度等几个方面。

（1）报道主题

本研究将和奥巴马报道有关的议题按内容分为五种类别：政治、经济、文化、社会以及私人生活。其中政治类报道包括有关奥巴马在国内政治生活、外交关系、国际政治领域和军事等方面的大政方针和活动；经济类报道以奥巴马在国内外经济等方面的方针政策及相关活动为主；文化类报道涵盖科教文卫体以及旅游气象等方面的报道内容；社会类报道包括各种社会现象、社会事件、社会问题等；私人生活的报道包括奥巴马的私人生活、家庭生活等。

为了解奥巴马和中国的关系，本研究还特意在报道主题中区分出和中国相关的报道主题，依然按其内容特征分为政治、经济、文化和社会等四个方面，旨在了解以奥巴马为首的美国政府对中国政府的态度倾向。

（2）活动范围

本研究将奥巴马的活动范围分为美国国内和国外两个方面。国内报道主要以奥巴马在美国本地的政治、经济、文化和社会等领域的活动为主；而国外报道主要以奥巴马在美国领土以外的活动范围为研究对象。

（3）报道立场与倾向

报道立场分为正面报道、中性报道、负面报道。区分报道倾向的主要依据是通过分析新闻报道的用词和内容，赞扬奥巴马政府有关政策与做法的属于正面报道；批评奥巴马政府或对受众理解奥巴马形象造成扭曲和误解、致使美国国家形象受损的报道属于负面报道；其他客观且不带任何褒贬色彩的事实陈述均被列入中性报道的范畴。

（4）文章篇幅

将文章篇幅按字数多少分为短篇、中篇和长篇三类，500 字以下的为短篇，500～1500 字的为中篇，1500 字以上的为长篇。一般情况下，媒体对所报道的主题越是重视，就越倾向于用较大篇幅的文章。因此，文章篇幅在一定程度上反映了媒体对所报道主题的重视度。

（5）报道形式

研究将报道形式分为消息、通讯、评论和其他四种。报道形式从另一个方面反映了报纸对所报道主题的重视程度。一般情况下，评论是相对重要的形式，消息是相对次要的形式，而通讯介于两者之间。

二、资料统计和数据分析

（一）对奥巴马的整体报道情况

1. 曝光量普遍高于俄、英、日、法等国家

所谓曝光量是指媒体在某个期间涉及某个国家的所有报道的篇数。[①] 将中青在线在 2011～2013 年同期对俄罗斯总统普京、英国首相卡梅伦、日本首相野田佳彦和安倍晋三、法国总统奥朗德的曝光量进行比较，结果如表 1 所示。

表 1　中青在线对各国领导人的报道情况

奥巴马（美）	普京（俄）	卡梅伦（英）	野田佳彦、安倍晋三（日）	奥朗德（法）
1340 篇	1011 篇	816 篇	751 篇	683 篇

中青在线对奥巴马的整体曝光量要远远高于俄罗斯、英国、日本和法国的领导人。美国是世界大国，在现代国际政治舞台和国际关系中占据重要地位，俄罗斯在国际政治、外交、军事中同

---

① 柯惠新、郑春丽、吴彦：《中国媒体中的俄罗斯国家形象——以对〈中国青年报〉的内容分析为例》，载于《现代传播》2007 年第 6 期。

样占有很重要的位置，而这两个国家和我国外交关系比较密切，因此，美、俄两国在中国媒体上保持较高的曝光率显而易见。

2. 对奥巴马的政治类报道最多，其次是经济和私人领域的报道，文化方面的报道最少。在奥巴马和中国的关系这一议题上，也体现出相似的报道规律。

表2　以奥巴马为主要报道内容文章的报道主题

报道主题	报道篇数	百分比（%）
政治	123	45.7
经济	51	19.0
文化	15	5.6
社会	32	11.9
私人	48	17.8
合计	269	100.0

数据显示，在中青在线以奥巴马为主要报道内容的文章中，政治类报道最多，所占比例高达45.7%；其次是经济和私人领域的报道，所占比例分别为19.0%和17.8%；而社会类报道和文化类报道较少，仅占11.9%和5.6%。美国是世界政治经济大国，它的一举一动都牵扯到世界经济秩序的发展，政治和经济的报道自然相对较多。而奥巴马作为世界第一大国的最高领导人，其私人生活也备受社会关注，他的行为举止体现出大国领导人特有的气质。

在分析的269篇文章中，和中国报道主题相关的只有31篇，所占比例十分微小。而报道的主要内容也以政治经济议题为主，这与中国和美国的外交定位密切相关。

表3　以奥巴马和中国为主要报道内容文章的报道主题

报道主题	报道篇数	百分比（%）
政治	14	45.1
经济	12	38.6
文化	2	6.4
社会	3	9.9
合计	31	100.0

3. 在报道倾向上，以中性报道为主，正面报道和负面报道并行为辅；在和中国相关的议题的报道倾向上，以负面报道为主，中性报道为辅。

表4　以奥巴马为主要报道内容文章的报道倾向

报道倾向	报道篇数	百分比（%）
正面	55	20.4
负面	46	17.1
中性	168	62.5
合计	269	100.0

数据显示，中青在线在以奥巴马为主要报道内容文章的报道倾向上，以中性报道为主，占总数的62.5%；其次是正面报道，所占比例为20.4%；负面报道相对较少。总体来讲，中青在线对奥巴马和美国政府形象的塑造比较友好，这是由媒介本身的性质以及中美关系的性质决定的。

在和中国相关的31篇文章中，中青在线对奥巴马的报道呈现出完全相反的规律。其中负面报道占67.6%；其次是正面报道，所占比例为22.7%，正面报道相对较少。其负面报道一般是与奥巴马对中国的强硬态度以及钓鱼岛等事件相关的内容，这取决于中美两国的国家利益。

表5　对奥巴马和中国的关系为主要报道内容文章的报道倾向

报道倾向	报道篇数	百分比（%）
正面	3	9.7
负面	21	67.6
中性	7	22.7
合计	31	100.0

4. 奥巴马的活动范围以国内为主，国外为辅；中青在线对奥巴马国内活动的报道以中性报道为主，正面报道为辅；对国外活动的报道也以中性报道为主，但负面报道为辅。

表6 对奥巴马活动范围和报道倾向的交叉分析

活动范围		报道倾向				总比例（%）
		正面	负面	中性	合计	
国内	报道篇数	43	13	121	177	65.8
	百分比（%）	24.3	7.3	68.4	100.0	
国外	报道篇数	12	33	47	92	34.2
	百分比（%）	13.0	35.9	51.1	100.0	
合计	报道篇数	55	46	168	269	100.0
	百分比（%）	20.4	17.1	62.5	100.0	

数据显示，中青在线对奥巴马的报道范围以国内为主，国外为辅，所占比例分别为65.8%和34.2%。其中，国内报道以中性报道为主，所占比例高达68.4%；其次是正面报道，所占比例为24.3%，负面报道相对较少。中青在线对奥巴马国外活动的报道也以中性报道为主，所占比例为51.1%；其次是负面报道，占总数的35.9%，正面报道相对较少。这主要取决于奥巴马在国内和国际上的不同政治地位。

5. 报道形式以消息为主，通讯为辅，评论最少。

表7 中青在线对奥巴马的主要报道形式

报道形式	报道篇数	百分比（%）
消息	170	63.2

续表

报道形式	报道篇数	百分比（%）
通讯	55	20.4
评论	34	12.6
其他	10	3.8
合计	269	100.0

数据统计结果表明，中青在线对奥巴马的报道以刊发消息为主，大部分文章都是客观性信息的传递，所占比例为63.2%；其次是通讯，占总数的20.4%，而对相关内容进行深度剖析和评论的内容相对较少。

6. 从篇幅上看，中青在线对奥巴马的报道中短篇最多，具体到报道内容上，长篇、中篇以及短篇报道中均以政治活动最多。

表8 报道篇幅与报道主题的交叉分析

报道篇幅		报道主题						总比例（%）
		政治	经济	文化	社会	私人	合计	
短篇	报道篇数	52	22	3	10	29	116	43.1
	百分比（%）	44.8	19.0	2.6	8.6	25.0	100.0	
中篇	报道篇数	44	19	8	17	15	103	38.3
	百分比（%）	42.7	18.4	7.8	16.5	14.6	100.0	
长篇	报道篇数	27	10	4	5	4	50	18.6
	百分比（%）	54.0	20.0	8.0	10.0	8.0	100.0	
合计	报道篇数	123	51	15	32	48	269	100.0
	百分比（%）	45.7	19.0	5.6	11.9	17.8	100.0	

报道篇幅与报道主题交叉分析的结果显示，中青在线对奥巴马的报道以短篇最多，报道内容多以政治性活动为主，所占比例为43.1%。此外，长篇、中篇以及短篇报道中均以政治类报道最多，对经济、社会、文化以及私人领域的报道也均以短篇、中篇报道为主，长篇报道相对较少。

（二）我国媒体中的奥巴马形象

通过以上数据分析发现，中青在线对奥巴马政治领袖形象的塑造报道数量最多，长篇报道也最多。此外，对奥巴马私人领域的报道数量和长篇报道数量也远远高于经济、文化和社会等领域的报道，因此奥巴马同时也被塑造为一个私生活颇受争议的总统形象。

1. 奥巴马成为国内外最活跃的政治活动家

（1）颇受争议的国内政治领袖形象

中青在线对奥巴马的国内报道议题主要集中在控枪法案的实施、国内大选的具体情况、民主党和共和党之间的竞争关系、国内各项政策法令的颁布、签署法案禁止议员和官员进行内幕交易、推出新军事战略等方面。

正面报道方面，中青在线具体关注了奥巴马对移民制度的具体措施、奥巴马在竞选中的支持率上升等事件，刻画出奥巴马的正面形象。此外，对奥巴马激励就业的措施、奥巴马对待中国的态度等方面也给予了积极评价。负面报道则集中于批判奥巴马过度开支军费、深陷泄密门漩涡、被指滥用"空军一号"等方面。

（2）世界政坛的活跃分子

作为世界政治大国的领导人，奥巴马不仅是国内的政治领袖，同时也是世界政坛的活跃分子。中青在线对奥巴马的国际政治活动予以了充分报道，议题主要包括援助缅甸、对朝鲜和伊朗核问题的态度、对也门的制裁、与各国领导人讨论叙利亚问题、参加八国峰会、对中东问题和削减核武器的态度等方面。此外，中青在线对奥巴马和中国的关系也做了详细报道，主要内容有奥巴马对钓鱼岛事件的态度、对待中日问题的态度等方面。

正面报道上，中青在线对奥巴马援助缅甸事件、反思越南战争事件、美国和伊拉克的新型关系上都给予了积极评价。负面报道则主要集中于奥巴马对中东问题、伊朗问题、核问题等国际性敏感问题的强硬态度上。此外，中青在线对奥巴马和中国关系的报道上也以负面报道为主，在钓鱼岛事件、对台售军火等方面都作出了及时批评。

通过分析可以看出，中青在线对奥巴马的报道褒贬不一，将其塑造成了一个颇受争议的政治活动家的形象：他对内打击腐败，和在野党进行唇枪舌战，颁布各项法令促进美国社会发展；对外积极参与国际事务，十分重视核武器削减问题、叙利亚和中东问题以及与中国的关系问题，等等，成为国际政坛的活跃分子。

2. 奥巴马成为美国经济发展的代言人和世界经济发展的影响者

（1）国内经济发展的代言人形象

中青在线对奥巴马与美国国内经济发展的报道议题主要集中在提高国债上限、解决财政悬崖、小企业税收优惠、呼吁华尔街改革、呼吁改善美国出口信贷、向富人增税等问题上。

正面报道方面，中青在线主要关注了奥巴马敦促国会奖励制造业、创造就业、宣布提前实施减轻学生贷款负担措施、提出4470亿美元刺激就业方案、工资税大降等事件，集中体现了奥巴马在美国经济发展方面的主导作用，通过报道美国在金融危机后经济的复苏情况，对奥巴马给予了充分肯定；负面报道集中于批判奥巴马当政期间军费开支过大等情况。

（2）国际经济发展的影响者形象

目前，美国经济发展水平居世界首位，因此

美国经济水平的起伏直接影响着世界经济的发展态势。有"世界经济大国"之称的美国一直有"称霸全球"的野心，他的领导人奥巴马也必然会"异常积极"地干预世界经济走势。中青在线对奥巴马在国际经济上的"作为"主要集中于报道其授权美政府可对包括中国在内的非市场经济国家征收反补贴税、欢迎欧元区债务解决方案、称全球原油供给足以让各国减少购买伊朗石油、将美国经济的低迷归咎于欧洲经济的发展等。尤其在奥巴马处理与中国经济有关的问题上，中青在线做了较为详尽的报道，主要议题有奥巴马高调指责中国违反世贸规则、提出针对中国限制稀土出口问题的磋商请求等。通过分析相关报道发现，中青在线很少有关于奥巴马在国际经济方面的正面事件的报道。

总体而言，中青在线通过对奥巴马在经济方面的政策、行动等的报道，塑造出奥巴马国内经济发展的代言人和国际经济发展的影响者的形象。

3. "普通人"形象

在奥巴马竞选总统期间，各大媒体对奥巴马私人生活的关注尤为突出，中青在线也不例外。奥巴马被指三年前欠 5 万多美元竞选费至今未还、篮球赛亲吻妻子、做演员反对女性暴力、一周曝出数起丑闻、过度消费度假、不会使用 iPhone、给女儿的信等多方面内容，均是中青在线对奥巴马私人生活报道的重点。

报道中，倾向于正面的是关于奥巴马喜获荣誉博士学位、勉励黑人学子帮扶弱势、给妻子跳骑马舞、通过新媒体与公民互动、自酿啤酒、篮球赛亲吻妻子、和妻子观看演唱会等事件；而负面新闻则主要集中在奥巴马学历遭到质疑、女主播称奥巴马曾威胁杀克林顿女儿引轩然大波、吸毒以及和同性恋性交等事件上。

中青在线通过对奥巴马私生活的报道，试图塑造奥巴马的"普通人"形象：他虽为总统，但同时也是普通人，有着自己的爱好和习性，也会犯错误。

4. 奥巴马对中国的态度较为"暧昧"

近年来，中美双方一直为彼此的共同发展不断努力。日前，中国国务委员、中央外办主任杨洁篪在 8 月 16 日出版的《求是》杂志发表署名文章《新形势下中国外交理论和实践创新》，阐述中共中央总书记习近平等新一届中央领导集体的外交思想。文章说，中美建立新型大国关系前无古人、后启来者，是一项没有现成经验可循的历史创举，不会一帆风顺，但只要我们看清形势、认准目标、坚定信心、不断推进，就一定能推动中美关系健康稳定发展。因此，关于中美关系的新闻报道成为众媒体关注的焦点。

在报道内容上，一方面，中青在线关注了奥巴马称不反对中国在非洲"独占鳌头"、"放水"中国游客签证、追思波士顿爆炸案遇难中国女留学生、认为中美合作需加强等对华态度趋于友好的正面事件；另一方面，也报道了奥巴马指责中国部分黑客有"国家背景"、签国防授权法粗暴干涉中国主权内政、正式签署生效涉华反补贴法案、国情咨文五对华措辞趋于强硬、对台军售再度加码、会见达赖等对华倾向明显敌对的负面行为。由此，奥巴马对中国的态度呈现出"暧昧不明"的特点：一方面，他试图通过与中国领导人亲密友好的接触构建良好的大国关系；另一方面，他又对中国政治经济的发展、国际政治地位以及历史遗留问题等方面进行干涉。

三、结论

大众传媒是一个意义建构的平台，也是社会再生产的机制，它会有意无意地承载丰富的内容，塑造特定版本的集体记忆，进而塑造特定的身份形象。中青在线通过新闻报道构建起奥巴马的特殊媒介形象，他一方面成为备受争议的国内领袖、国内经济发展的决策者，另一方面又积极参与国际社会事务，成为国际政坛的活跃分子、国际经济发展的影响者。此外，中青在线对奥巴马的形象建构不仅停留在其政治经济领导人的形象上，还通过对奥巴马私生活的大量报道构建起其普通人的身份形象。

【魏景飞，山东政法学院新闻传播系教师】

移动互联网时代智能手机功能探析
——使用与满足理论视角的省察

【摘　要】本文以使用与满足理论为关照视角，从四个方面探析了移动互联网时代智能手机功能所发生的变化，包括作为社会及文化符号的象征性功能、移动互联网的普及所创造出的仪式性功能、通过各种APP实现的服务性功能以及参与性信息沟通所带来的社交性功能，力图以此对手机这一"带体温的媒介"做出新的审视。

【关键词】移动互联网　使用与满足　智能手机　媒体功能

■ 杨　璇

在一个新媒体或新内容刚刚出现时，了解受众的使用与满足是投资者进行市场调研的第一个环节。[①] 而站在受众角度开展研究的使用与满足理论常常是新媒体研究最先使用的理论框架之一。该理论认为，媒介是为各种社会需求服务的，反过来，受众个体同样是为了相关目的而使用媒介的。[②] 使用与满足理论的提出者卡茨将人们对媒介的使用归纳为"社会和心理因素→媒介期待→媒介接触→需求满足"的过程。接触和使用智能手机这一新兴媒介，作为受众的用户也会因为各种社会和心理的因素产生一种媒介期待，希望带给自己时尚的生活方式或建立更加亲密的社交关系。具有贴身性、移动性和伴随性的智能手机，正是以其多样化功能满足了人们在不同时间和地点的不同需求。当人们拿出iPhone时，他感受到的是象征性功能带给他的自豪感和优越感；当人们使用"百度地图"定位找路，或者使用"天猫"购物时，他体验到的是APP带给他的基于实际所需的服务；当人们用微信与朋友聊天，在朋友圈分享自己的动态、感想时，他使用的是社交性功能；而当人们无聊时，智能手机作为一个移动上网终端所发挥的仪式性功能则填补了人们在碎片化时间下的注意力空白，给人以安慰。

一、象征性功能

象征性功能所强调的是手机在当代语境下，其使用价值被抽象的象征性符号意义所取代，[③]

---

① 刘海龙：《大众传播理论：范式与流派》，中国人民大学出版社2008年版，第272页。
② ［英］丹尼斯·麦奎尔：《受众分析》，刘燕南、李颖、杨振荣译，中国人民大学出版社2006年版，第87~88页。
③ 康磊：《消费的区隔符号：智能手机消费与阶层分化》，载于《丝绸之路》2012年第18期。

"变成消费对象的是能指本身，而非产品"。① 随着不断的进化，智能手机消费品的性质越来越明显，它已经远远不只是一种通讯工具或媒介工具，它的符号意义变得日益凸显。

上溯到手机诞生之初，象征性功能已为社会所重视。20 世纪 80 年代的中国，电话主要是作为办公用具存在，而移动电话"大哥大"因其昂贵的售价和使用费，更是成为普通百姓可望而不可即的高档消费品。② 手拿大哥大，是那个时代时髦的派头，更是拥有者身份的象征。

而在智能手机普及的当下，象征性功能依然是消费者所重视的一个选择标准，对品牌或型号的选择往往能够透露消费者的审美品位、经济地位以及个性特征等诸多信息。以 iPhone 为例，它以相对较高的价格、精致的设计和顶级的配置为其用户贴上了紧跟时尚潮流而又具有较高经济水平的标签，因此出现了很多疯狂的消费景观。通过 Google 以"卖肾买 iPhone"为关键字进行检索，可以得到 106 万条结果，其中显示这种疯狂行为的实施者却多是打工者、中学生等经济地位相对较低的群体，这折射出他们所看重的并非 iPhone 作为手机其本身的功能，而更多的是把 iPhone 当做一个符号，追求其所具有的象征性意义，这种意义的吸引力强大到让他们不惜以出卖肾脏的代价来换取。

另一个值得注意的案例是，2013 年苹果公司推出新一代 iPhone 5s 时，在原有的灰银两色之外提供了金色的选择，于是有趣的现象出现了：在发布后七个月的今天（一般一代 iPhone 其寿命周期，即发布到下市，是一年左右），金色依然要比其他颜色来的更受欢迎，市场价格却更高，即使其本来定价是一样的。京东商品页面

显示，③ 同样配置的 iPhone 5s，金色依然比银色要贵 100 元，比灰色贵 200 元，而其销量竟然比后两者之和多了 7000 元（京东规则是只有购买后才能评论，故评论数可以体现销量）。不同颜色的 iPhone 在功用上没有实质性差异，可人们却愿意花更多的钱购买金色款。甚至一个新名词"土豪金"被创造出来，人们的追捧和媒体对这一现象的炒作，反过来进一步影响了消费者的选择行为，而这时候吸引他们的是"土豪金"这一标签，是持有金色 iPhone 5s 带来的荣耀感，这种对符号的消费、象征性的使用，已经远远背离了其作为一个手机所提供的使用性功能之本源了。

作为社会及文化符号的智能手机，已经偏离了其工具本质，而成为个人身份的象征。此时它带给用户的是融入乃至引领潮流的满足感和优越感，其象征性功能的意义被过度看重了。

二、仪式性功能

移动互联网如今在我国已经得到较高程度的普及，手机成为我国网民上网的第一大终端，这有赖于技术的进步带来的移动互联网用户体验值的提高，在这种前提下人们养成了使用智能手机的习惯，使用黏度也大大增强了。在随时随地都能接入高速移动网络的状态下，手机具有了另一种非实用性功能——仪式性功能。

美国学者鲁宾把媒介的使用分成两种类型：仪式性的和工具性的。不同于为了某种信息或实际需求而进行媒介接触和使用的工具性取向，仪式性使用指的是把媒体使用当成一种习惯性的消

---

① ［美］马克·波斯特：《第二媒介时代》，范静晔译，南京大学出版社 2000 年版，第 144 页。

② 桂杰：《大哥大，曾经的身份象征》，中青在线 – 中国青年报 2008 年 12 月 15 日，http://zqb.cyol.com/content/2008 – 12/15/content_2470676.htm。

③ 数据来源：京东商城，http://item.jd.com/982040.html。

磨时间和娱乐放松的活动。① 就手机而言，人们长时间的使用和对手机的亲近感即是手机仪式性功能的体现，这种仪式性是一种惯性，是一种不自觉、无目的的使用方式。这种功能后果的一个极端表现是人们对于手机的依赖与沉迷。

以360手机助手发布的《"90后"移动互联网调研报告》所作阐述为例，六成"90后"患有严重的"手机依赖症"，近半数的"90后"用户患有"手机恐慌症"，不到15分钟就会条件反射地查看一次手机。② 越来越多的人对手机产生了依赖，有的受访者甚至表示，"手机就像长在了手上一样，一离开或者隔段时间不看心里就不踏实。"这种状况不仅仅局限于"90后"人群，对于大多数智能手机用户而言，手机的使用正在变成一种如同呼吸一样必不可少的生活必备"仪式"。有大学甚至发起了"无手机课堂"来强制学生"戒除"手机，但实效甚微。报道显示，一到下课，不少学生还是按捺不住，迅速拿回自己的手机查看，即使没有任何的短信、电话或通知。③

手机的仪式性功能把用户紧紧地"黏在了"手机上。在排队等车、睡前起床、无事可做时，人们已经习惯了拿起手机仅仅去翻看常用的APP，并无实质目的，只是填充自己的碎片化时间，让自己有"事"可做。对手机的仪式性使用还表现在经常幻听到手机震动，每隔几分钟就看一眼手机，没带手机就会焦虑，到哪儿先问有没有WiFi等极端的情形。

三、服务性功能

智能手机作为一种工具，在符号仪式等非应用功能之外，其本质目的是提供应用功能。依靠其所运行的诸多APP（应用），智能手机为用户提供了丰富多样的服务，以服务性功能满足用户的不同需求。

APP的概念最早来自于iPhone手机。苹果公司于2008年7月上线了全球第一个手机App Store，从而建立了一个统一的软件生态环境。智能手机的应用程序获取方式由传统的下载－安装模式，向购买－加载方式转变，由此，"智能手机"这一概念与互联网之间的关系被大大地密切化了。随着iPhone及其他类iPhone智能手机操作系统如Android等的流行，如Google等其他主流移动互联网生态圈提供者同苹果公司一起，推动APP应用成了当今最主流的智能手机服务性功能表现形式。现在，普通用户也可以以更少的成本和更低的难度给自己的智能手机装上专于某一应用目的的APP。2G通讯技术掌控下的旧式智能手机（如Symbian、Palm、Windows Mobile等）"打开浏览器，输入网址"的移动互联网应用模式，逐步被专注于不同目的的APP（如微博、微信客户端等）所取代。APP成为人们通过智能手机访问并使用移动互联网应用的主要方式，简化了手机用户获取信息的路径。

新生代智能手机的普及，也带来了移动互联网的极大发展，促进了对3G等移动通信新技术需求的增长，智能手机逐渐由传统意义上的通讯工具向着立体化应用终端发展，其通讯之外的服务性功能得到了立体化、网络化的发展。App Store生态环境的蓬勃发展，使开发者发现此处有利可图，所以越来越多的APP被开发出来，所针对的应用方向也被进一步细化，从而满足用户不断增长的需求。以iPhone的App Store为例，其APP总数高达上百万个，类别多达24

---

① 刘海龙：《大众传播理论：范式与流派》，中国人民大学出版社2008年版，第277页。

② 中国新闻网：《360手机助手发布〈90后移动互联网调研报告〉》，中国新闻网2014年3月21日，http://finance. chinanews. com/it/2014/03－21/5979868. shtml。

③ 谈露洁、周小平、毕克勤：《大学生发起"无手机课堂"各种方法克服手机依赖症》，人民网2014年4月4日，http:// media. people. com. cn/n/2014/0404/c40606－24822447. html。

种，社交、新闻、音乐、娱乐、生活、美食佳饮、摄影与录像等，这些种类几乎满足了现实生活中人们对信息所有可能的需求。通过不同的基于实际需要的 APP，手机为用户提供了越来越多的服务功能：收发邮件、天气预报、手机购物、查找菜谱、定位指路、出门打车、搜索美食、人脉管理等。这些与生活联系紧密的 APP，成为手机提供服务性功能的具体工具和方式，满足了用户多元化的需求，并渗透到现实生活中的方方面面，成为人们日益不可或缺的"生活管家"。

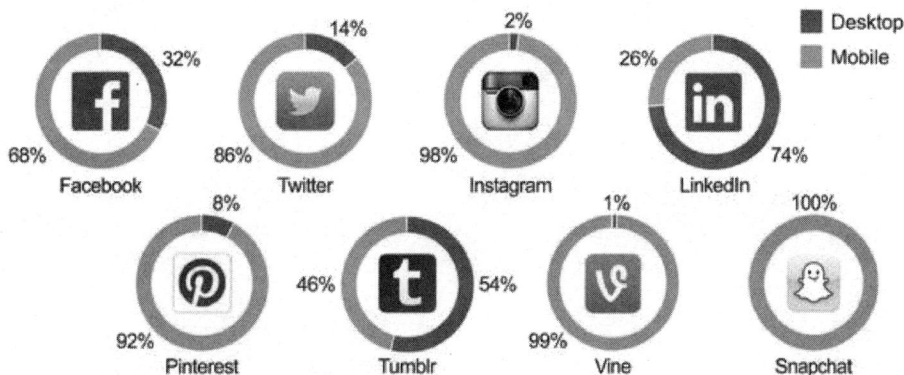

Social Network Activity: Mobile vs. Desktop
% of time spent on social networks in the United States, by platform*

Desktop / Mobile

Facebook 32% / 68%
Twitter 14% / 86%
Instagram 2% / 98%
LinkedIn 26% / 74%
Pinterest 8% / 92%
Tumblr 46% / 54%
Vine 1% / 99%
Snapchat 100%

THE WALL STREET JOURNAL. * December 2013, Age 18+   Source: comScore   statista

四、社交性功能

从最早的人际传播通讯工具到如今的社交媒体移动终端，手机的社交性大大增强了。人们通过智能手机参与到各种社交网络服务中来，跨越时空的距离建立起无形的社交网，表达自我，发展社会关系。智能手机的使用正"成为一种普遍存在的社会行为方式，成为可以接受的实际社会互动的替代品，也成为人们更广泛地参与社会的一种手段"。①

从最开始线性而单调的短信、电话，到如今多媒体化的微信、手机 QQ、米聊等，智能手机所能提供的社交信道是旧时代所不能比的。人们相互间远距离的沟通因表情、语音、图片、视频等多媒体交流方式的加入而增强了互动性和表达性，交流沟通的需求被更好地满足了。

社交网络服务的兴起及其手机 APP 的推出，更是满足了具有社会属性的个人与社会随时随地相连和展现自我的需求。

上图为《华盛顿邮报》在其 Twitter 页面上发布的美国人对社交网络服务的移动和固定终端的选择倾向统计图。② 其中，Facebook、Twitter 这两大通用社交网站移动终端的使用时间远超固定终端，分别为 68% 和 86%；而 Instagram、Vine、Snapchat 本身就是为移动使用开发的；只有专业性较强的社交网站如 LinkedIn 等的用户偏向于固定客户端应用。由此不难看出，手机越来越成为社交网站的主战场。

在国内，智能手机的普及推动了微博开发手

---

① ［英］丹尼斯·麦奎尔：《受众分析》，刘燕南、李颖、杨振荣译，中国人民大学出版社 2006 年版，第 99 页。
② 图片来源：https://twitter.com/WSJ/status/451831895891132418。

机客户端，而它的流行让中国受众开始适应移动社交网络服务的游戏规则，后来的专注于手机移动社交服务的微信则赋予了用户始终在线的状态。可以说，这两大移动社交服务真正地为人们随时随地参与社交网络中的信息互动提供了平台。智能手机的社交性功能为个人参与社会互动搭建了一座新的桥梁，以新的方式改变着人的社会性。

【杨璇，中国传媒大学新闻学院传播学专业 2013 级硕士生】

Radio and Television Frontier
广播电视前沿

留守儿童视界中的动画片暴力场景分析
——基于S省W县L中心小学留守儿童的调查

【摘　要】本研究基于对S省W县L中心小学留守儿童的调查，研究以该校留守儿童所津津乐道、推崇喜爱的动画片为分析对象。研究发现：在深受儿童喜欢的动画片中，平均每集出现九个暴力场景，暴力冲突的双方以青少年个体居多，受暴者中出现次数最多的是正面形象，"无理、非正义"的暴力事件出现的次数最多，在大多数情况下施暴者没有受到应有的惩处。

【关键词】留守儿童　动画片　暴力　内容分析

■ 朱文哲

中国社会正处于十分深刻的转型期，这不仅是社会结构和经济体制的转型，也是社会信息交往方式的变革。社会学家已经将大众传媒列为除家庭、学校、同辈群体以外影响儿童社会化的重要因素。我国农民工总数已达2.5亿人，留守儿童亦已经成为当前中国社会中一个庞大而具有独特性的群体。大众媒介是儿童社会化的重要途径之一，它更是当代每个社会成员都无法回避的生活环境。大众传播媒介与网络的普及与深入，为儿童提供了大量观察学习的机会。形式多样的大众传媒带来了丰富多彩甚至眼花缭乱的信息，这使得缺乏自主思辨能力的少年儿童在客观现实、媒介现实和个体心理现实之间形成巨大反差，容易被媒介内容所引导。本研究基于2013年1月份对S省W县L中心小学留守儿童的调查，调查发现，留守儿童在课堂之外，大部分时间都沉浸在动画片之中，而为留守儿童所喜闻乐见、百看不厌的动画片中充斥着打砍杀伐类的暴力内容。

一、暴力及动画片暴力

学界对暴力的界定众说不一。本研究参考龙耘教授《电视与暴力——中国媒介涵化效果的实证研究》一书的研究成果，结合动画片的特点，将暴力及动画片暴力界定如下：

暴力指运用肢体或器具，以对生物（指人、动物、超自然生物和拟人化物体）或物品构成肉体上的痛苦、伤害或损毁为目的的威胁或行为。

运用动画片的表现技巧和电视语言对这种威胁或行为过程的公开描述即为动画片暴力。

上述界定中需要进一步阐明的概念：

目的性：强调角色在从事此类行为时的心理状态和动机是伤害自身或对方。也就是说，只有那些以对攻击对象造成伤害为目的而实施的行为或威胁，方可视作暴力。

公开性：即运用动画技巧和电视语言对暴力行为或现象的公开描述。暴力行为或现象在节目内容中以电视画面的形式真切地展现，被观众看到或听到。对相关行为的口头叙述或议论（例如，动画片中的动画形象完全用声音语言讲述与暴力相关的某件事）不应算作暴力。

伤害性：特指对某种生物肉体的伤害、对物品的损害，或对生物或物品的实质性威胁（不包括情感和心理上的伤害，也不包括地震等突发性自然灾害）。对于被攻击者受到的伤害后果（而非事发当时情景）的展现，也应当算做暴力内容。另外，在动画片中，有些行为做出了伤害的动作却没有构成实质性的伤害后果，但其行为是以伤害为目的的，此行为仍属暴力。如《猫和老鼠》中，汤姆企图将杰瑞压死，但是杰瑞仅仅被汤姆压扁而没有死亡，一会儿就又恢复了正常样子，这一行为算做暴力。再如，汤姆用手枪向杰瑞射击，但杰瑞仍安然无恙，这也应算做暴力。

依照上述界定，暴力在动画片中的展现方式包括如下几种：

肢体暴力——指生物运用身体的各个部位或非现实存在的超能力来攻击自身或对方，如拳打脚踢、"光波"等徒手攻击行为；

武器暴力——指生物运用任何器具、物品如枪支、刀剑、棍棒或随手可以利用的任何器物以攻击、伤害自身或其他生物的行为；

物品损毁——特指人为造成的物品毁坏，如砸桌椅、砸碗摔盆、击碎玻璃、纵火等行为；

威胁暴力——指对生物或物品的存在现状（人身安全）构成当下的（即时的、随时都可能发生的）实质性威胁的行为，如恐吓、威逼（枪上膛、刀架脖）等。

二、研究设计

1. 内容分析法

内容分析法是可重复地、有效地从数据推论其情境（context）的一种研究方法（Krippendorf，1980），该方法尤其适合研究那些明确的、显的媒介内容。[①] 内容分析的研究结果依赖于编码时的定义和分类，[②] 其结果仅仅局限于特定的类别框架和定义，研究者使用不同的测量工具将得到不同的结论。[③] 内容分析作为一种传统的、描述性的研究方式，有效地回答了"现实是什么样的这一问题"。

2. 研究对象的确定

本研究通过问卷调查的方式，以"请写出你最喜欢看的五部动画片"为命题，整理、统计并确定排名前五位的动画片为分析对象，它们分别是：《火影忍者》、《喜羊羊与灰太狼》、《龙珠》、《熊出没》、《海贼王》。

3. 内容分析抽样说明

采用等距抽样法。先确定每部动画片要抽取100分钟，界定15分钟为一个计量单位，从每部动画片需要抽取7个计量单位。进而根据每部动画片的总集数和每集的时长，把计量单位转换为集，并求得集数 n 与间距 K（取最接近于 N/n 的整数）。然后从随机数码表中随机确定一个1至 K 之间的数，设这个数为 i，将对应于编号 i 的集目取为第一个样本，其他样本的编号依次增

---

① 陈阳：《大众传播学研究方法导论》，中国人民大学出版社，2007年，第195～196页。
② 陈阳：《大众传播学研究方法导论》，中国人民大学出版社，2007年，第197页。
③ ［美］维曼、多米尼克：《大众媒介研究导论（第七版）》，金兼斌等译，清华大学出版社2005年版，第154页。

加 K，即依次抽取的样本编号为：

i，i+k，i+2k，…，i+（n-1）k

的 n 个样本。依此计算，五部动画片中抽取的集目分别为：

《火影忍者》：1、75、149、223、297、371、445。

《喜羊羊与灰太狼》：6、82、158、234、310、386、462。

《龙珠》：6、28、50、72、94、116、138。

《熊出没》：5、20、35、50、65、80、95。

《海贼王》：7、90、173、256、339、422、505。①

4. 编码表设计

参照有关研究设计，本研究编制了较为详细的动画片暴力内容分析编码表。该编码表基本分析单位为暴力场景（violence scene），主要内容包括：暴力事件的基本特点、暴力参与方的角色特征、暴力事件的性质以及暴力场面的描述和后果。

5. 实施及数据分析

正式编码结束后，五部动画片共收到有效编码表 312 份，也就是说，所选样本中共有 312 个暴力场景以供分析。所采集信息输入电脑后，采用社会科学统计软件包（SPSS15.0 For Windows）进行数据处理。

三、数据分析与结论

通过对数据的统计分析，我们可以呈现留守儿童喜爱的动画片里暴力内容的存在状况。

1. 暴力场景基本统计

本次动画片暴力内容分析共抽取 35 集、620 分钟的动画片进行分析。

经编码统计，共有 312 个暴力场景进入研究

视野，暴力场景持续时间共计为 10920 秒。

也就是说，平均每集出现 8.9 个暴力场景，平均每个暴力场景持续 35 秒，暴力场景所占比重是 29%。

2. 暴力场景内容分析

（1）动画片暴力场景的基本性质

暴力场景的基本性质，主要从暴力展现方式、实施暴力借助的工具及暴力事件的规模等三方面进行考察。

暴力展现方式 通过分析，可以发现大部分暴力场景同时采用多种方式展现暴力，其中，武器暴力是最为常见的展现方式。在 312 个暴力场景中，各种暴力方式的频次和百分比如下表：

表1 暴力展现方式

	肢体暴力	武器暴力	物品毁坏	威胁暴力
频次	141	206	87	69
百分比	28%	41%	17%	14%

暴力借助工具 暴力行为以使用"随手触及的任何器具"居多，出现 122 次，占 33.60%，居二、三位的是"普通的武术器械"（65 次，20.50%）和"一般的拳打脚踢"（56 次，19.30%）。施加暴力借助工具情况如图1所示：

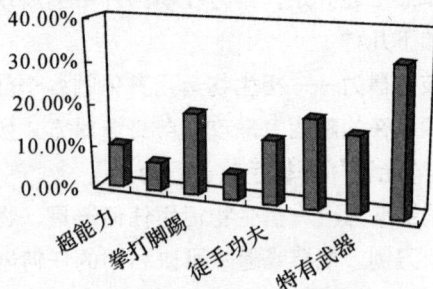

图1 实施暴力借助的工具

暴力事件规模 暴力事件规模大都以"小规模"（1～2人）的为主，出现了 197 次，占

---

① 《火影忍者》520 集，《喜羊羊与灰太狼》530 集，《龙珠》153 集，《熊出没》104 集，《海贼王》584 集。

65%。其次为"较大规模"（3～9人），出现79次，占25%。"大规模"（10人以上）和"超大规模"（战争、群殴）暴力事件两项共出现34次，比例较小。

（2）暴力事件双方的角色特征

暴力事件双方的类型、性别、年龄、屏幕形象以及双方关系在暴力内容分析中是较为重要的量化指标。在本研究中，暴力双方呈现出以下特点：

施暴者、受暴者形象数目 施暴者和受暴者均以个人居多，分别占到75%和71%。这也印证了前文分析的暴力事件的规模以"小规模"为主的结论。

施暴者、受暴者的种类 根据动画片的特点，本研究把动画片中的角色种类划分为人类、机器人、动物、妖魔鬼怪、拟人化物体、其他六种类型。分析结果表明，施暴者和受暴者的角色类型都以动物居多，在全部312个场景中，施暴者角色中"动物"角色出现182次，占73%；受暴者角色中"动物"角色出现170次，占71%。"人类"在施受角色中出现的比例均在20%左右。其他几种角色类型出现的次数非常少，所占比例不足10%。

施受双方的性别、年龄特征 经由分析，施暴者和受暴者均以男（雄）性为主。在施暴者中，男（雄）性共出现201次，占74%；受暴者中出现226次，占85%。而女（雌）性分别仅占17%和9%。由动画片的特点所决定，相当一部分角色难以在性别上作出区分。

由图2和图3可知，施暴者和受暴者的荧屏形象主要是青少年。在施暴者中，少年出现129次，占48%；在受暴者中，少年出现132次，占53%。

施、受双方的屏幕形象 统计显示，在施暴者中，出现次数最多的是反面形象，计122次，占39%；正面形象和中性角色分别出现109次

和81次，分别占35%和26%。在受暴者中，出现次数最多的是正面形象，计125次，占40%；反面形象和中性角色分别有112次和71次，分别占总体的36%和23%。

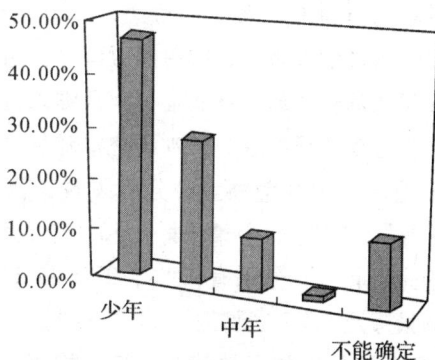

图2　施暴者的年龄

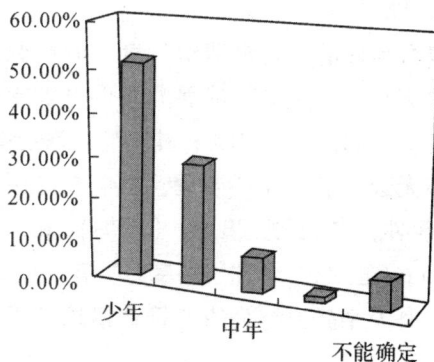

图3　受暴者的年龄

施、受双方的关系 对暴力双方的关系的分析显示，敌对关系所占比例最高，计155个暴力事件是在敌对的双方间发生的，占总数的49.6%；其次是"不认识"的情况，出现58次，占总数的18.6%；再次，"一般认识"、"熟识的朋友"、"亲戚家属"等三种类型的关系旗鼓相当，各占10%左右。"上下级关系"出现两次，"家长与孩子"出现两次，所占比例微乎其微。

（3）暴力事件的性质

暴力事件的组织性、计划性、目的性 通过分析，绝大多数的暴力事件都是有目的（65%）、

无计划（59%）、无组织（82%）的暴力行为。就有组织的暴力事件仅占19%而言，进一步显示暴力事件的规模都以小规模为主，与前文分析相契合。另外，有计划的暴力行为占42%，无目的的暴力行为占34%。

暴力事件的起因 在编码的过程中，可以发现很多暴力事件的起因并非唯一，且难以区分主次，本着客观考量的原则，本研究拟对暴力行为的起因进行多角度考察。经分析发现，因"复仇、报复"、"愤怒、心情不好"和"个人利益"所占的比例较大，分别有42%、37%和31%的暴力场景涉及。"正当防卫"和"维护正义"分别有19%和18%的场景涉及，与"嬉闹、恶作剧"有关的场景占8%，"教育孩子"的暴力行为有2.3%。

暴力事件的"符合情理"度 分析数据显示，"无理，非正义"的暴力事件出现次数最多，有115次，占36.8%；其次是"事出有因，但明显无理"和"虽不合理，但情有可原"的暴力事件，各出现78次（25%）和62次（20%）；"正义、'合理'的暴力"有50次，占16%；有7个暴力行为的"符合情理"度不能判定。

（4）暴力场景的描述及其后果

暴力场景描述的真切程度 对暴力场景的描述以"比较真切"（38%）和"一般描述"（30%）居多，有65个暴力场景（21%）描述"很真切"，进行过"艺术处理"的场景只占11%。

展现暴力时使用的表现手段 经过统计，54%的暴力场景运用了"夸张处理"的表现手段，27%的场景运用了"动画特技"，另外还有9.4%和9.6%的场景使用了"蒙太奇结构"和"静态处理"来表现暴力。

受暴者痛苦状况展现程度 "深刻"和"比较深刻"的描述近半数，分别有32%和16%，"一般"的描述有29%，"没有描述"和"肤浅"描述分别有15%、8%。

暴力致伤严重程度 在描述暴力致伤严重程度时，"未受伤"接近半数（153次），占49%。其他顺次为："轻伤"（65次，20.8%）、"中度伤"（49次，15.7%）、"死亡"（19次，6%）、"重伤"（17次，5.4%）、"物品毁坏"（9次，2.8%）。

形象死亡后有无复活 动画片中的形象在死亡后会由于某些神秘力量的帮助或驱使而复活。在抽取的312个暴力场景中，19个场景中涉及人物形象死亡。其中，有5个形象复活，其余14个均没有复活。

对施暴者的奖惩 分析显示，有184个场景没有表现对施暴者的惩罚，占58.9%，另外有6个场景（2%）的施暴者受到"高度奖赏"，14个场景（4.5%）的施暴者受到"一定的奖赏"。仅在83个场景中，施暴者遭到了惩罚，占26.6%，且其中的57个场景（23%）只表现为"受到一定的惩罚"。

对受暴者的态度 相当一部分场景没有表现对受暴者的态度，占46%，其比例几近半数。对受暴者表现出同情（包括"高度同情"和"比较同情"）的场景占总数的22%，有12%的场景对受暴者"冷漠、无视"，有8%的场景"幸灾乐祸"。另外，就当事人遭受暴力侵害，有38个场景（12%）表现为"拍手称快"。

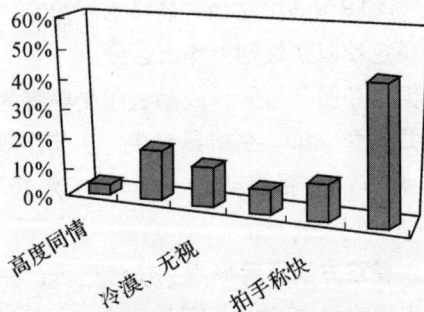

图4 对受暴者的态度

四、讨 论

儿童与媒介的关系是广为社会和研究者关注的议题。在大多数情况下，儿童与媒介的联系被定义为负面的：媒介拥有强大而独特的力量，儿童因为少不经事或者生理的不成熟，从而极易受到媒介的影响，模仿媒介形象的行为。公众更愿意相信，儿童之所以模仿媒介中的行为，是因为儿童把媒介影像看做了真实世界，并以之为行为指南，同时，现实生活中的挫折也会促使儿童沉溺媒介，更为主动地"使用"媒介形象的行为方式。近年来，我国屡屡发生的留守儿童暴力事件，促使我们认真思考媒介和社会、家庭、学校的良性互动。

通过本研究，我们发现在留守儿童观看的动画片中充斥着大量的暴力内容。学校教给了儿童认识和学习印刷媒介的能力，却很少引导和教育他们如何去认识影视形象。在当前阶段，我国的儿童媒介教育尚处于起步阶段，在信息爆炸和视觉传播时代的大背景下，如何有效地帮助留守儿童积极、正确地认识和使用媒介，就显得愈发紧要。在该过程中，要善于发挥媒介的主导作用，积极利用儿童的主体地位，教会儿童判断节目优劣好坏的标准，积极调动儿童在媒介教育中的参与热情，才能有效帮助他们筑起抵御不良信息侵袭的堤坝。

【朱文哲（1979— ），中国传媒大学传播研究院传播学专业2012级博士生】

电视纪录片《舌尖上的中国》研究综述

【摘　要】本文通过对中国知网上的相关学术期刊（尤其是全国中文核心期刊和
CSSCI 来源核心期刊）进行文本分析，总结出《舌尖上的中国》在话语
形态、情感取向、文化认同以及对外传播四个方面的独到与创新之处。

【关键词】舌尖上的中国　纪录片　电视

■ 王　欢

电视纪录片《舌尖上的中国》（以下简称《舌尖》）一经播出就引起巨大"围观"，并获得"一边倒"的好评，成为近年来难得一见的制作与口碑俱佳的国产原创纪录片。据统计，该节目平均收视率达 0.5%，其中第四集《时间的味道》收视更是高达 0.55%，[1] 超过了所有同时段的电视剧收视率，甚至可与 BBC 纪录片的收视率比肩。

非凡的收视奇迹使"舌尖现象"成为学术界关注的焦点。笔者以"舌尖上的中国"为篇名主题词检索中国学术期刊全文学术库，截至 2014 年 3 月底，检索到相关研究文章501 篇，其中 CSSCI 核心期刊文章 21 篇，全国中文核心期刊文章 142 篇。这些文章从不同角度对《舌尖》进行评析，但总结起来，不外乎是纪录片的话语形态、情感取向、文化认同以及对外传播四个角度。

一、话语形态：以平民化的民间话语，诉说中国故事

在话语形态方面，中国传媒大学教授朱羽君认为，《舌尖》"达到一种蕴含着人类具有通感的生存意识和生命感悟，生与死、爱与恨、善与恶、同情与反感、生存与抗争、美的追求，等等，强调人文内涵、文化品质"。[2] 还有学者认为，《舌尖》"通过刻画日常生活空间背后隐藏的深刻的真实，挖掘日常生活空间背后蕴涵的普遍的人性"。[3] "《舌尖》中没有'高大全'的英雄人物，没有高高至上的口号宣传。有的只是故事里的小人物，故事里的朴素情感。这样使得我们普通人通过故事得到了真正感动。"[4]

---

[1]　孙丽萍：《人文关怀精神对大众传媒的影响和意义》，载于《新闻大学》2012 年第 2 期。
[2]　朱羽君、殷乐：《文化品质：电视纪录片——电视节目形态研究之六》，载于《现代传播》2001 年第 6 期。
[3]　熊美姝、陈祺祺：《浅谈纪录片的平民化趋势——以〈舌尖上的中国〉为例》，载于《电影评介》2012 年第 14 期。
[4]　王立影：《普通人视角的味觉审美——浅析纪录片〈舌尖上的中国〉》，载于《今传媒》2012 年第 10 期。

与中国以往着眼于宏大叙事的电视纪录片相比，《舌尖》采用民间话语形态，从看似平常处取材，以质朴的镜头语言诉说中国故事。"《舌尖》放弃央视以往'义理考据'和'文献辞章'的传统路子，而是走大众化的讲述模式。影片以'人与食物的关系'为主线来分配各集内容，形成了现在的分集构想。同时还决定故事要从个案讲起，就说普通人的故事，不用搬上下五千年的历史。"① 因此，"《舌尖》更像是献给普通劳动者的系列颂歌……折射出中国纪录片从'仰视'到'平视'的变化趋势。"② 此外，在解说词的创作上，也力求做到"用最浅显的语言来讲故事，不允许'掉书袋'，必须简单、浅显，易于大众接受"。③

还有学者从叙事学角度对《舌尖》的民间话语形态进行分析认为，"在以往的纪录片叙事中，人们对纪录的理解主要侧重于对主题所涉及的事物的真实性展示。因此，在镜头处理上更重视事件本身而忽略对个体人的叙事关照。但是对电视文化纪录片而言，它更强调在叙述真实的同时体现出'人本'叙事的艺术追求；它在探索时下社会中人的生存、人的尊严、人的个性，人文精神成为这类纪录片的重要因素。"④ 这种人本思想在《舌尖》中确实得到了充分实践。影片几乎将全部叙事对准乡野民间，关注老百姓日常生活中点点滴滴的生存常态，让观众感受到一种原生态的浓厚人情味和心灵慰藉。学者刘涛从人本思想出发，认为，"《舌尖》并不固执地渲染食物的视觉魅力与奇观效果，而是将其埋进生活深处，埋进个体命运的变迁与沉浮中，这里讲述的是人与食物之间难以割舍的情愫和记忆，因而赋予了食物特殊的人情味。食物的意义，也就是食物之于人的意义。离开了与微观生活的对接，离开了与人物命运的对话，食物的功能和价值也就不复存在。人才是一切意义的中心……食物不过是一个跳板，一种修辞，一个手段，它的终点依然指向日常生活中那些会哭泣、有弱点的真实个体……当味道进入个体的情感领域，人的坚守、勤奋、真诚等精神内容便悄无声息地整合进食物的意义体系中。"⑤

关于纪录片创作，央视纪录频道总监刘文曾说："纪录片创作要接地气，《舌尖》中选择的所有食材都是各地最普通的风味美食，不起眼、不奢侈，但却能够引起所有人共鸣，这就是纪录片最关键之所在——普通但触动心灵。"⑥ 《舌尖》总导演陈晓卿也说，"中国人热爱美食，是源于对生活的热爱。厨师分级别，食材不分，每天吃着山珍海味并不意味着这种生活方式很高贵。大味必淡，往往在最偏远闭塞的厨房里，你能尝到最好的人间味道。"⑦ 因此，《舌尖》抛弃了豪华厨房与顶级名厨，走进了自然而原始的农家，用镜头记录下中国几千年积淀下来的传统美食，以其扎根于土地，游走于民间的平易近人却又意味隽永的味道，令观众深深沉醉其中。

① 胡雅君：《体制外团队拍央视大片〈舌尖上的中国〉何以感动中国人》，http://www.21ccom.net/articles/zgyj/gqmq/article_2012053160872.html，2012－05－31.

② 王丹：《下接地气，上有情怀——〈舌尖上的中国〉启示录》，载于《传媒》2012年第8期。

③ 陈晓卿在2012年5月30日由《光明日报》承办的《舌尖上的中国》学术研讨会上的发言。

④ 许玉庆：《关注人文色彩，还原艺术光晕——从〈舌尖上的中国〉看文化纪录片艺术光晕的还原》，载于《电影评介》2012年第18期。

⑤ 刘涛：《纪录片〈舌尖上的中国〉的三重叙事语境探析》，载于《中国电视（纪录）》2012年第9期。

⑥ 何雨苗：《纪录片〈舌尖上的中国〉的民间话语形态》，载于《中国传媒科技》2012年6月下半月刊。

⑦ 刘玮：《央视一套首播原创美食纪录品尝"舌尖上的中国"》，http://media.people.com.cn/GB/40724/17875682.html，2012－05－14.

二、情感取向：满怀乡村情怀，构筑"美食乌托邦"

工业化的复制本质使城市变得极其相似，唯一不同的就是漂浮在街巷中的美食味道。然而，"在城市中，看得见包装好的食品，却看不见食品的'成长过程'。在盒装食品充溢的超市里、在杯盘叠错的餐厅中，消费场所、消费人群和消费品被压缩成一个即时性的平面。"① 正如《舌尖》的解说词所言："当今的中国，每座城市外表都很接近。唯有饮食习惯，能成为区别于其他地方的标签。"《舌尖》带着对农耕文明的浓浓眷恋，用一幕幕关于食物、关于底层的文化图景构筑了一个理想层面的"美食乌托邦"，观众在其中得以重回乡土民间、回顾食物的成长史、重温手工操作的文化史。

人的心境不同，对美食的感觉也就各不相同，"美食乌托邦"其实是一种具有更大包容性的美食意境，而通向美好意境的必由之路是还原记忆中的无尚美味。《舌尖》正是这样，"它让人们真切地体验到，食物原来在中国文化中与个人情感有着如此密切的联系：母亲、童年、故乡、祖国……正是这些与食物存在着多重对应关系的情感，触及、满足或唤醒了当下中国观众，特别是生活在都市中的人的情感需求。"②

导演陈晓卿在接受媒体采访时说："城市化迅猛发展的背景下，中国原有的大家族也在发生变化，通过吃食的故事，来展示普通中国人的人生况味，舌尖上的中国因此有了一层厚重的历史感。"《主食的故事》中就有这样一个段落：在浙江慈城，有一对空巢老人，他们最开心的时刻，就是儿孙从宁波回来，为他们制作可口的年糕，一家人围坐在一起，吃着年糕唠着家常，其乐融融。然而，短暂的团聚之后，儿孙们各自开车离去，家里又剩下这对老人。而在另一集中，一对老夫妻日复一日地在种着芋头，而他们的子女早已离开这里去了大城市工作，不再跟田地打交道，在香气四溢的饮食里，寻找儿时或者过去的光影记忆，对久居大都市，离家已经多年的现代年轻人来说，无疑是温馨和美好的享受，这种享受是对已经逝去的家乡的味道的回忆和眷恋。③

钱钟书先生在《吃饭》一文中谈到，这个世界给人弄得混乱颠倒，到处是摩擦冲突，只有两件最和谐的事物总算是人造的：音乐和烹调。美食的确是一种及令人兴奋又能安抚人心的"药剂"。有学者就从受众接受心理入手，认为，"《舌尖》低眉俯首，聚焦'草根文化'代表的小人物，他们在作品中还原了自己，找到了自己的影子和人生价值、生活理念、幸福指数……美味佳肴在片中只不过是一个个文化媒介，而通过它向观众传递的却是一丝丝难以割舍的'乡情'与'乡味'，连接着每一位中国人根深蒂固的血脉情怀。"④ 还有学者从接受美学的角度对《舌尖》进行分析，指出"现代社会提供了很多科学的现代食品工艺，但人们同传统食物渐行渐远，酱缸、石磨、小作坊等传统饮食符号消失殆尽，以传统食物为中心的价值体系都被解构，迅速被'干净、便捷、卫生'的现代主义消费观念所代替，但是，随着三聚氰胺、苏丹红、地沟油等新闻事件不绝于耳，人们在为食品安全殚精竭虑的同时，却对食品的传统和记忆充满期待。

① 胡斌毅：《〈舌尖上的中国〉叙事空间结构分析》，载于《当代电视》2012年第8期。
② 冯欣、张同道：《从〈舌尖上的中国〉看中国纪录片的品牌构建》，载于《艺术评论》2012年第7期。
③ 刘飞：《从舌尖上的中国看纪录片中的情感因素》，载于《新闻窗》2012年第5期。
④ 伊尔·赵荣璋：《〈舌尖上的中国〉热播现象与纪录片文化的受众趋向》，载于《当代电视》，2012年第9期。

现实框架和受众期待逐步形成，指向媒介寻求满足。"① 甚至有学者认为，《舌尖》"用绵薄却水滴石穿般的力量向这个充斥着有毒食品的现实世界发出他们不妥协的呐喊，让人们看到美食背后强大的人文力量"。②

当然，也有学者尖锐地指出，《舌尖》"过于唯美、过于理想，它构筑了一个乌托邦式的美好中国、传统中国。但是，现实的中国美食，或是普通人的饮食环境却与《舌尖》相去甚远。对于传统文明遭受到的工业化浪潮的冲击以及当前令人担忧的'食品安全'问题成为片中隐形的话题，人们更多的是在影像的虚拟世界中获得视觉审美与内心情感的满足，而对现实与未来的担忧也同时藏匿在心底深处"。③

北京联合大学副教授杜剑峰、孙红云在《舌尖上的中国热情礼赞与无奈挽歌》一文中指出，"19世纪后期以来，中国的乡土世界面临着'现代性'的冲撞。在西方现代性强大力量的冲击下，中国本土固有的传统、乡土价值体系以及古旧的文化美感正无可挽回地逐渐丧失。中国乡土世界田园牧歌式的自足状态被彻底打破，乡土田园牧歌世界的日渐消失，由此带来现代人们心灵故乡的失落和乡土经验的流失。事实上，《舌尖》既是对神奇自然、传统美食、生命智慧、文化精神的热情礼赞，也是面对现代文明的冲击吟唱出的传统中国乡土世界一曲无奈的挽歌。"④现实情况也正是如此，"在工业文明的冲击下，老人留守乡村，青年拥入城市，远离并荒芜了土地，无人或很少有人从事传统的耕种与劳作。而那些带给观众惊喜和怀想的小作坊式的生产方式也留在了影像之中，大部分后继无人，年轻的一代少有愿意继续从事祖辈们循环往复的生活方式。进入都市的人们，只能在对老家美食的回忆中体味妈妈的味道和生活的味道，用家乡的美食消解乡愁。《舌尖》就如一首熟悉的田园牧歌，慰藉着无处所依的现代人的心灵。"⑤ 南京大学教授郑欣在《"舌尖上的广告"：概念泛化、健康幻想及其传播伦理》一文中也提到，在如今食品安全问题丛生的当下，很多食品广告都是"一种混淆视听的夸大其词、科技蛊惑的概念泛化与过分唤起的健康幻想"，⑥ 文中除了对食品广告不诚实行为的控诉，字里行间也透露出对《舌尖》这类美食纪录片的不信任。

从这个角度看，《舌尖》似乎起到了一个幻象的作用，让人们可以足不出户地补充绿色的精神食粮。对此，艺术学者张慧瑜持同样的观点，他认为，"对于已然过着现代生活的都市人来说，食品的工业化早就深入到从种植到销售的各个环节。正如杰克·古迪在《烹饪、菜肴与阶级》中所指出，'这种转变给西方城市社会的烹饪提供了一种特别的品质，因为它部分地与食物制作脱离，完全与食物的生产脱离。送来的原料都已经做好，有时甚至已调好'。⑦ 也许，正因为对'食品的生产'的绝对'匮乏'，这种农家的、乡村的诗意与浪漫才会成为现代人'屡试不爽'的、'难以自拔'的欲望的'幻象'。这些足以勾起胃酸、欲望的视觉画面也恰好宣告了这种自给自足的'农夫'生活的死亡或灭绝。张贵春

---

① 郭泽德：《〈舌尖上的中国〉的传播学解读》，载于《南方电视学刊》2012年第3期。

② 张雅欣、王婕：《梦想深处的民族记忆》，载于《中国电视（纪录）》2012年第7期。

③ 杜剑峰、孙红云：《舌尖上的中国热情礼赞与无奈挽歌》，载于《声屏世界》2012年12月上半月刊。

④ 杜剑峰、孙红云：《舌尖上的中国热情礼赞与无奈挽歌》，载于《声屏世界》2012年12月上半月刊。

⑤ 杜剑峰、孙红云：《舌尖上的中国热情礼赞与无奈挽歌》，载于《声屏世界》2012年12月上半月刊。

⑥ 郑欣：《"舌尖上的广告"：概念泛化、健康幻想及其传播伦理》，载于《中国地质大学学报（社会科学版）》2013年第5期。

⑦ ［英］杰克·古迪：《烹饪、菜肴与阶级》，王荣欣、沈南山译，浙江大学出版社2010年版，第262页。

的这种个人创造性地'复现'现代人的'菜园'，既是一种乌托邦式的'海市蜃楼'，又是一次对于前现代农耕文明的'戏仿'。"①

三、议程设置：制造文化认同，引发情感共鸣

议程设置理论认为，大众媒介不能决定人们对某一事件或意见的具体看法，但可以通过提供信息和安排相关的议题来有效地左右人们关注某些事实和意见，以及他们对议题重要性认知的先后顺序，即媒介提供给公众的是他们的议程。然而，一般而言，通过纪录片来实现呈现主流意识的议程设置是一个相当艰难的任务。首先，纪录片的真实性让它无法像故事片那样可以随意运用虚构、夸张等表现手法去吸引受众；其次，文化作为抽象的概念用视听手法来呈现具有一定的局限性，更何况，传统文化的传承在我国当前现代社会文化氛围中有着自身特殊的要求。②《舌尖》恰恰实现了这一传播目的，它将传统文化蕴含在美食文化当中，彻底把中国人的童年记忆以及乡村情怀完全搅动起来，恰如著名纪录片学者张同道所言，"《舌尖》将生活与影片之间形成一种对话关系，观众希望看到这样的生活，观众希望过这样的生活。"③

柏拉图以饮酒比喻立法，认为组织良好的宴饮与优秀的立法同样，不仅可以培养德性，也可以教育和引导民众。在中西方传统中，有关饮食的习惯和规定都体现了一个政治共同体的生活方式和礼法，承载着共同体的教养和文化。④《舌尖》则借用美食巧妙地将主题软化，并将多重框架和宏大命题融于日常生活之中，构建了一个基于国魂、民族、亲情的"想象共同体"。影片所选取的第一符号"饮食"是来自幼年、来自内心最深处的记忆，但这种记忆并不易捕捉。"或许，只有在记忆中的'家乡'与'老家'，人们才能寻找到影片中那种纯粹的美食文化，而纪录片所展示的不同地域的美食文化，也确实勾起了游子们对家乡深切的怀念。反观《舌尖》这部纪录片，导演将焦点放在普通劳动者如何对待自然馈赠的美食上，从采挖、加工、制作到呈现，每一个环节都充满了理解与尊重，这没有了机械化的大生产，多的却是与自然环境的和谐相处以及对父辈文化的传承，而这正是我们在一个现代化的社会中需要守护的精神内核。"⑤

"民间保留着最原汁原味的文化，民间记录更能真切展示普通人的真实。"⑥ 因此，在《舌尖》中，"民间"、"传统文化"、"亲情"以及"民族情感"是议程设置的主要关键词，串联起这些关键词的元素只有一个，那就是"味道"。"食物本身不带任何情感，它只有味道。而细细去体会食物的时候就产生了情感，这种通过味道传递的情感，你感触到的不仅仅是厨师的手艺、大自然的馈赠，还有关于你的那些丝丝情怀。"⑦正如影片的解说词所言，"不管在中餐还是在汉字里，神奇的'味'字，似乎永远都充满了无限的可能性。除了舌之所尝、鼻之所闻，在中国文化里，对于'味道'的感知和定义，既起自

① 张慧瑜：《舌尖上的视觉乡愁》，载于《中国图书评论》2012 年第 9 期。
② 张卓：《〈舌尖上的中国〉成功要素再认识》，载于《传媒》2013 年第 3 期。
③ 兰瑜：《纪录片〈舌尖上的中国〉研讨会综述》，载于《现代传播》2012 年第 8 期。
④ 王双洪：《饮食与礼法——从"舌尖上的哲学"引发的思考》，载于《北京社会科学》2012 年第 6 期。
⑤ 龙念：《在美食的表象下：透视纪录片〈舌尖上的中国〉》，载于《现代传播》2013 年第 1 期。
⑥ 许玉庆：《关注人文色彩，还原艺术光晕——从〈舌尖上的中国〉看文化纪录片艺术光晕的还原》，载于《电影评介》2012 年第 18 期。
⑦ 蔡卓楷：《〈舌尖上的中国〉背后的乡村情怀》，载于《电影评介》2012 年第 5 期。

于饮食，又超越了饮食。也就是说，能够真真切切地感觉到'味'的，不仅是我们的舌头和鼻子，还包括中国人的心。"《南方日报》撰文说："饮食是流动中国的主要文化记忆，纪录片《舌尖上的中国》的流行则是国人乡愁的集体共鸣。舌尖是个人的，中国则是共同的。"① 还有学者从文化主体性出发，认为，"《舌尖》的出场正值中国崛起背景中的某种文化自觉，中国崛起的预期在世界范围内改变了人们对中国民族文化的观察角度，尤其召唤出了中国人自己的由懵懂到清晰的文化主体性意识，这是一种由味觉记忆驱动的集体的文化体认。"② 还有论者从符号学角度阐释了《舌尖》还原生活的能指和所指，认为"该片在叙述中并没有局限于技艺展示和文化说教，而是把美食和文化还原到了日常生活当中，从而也使片子完成了'美食制作—传统文化—国家认同'三级符号所指链的建构。"③

"一部纪录片包含着的创作者的审美心理状态以及事物发展过程中所体现出来的人文精神内涵，完全有责任让受众感受到民族传统美学中独特的抒情与说理的交融。"④ 细品《舌尖》中的每个篇章，无不是在向传统致敬。"传统文化滋润了上千年的民族，任何一个文化符号都已经不再是一个个孤立的个体存在，而是与整个文化体系融为一体。在当下饮食问题重重的语境中，那些流淌在民间的、为老百姓传承了上千年的、安全美味而被赋予了诸多美好寓意的美食，自然会

博得观众的喜爱。"⑤ 香格里拉卓玛母女为了生计寻找松茸的故事中，有着对自然的敬畏和对生活的期待；北京人贵春在楼顶种植菜园果蔬，是一种"悠然见南山"的田园情怀；百年老店"郑祥虾铺"传统的手工制作工艺背后是对乡土的眷恋与对朴质文化的坚守……《舌尖》通过勾勒众生，将中国人的智慧、情感、处世哲学娓娓道来，营造出厚重的意蕴并笼罩住国人的心。

四、对外传播策略：以软性手法塑造国家形象，释义东方美学

《舌尖》以舌动魂，向世界人民诠释了东方美学的内涵和外延，并对国家形象进行了一次柔和而有力的传播。可以说，《舌尖》完成了当下许多中国纪录片，甚至其他类型的影视作品一再追求却鲜能达成的对外传播效果。

在制作方面，《舌尖》全方位与国际接轨，"人员投入上，该片由美食家蔡澜、沈宏担任顾问，动用前期调研员3人，导演8人，15位摄影师拍摄，并由3位剪辑师剪辑完成。"⑥ "硬件方面使用的是可以拍电影的索尼F3摄像机和高品质的尼康镜头。"⑦ "在具体的文案创作中，打破以往先写文案，再按文案拍所谓'贴画面'做法，而按照BBC制作纪录片时惯用的做拍摄大纲的方法，要求拍摄小组上交具体细致的拍摄纲要；同时强调一线的田野调查工作，发掘真实

① 南方日报：《〈舌尖上的中国〉诱惑你的不只是美食》，http://news. xinhuanet. com/2012－05/24/c_112025176. htm,2012－05－24.

② 马筱薇、张建平：《"舌尖上"的文化传播》，载于《电影评介》2013年第2期。

③ 黄钦、王文春：《陌生化：三级符号所指链的建构——以纪录片〈舌尖上的中国〉为例》，载于《现代视听》2012年第10期。

④ 时宇石：《电视纪录片的人文精神》，载于《新闻知识》2005年第9期。

⑤ 许玉庆：《关注人文色彩，还原艺术光晕——从〈舌尖上的中国〉看文化纪录片艺术光晕的还原》，载于《电影评介》2012年第18期。

⑥ 王立影：《普通人视角的味觉审美——浅析纪录片〈舌尖上的中国〉》，载于《今传媒》2012年第10期。

⑦ 张书端：《〈舌尖上的中国〉国家形象柔性传播中的一次成功尝试》，载于《电视研究》2012年第10期。

的、正在进行中的、日常的故事。"① 最终以高标准的拍摄水准和准确的风格定位,诠释了东方美学风韵。

在镜头运用方面,"相比一般国产纪录片,《舌尖》拍摄更为考究,多个机位、两级镜头、微距拍摄应有尽有,尤其是对'烹饪'细节的特写以及'物视点',让观众看得'垂涎三尺'……不仅没有卖弄、纠结和矫情之感,反而以小见大实现'润物细无声'的文化功效……《舌尖》有意识地建构了一种柄谷行人②所论述的'外在的风景'与'内在的心灵'之间的观看关系。"③比如《时间的味道》中,展现湘西苗寨腌鱼的制作过程时,将静止的竹桶和慢速行走的猫作为拍摄对象组成叙事画面,竹桶前是幽深内景、后是静谧山谷,猫以轻缓的动作从右侧入画,左侧出画,一静一动,一远一深,腌鱼制作的时间流逝感就此而出,这种镜头语言不仅做到了准确、到位,它是携带着中国人的叙事逻辑和中国式的视觉美学,不需要解说词,镜头就已吐纳出饱满的中国艺术。

有学者从"文化适应"角度对《舌尖》中的对外传播策略进行分析,扬州大学新闻与传媒学院副教授认为,"与西方'抗争自然'、'挑战自然'理念不同,中国人与自然的关系,一直是'顺应自然'、'敬畏自然',体现出中国人温和而懂得感恩的品性。"④ 清华大学爱泼斯坦对外传播研究中心副主任周庆安认为,"《舌尖》突破以往纪录片局限将爱国主义融入食物与温情之

中,不再以官方宣传的口吻来罗列事迹,而是以先打动自己,发生在自己身边的故事来震动世界……这些年来,我们一直苦苦思考如何打造一个良好的中国形象……在《舌尖》中,我们看到老奶奶为了爱制作美食,看到母女两代人的豆腐情节,一辈子做酱平平淡淡从从容容的老师傅。或许这些故事单一列举出来,给人的印象也一般。但是,叠加上那些从屏幕里飘出来的香味,就有了别样的感觉。"⑤ 还有学者从信息接收者的角度出发,指出,"接收者对于传播者所要传达的内容具有相似的理解,达成认同是文化传播得以实现的重要因素之一……正如阿姆斯特丹国际纪录片电影节主席阿里所说的,他们想了解中国,不只是那些衣着鲜美的少数民族的舞蹈,传统油纸伞的制作和山水风光等,更多希望看到的是能反映中国现状百姓生活的纪录片……《舌尖》不仅仅给予了观众直观的食物呈现,使观众产生了感官上的愉悦,也触发了观众的味觉神经,产生了情感上不由自主的沉醉,同时引发了关于美食乡愁传承国魂的高度的思考与体味,是对中国的美食文化,也是对中国民族文化的一次成功强势传播。"⑥

美国政治学家布丁曾说,"国家形象是一个国家对自己的认知以及国际体系中其他行为体对它的认知的结合,既包括本国人对自己国家的认知,也包括外国人对'本我'国家形象的评价。"⑦ 从这个评价标准看,《舌尖》在文化传播

---

① 胡雅君:《体制外团队拍央视大片〈舌尖上的中国〉何以感动中国人》,http://www.21ccom.net/articles/zgyj/gqmq/article_2012053160872.html,2012 - 05 - 31.

② 柄谷行人:日本现代三大文艺批评家之一,他代表着当前日本后现代批评的最高水准。

③ 张慧瑜:《舌尖上的视觉乡愁》,载于《中国图书评论》2012 年第 9 期。

④ 武新宏:《"旁观"与"介入"合力共塑"舌尖上的中国形象"——纪录片〈舌尖上的中国〉评析》,载于《中国电视(纪录)》2012 年第 7 期。

⑤ 周庆安:《舌尖上找到一个真中国》,载于《广州日报》2012 年 5 月 24 日 B9 版。

⑥ 肖希茜:《中国纪录片对外文化传播策略研究——以〈舌尖上的中国〉为例》,载于《新闻世界》2012 年第 12 期。

⑦ 武新宏:《"旁观"与"介入"合力共塑"舌尖上的中国形象"——纪录片〈舌尖上的中国〉评析》,载于《中国电视(纪录)》2012 年第 7 期。

方面的作用是显著的,它"将博大精深的中国饮食文化深层'可视化'传播,有利于塑造积极正面的中国形象"。① 旅日作家毛丹青在神户外国语大学给学生放映该片激发热烈讨论,一名日本女生说:"我现在才知道,中国原来是很容易让人理解的国家。"②

【王欢(1991—),女,中国传媒大学新闻学院新闻与传播专业 2013 级硕士生】

---

① 卢颖:《纪录片的文化传播与国家形象的塑造》,载于《青年记者》2013 年第 14 期。
② 《河南日报》,《〈舌尖上的中国〉引动全球热潮》,http://finance.sina.com.cn/nongye/nygd/20120608/024412255897.shtml,2012 - 06 - 08.

英国广播公司电视新闻频道建设的成功之道

【摘　要】凭借对新闻专业主义的坚守，BBC 新闻逐渐形成了客观公正的严肃报道风格，尤其重视新闻的公共服务功能。进入新世纪，新媒体发展突飞猛进，BBC 电视新闻在媒介融合层面进行了开创性的尝试，其在全媒体新闻制作和播出方面的实践引领着融媒体新闻发展的潮流。

【关键词】英国广播公司　电视新闻频道　成功之道

■ 张学成

一、BBC 新闻频道发展历程回顾

（一）独特基因的奠定

BBC 电视新闻频道的发展与 BBC 一脉相承。作为老牌媒体的 BBC 之所以会长盛不衰、历久弥新，很大程度上仰仗其在成立之初所奠定的独特基因。

体制的基因——公共服务体制的确立。1926 年 12 月 31 日，BBC 被改组成为公营性质的媒介组织。改组后 BBC 的独特之处在于，其合法性来源于皇室颁布的《皇家宪章》及其附属《协议》。它们规定了 BBC 的公共性质、资金来源、公共使命和组织架构等最基本、最核心的问题。据此，BBC 以向民众收取广播执照费（后改为电视执照费）的形式筹集资金。正是这一规定，保证了 BBC 能够既不依赖政府，又不依赖广告收入，成为其编辑独立的基石。

理念的基因——约翰·里斯的遗产。有着"BBC 之父"之称的约翰·里斯（John Reith）是 BBC 的首任总裁。他将独特的个人理念与 BBC 的办台原则相结合，为 BBC 带来了开创性的运营模式。他不仅引导 BBC 走向了公营之路，而且在"二战"期间成功阻止了政客想要控制 BBC 的企图，牢固确立起 BBC 的三大目标：提供教育、信息和娱乐。独立于政府和商业利益之外的理念使得 BBC 的新闻显得更加公正、客观，节目质量和品位都较高。

（二）早期的摸索

1936 年，世界第一家电视台 BBC 电视服务（BBC Television Service）开播，标志着世界电视事业诞生。BBC 电视新闻正是在此背景下逐渐发展起来。

1938 年，BBC 播出了首相张伯伦从慕尼黑谈判归来的事件，被认为是世界上第一次实况转播的新闻报道。[1] 1948 年，新闻节目正式在 BBC 电视服务落户。BBC 将新闻制成一连串的图片，轮流播放，由播音员逐一解说，但这种播报方式的致命弱点是时效性差。

1954 年，BBC 开始了每日电视新闻播报，新闻时效性有了明显改善，每次时长约 20 分钟，并且增加了新闻专访。然而此时的电视人尚未掌握电视新闻的制作规律，有相当多的新闻很难被视觉化。新闻播报往往延用广播的标准，在电视上"做广播"。

1954 年，独立电视台（ITV）的成立，打破了 BBC 三十年来的垄断地位，激烈的同业竞争也在客观上促进了 BBC 电视新闻的发展。到 20 世纪 80 年代，电视新闻已经走上成熟发展之路。

（三）危机中诞生

从 20 世纪 80 年代开始，撒切尔政府一直企图对 BBC 进行私有化改造，始终未能成功。虽然顶住了私有化浪潮，但是 BBC 需要承受政府对其资金上施压。在此背景下，1991 年 3 月，商业化运营的 BBC 世界服务电视频道（BBC World Service Television）开播。该频道以提供新闻信息为主。1995 年，BBC 世界服务电视频道分化成两个频道：BBC 世界频道（BBC World）和 BBC 尊贵频道（BBC Prime）。

1997 年 11 月，专门面向英国本土的 24 小时新闻频道 BBC News 24 成立，该频道是 BBC 新闻频道（BBC News）的前身，频道仅面向国内，运营仍然靠收视费维持。

2008 年，BBC 世界频道改名为 BBC 世界新闻频道（BBC World News），继续向全世界提供 24 小时新闻服务。除新闻之外，它还播出包括纪录片、访谈节目、生活服务类节目等在内的各方面内容。在 BBC 所有的频道中，BBC 世界新闻频道拥有更大的受众群、更庞大的记者队伍、更多的办事处。

（四）融合中发展

互联网刚刚兴起之时，BBC 就不遗余力地建设网站 BBC Online。网站内容不仅包括新闻、体育、商业信息，还能够提供 BBC 电视、广播的实时内容，现如今该网站已经成为全世界最常被访问的站点之一。

随着新媒体声势日隆，BBC 逐渐认识到媒介融合的必要性，遂向全媒体运营试水。在此过程中，BBC 推出了很多新产品，以 BBC iPlayer 最为成功。BBC iPlayer 是一款播放器，允许用户观看、下载 BBC 的节目。它的服务遍及各种主流平台（如 PC、iOS、Android 等），这为 BBC 新闻频道提供了新的传播空间。2011 年，BBC iPlayer 点播视频节目的次数达到了 20 亿次。[2]

在 2012 年伦敦奥运会中，BBC 的全媒体运营对赛事报道体现得淋漓尽致。在电视媒体上，BBC 采用超高清分辨率（7680×4320）形式播出体育赛事，将每个细节展现给观众。在网络上，BBC 在线对伦敦奥运进行报道超过 2500 小时，成为对电视媒体的有益补充。此外，BBC 还开发了诸多与电视相关的应用程序，这些应用程序的明显特征就是社交媒体化，观众可以随时接收、点评比赛视频。BBC 对此次奥运直播的评价是：这是"第一次真正的数字奥运"。

二、BBC 电视新闻频道分析

（一）BBC 电视新闻频道的特色

如果说 BBC 的新闻频道是作为一个有机的

---

① 郭镇之：《中外广播电视史（第二版）》，复旦大学出版社 2012 年版，第 22 页。
② 王菊芳：《BBC 之道——BBC 的价值观与全球化战略》，三联书店 2013 年版，第 334 页。

整体存在，那么它的节目就是维持这个整体健康运行的脏器，而一篇篇新闻作品就是构成每个脏器的细胞。频道、节目、新闻三者共同作用、协同一致，使 BBC 新闻频道体现出与众不同的特色。

1. 宏观维度——BBC 新闻频道的特色

作为专业的新闻频道，BBC 新闻频道与 BBC 世界新闻频道都将新闻作为核心节目全天持续滚动播出，新闻节目在整个频道中占据相当大的比重。

BBC 新闻频道多年来的发展逐步奠定了一种严肃的报道风格。这种严肃的风格使人感觉到可信与公正。在 BBC 的辩论节目与访谈节目中（如 HARDtalk、*The World Debate*、*Intelligence Squared Debate* 等），BBC 将这种风格发扬到了极致。与 FOX 等私营电视台不同，BBC 新闻频道不刻意渲染新闻的戏剧化冲突，也不特意展示主播个人的夸夸其谈，它注重的是事件本身，将观众的目光聚焦在事实的报道之中，整体上给人一种冷峻和庄重之感，从而强化了新闻的可信度和权威性。

另外，BBC 的新闻频道非常重视公共服务功能，这与 BBC 的自身性质及其所承担的"提供信息、教育、娱乐"的使命有很大关系。除了"硬新闻"之外，BBC 的新闻频道还播出访谈节目、深度解读、文化节目、理财节目、纪录片、天气预报等，服务于不同层次、不同需求的观众。

2. 中观维度——BBC 新闻节目的特色

在节目编排上，BBC 新闻频道和 BBC 世界新闻频道各有侧重。BBC 新闻频道是针对国内的新闻频道，在选题策划上立足本土，照顾英国人的收视习惯，按照观众生活起居来设定播出内容，新闻内容也更多涉及英国国内新闻。而 BBC 世界新闻频道在编排新闻时则更加注重均衡，因为它的受众覆盖世界各地。在均衡的前提下，BBC 世界新闻频道还遵循"黄金节目时间"原则。比如，中国到了晚上 8：00，也就是公认的"黄金时间"，BBC 世界新闻频道会把有关中国的新闻放在优先位置播出。

BBC 新闻节目的播出是开放式、立体式的。与传统的主持人在演播室里呆板地播放新闻不同，BBC 的新闻节目穿插灵活、节奏明快，画面常常切换于不同的演播室，而且经常邀请专家连线进行解读，或者将新闻报道交给出镜记者。镜头的频繁切换、轮番出现的说话人，不仅使观众对新闻掌握得更全面、深刻，而且增强了新闻的动态性。

3. 微观维度——BBC 新闻的特色

BBC 的新闻更新速度快、频率高，这得益于 BBC 遍布全球的工作人员的超强工作能力。除 BBC 内部的工作人员，BBC 在海外记者站设有当地雇员，解决翻译、联络等问题。BBC 的记者训练有素，每当重大新闻事件发生，他们总是以最快速度出现在新闻现场。

尽管如此，在真实与速度之间，BBC 还是坚定地选择了真实。在 2005 年版的《编辑指南》中，BBC 明确强调，对于突发性新闻报道，"准确性比时效性更重要"。在 2010 年版的最新《编辑指南》中，这一原则被再重申："对于新闻和时事节目，确保消息的准确比抢时效更重要。"为了保证消息的准确性，在消息源方面，BBC 强调应该尽可能有两个以上的消息源。如果只有一个消息源，那么这个消息源的名字最好是公开的。①

BBC 的新闻始终秉持不偏不倚的原则。所谓不偏不倚，就是在采访、报道的时候都注意平衡，尽可能让处于事件的各方都发出自己的声音。BBC《编辑指南》中提到："不偏不倚是

---

① 王菊芳：《BBC 之道——BBC 的价值观与全球化战略》，三联书店 2013 年版，第 207 页。

BBC 对受众的核心承诺，是 BBC 品牌的一部分。"BBC 对不偏不倚理念的坚持近乎"执拗"，这常常引起政客的反感。比如在报道战争时，改"我军"为"英军"；在语言的使用上避免"恐怖分子"这样带有立场的词汇，因为在有些人眼中，"恐怖分子"还可能是"自由斗士"。

（二）BBC 电视新闻频道的新闻生产

BBC 新闻在英国每天约有 4000 万受众。除去英国，BBC 在全世界还有 2.39 亿用户每天在接收 BBC 的新闻。① 随着科技的日新月异，除通过广播、电视等传统媒体之外，人们也可以通过手机、平板电脑等新媒体获取 BBC 新闻。

BBC 拥有 8500 人的新闻团队，分布在英国以及世界其他国家，② 这个数字是 CNN 的两倍之多，可谓十分庞大。在管理上，BBC 的新闻团队分为全球新闻部、英国新闻部、英格兰地方新闻部、新闻采集部和时政新闻部。新闻采集部在全世界设有 40 多个办事处，其中设在英国的有 7 个。③ 新闻团队将收集来的世界各地的新闻发给新闻采集部。由于 BBC 国内外的新闻团队没有明确的分野，因此很多新闻被各个平台（诸如广播、电视、网络）共享。

BBC 采用去中心化的编辑负责制，每个报道组都有独立的编辑负责。这样做的目的主要是为了下放权力，提高办事效率。

（三）BBC 电视新闻频道的全媒体运作

2006 年 BBC 推出了未来的发展蓝图——"创造性的未来计划"。这个计划展示了 BBC 搭建全媒体平台的雄心。BBC 的新闻频道借助全媒体运营模式，迎来了第二次春天。

1. 优化的架构

2006 年，BBC 总裁马克·汤普森提出了"马提尼媒体"的概念。按照通俗的解释，所谓"马提尼媒体"就是一种允许受众在任何时间、任何地点通过任何手段（比如互联网、MP3 播放器、智能手机、智能电视等）获取任何想要获取的内容的媒体。

基于"马提尼媒体"这一构想，BBC 原来各自为政的事业部门得到了整合。这次整合的核心是内容的聚合，一切工作都围绕着内容而展开。在这个全新的架构中，从前广播、电视、互联网等的新闻业务成员被融合为一个"新闻团队"，他们同时为多种媒介提供新闻。显然，这种优化的架构打破了从前各部门之间的壁垒，这样的架构有利于内容快速地在各媒介之间流通，大幅提高了工作效率。

2. 开源的内容

在新媒体时代，BBC 十分注意从受众那里挖掘原创内容。2006 年，BBC "用户原创内容中心"（UGC Hub）成立，专门负责处理用户发来的通过手机等设备自行拍摄的图片或视频内容，BBC 负责对内容的真伪进行甄别。④ CNN 有一个 *iReport* 栏目，旨在激励用户发表自媒体新闻，从而丰富其内容。BBC 也有类似的栏目，叫"Have Your Say"（听你发声），该栏目鼓励受众提供新闻线索和第一手资料，参与到公共事务的讨论之中。现如今社交媒体的流行，也为 BBC 从受众那里开辟新的内容来源提供了便利。BBC 在 Facebook、Twitter 乃至新浪微博都设有账户，有专人负责维护日常运营。针对热点话题，常有网友通过社交媒体与 BBC 互动，其中一些有价值的言论、观点便可作为 BBC 节目内容出现。

3. 畅通的渠道

在新媒体的语境下，并不存在"酒香不怕巷

① http://www.bbc.co.uk/news/19888761。
② http://www.bbc.co.uk/news/19888761。
③ http://www.bbc.co.uk/news/19888761。
④ 王菊芳：《BBC 之道——BBC 的价值观与全球化战略》，三联书店 2013 年版，第 242 页。

子深"的成功范例，做好渠道建设乃是在新兴阵地发出自己声音的必然举措。

为了打通渠道，BBC 尝试与苹果、微软等世界一流科技公司合作，在其产品中（如 iPad 平板电脑、Windows 视窗系统）预置自家软件，利用这些科技公司的巨大影响力扩展自身的覆盖面。BBC 还与著名的视频网站 YouTube 合作，利用该平台的注意力资源提升自己的关注度，该举措同样获得了巨大成功。

除借助外力，BBC 还潜心自主研发产品，搭建新的平台。其中最成功的要数 BBC iPlayer 了。在移动平台上，BBC 还开发了"BBC News"应用程序。这是一款新闻客户端，主要功能是为用户提供即时资讯。同时，该客户端允许自下而上的互动，用户可以通过该客户端给 BBC 提供新闻线索。

在全媒体建设过程中，BBC 还非常重视对新技术、新产品的研发，并在资金上予以大力支持。同时，BBC 重视对员工的培训工作，在全媒体转型的道路上，BBC 的工作人员经历了从单一媒介专业人士向多媒体全能人士的转型过渡。

三、BBC 新闻频道建设经验与启示

（一）作为一种文化象征而存在

BBC 诞生于大英帝国的鼎盛时期，借着帝国的快速发展迅速成长壮大，很早就拓展了它的国际视野，树立起全球声望。如今大英帝国早已风光不再，BBC 却依然"大而不倒"，在国内它已经成为"英国生活方式的一部分"①，在国际上稳稳占据着全球最具影响力媒体的席位。这其中不乏 BBC 权威、真实、服务性强等方面的原因，但是更为重要的则是，BBC 经过近一个世纪的发展形成了自己独特的品格，在对新闻专业主义和公共服务理念的长期坚守过程中，奠定了自身的特殊气质。这种品格和气质在民众心中形成了一种观念的混合体，它们代表"值得信赖"，代表"公正客观"，代表"迅速及时"，也代表"新鲜有趣"。总之，一提到 BBC，人们的头脑中就会浮现出类似的词汇。BBC 在国际舞台中作为英国文化的象征，以其鲜明的特色铭刻在受众的心中。

在塑造国家形象的过程中，媒体的作用不容小觑，电视频道更是外界了解一个国家的重要窗口。对我国而言，建设电视新闻频道，不仅需要国际视野、国际胸襟，更需要将国家文化的独特内核植入传播领域，通过国际频道的建设展现中国气质与中国精神。

（二）以打造公信力为核心

BBC 成功开拓国际市场的秘诀之一就是它累积多年所奠定的公信力。BBC 的公信力从何而来？从理念层面，BBC 的公信力来自于编辑独立的原则以及不偏不倚的报道传统。独立于政治和商业的 BBC，真正服务于缴纳执照费的公众，只对此负责，并以赢得受众信任为荣；从法律制度层面，BBC 的公信力源自于《皇家宪章》所赋予它的独立地位。《皇家宪章》的颁布给予了 BBC 经济保障，从根本上杜绝了其被其他势力所控制的可能；从管理层面，BBC 最高权力机构信托委员会（BBC Trust）代表公众对 BBC 进行监督，从而确保了其运营理念的实施；从实践层面，BBC 早在"二战"时就在全世界树立起了强大的公信力，且这种公信力一直延续到现在，并成为 BBC 良好声誉的重要保证。

反观我国，在不断强调发展市场经济的今天，不少媒体被商业利益侵蚀，经不住利益的诱惑，有偿新闻、假新闻不断。部分媒体工作人员

---

① 露西·金－尚克尔曼：《透视 BBC 与 CNN：媒介组织管理》，彭泰权译，清华大学出版社 2004 年版，第 145 页。

也由于缺乏职业道德，在利益面前丧失了底线，丢失了操守。抵御商业化侵蚀、加强从业人员教育已成为提高我国媒体公信力的当务之急。从国际传播层面，要打开对外传播的大门，提振我国媒体的国际影响力，应该认识到电视频道传播力的大小不在于数量和规模，而在于传播内容和方法。因此，在确保传播内容真实的前提下，还应在平衡报道、客观叙事等报道手法上下工夫。

（三）取之于民用之于民

BBC 的经济来源主要是受众缴纳的收视费，并由信托委员会代替受众监督收视费的使用情况，确保资金不被窃取、滥用。这样就在制度上保证了 BBC 能够做到取之于民用之于民。2007 担任 BBC 信托委员会主席的迈克·里昂曾经说过："BBC 的每一位同仁切记，一切经费来源来自公众，这是公众的 BBC。"[①]

为加强与受众的联系，改善自己的服务，BBC 设有编辑申诉管理部、节目投诉管理委员会、"节目投诉联盟"等部门专门处理受众的意见和反馈。[②] BBC 对受众意见和投诉的反应速度非常之快，它要求在接到意见或投诉的 10 个工作日内必须有所回复，并持续通知受众该问题的进展。

BBC 倡导一种"公共价值观"，将公共利益置于首位。2010 年 11 月 29 日晚，BBC《全景》节目在世界杯申办权投票前夕披露了国际足联的丑闻。[③] 首相卡梅伦认为 BBC 相当"不爱国"，但这一事件恰恰体现了 BBC 作为公共广播机构的一贯立场。

我国电视新闻频道在建设过程中，应始终把公众所关心的事情置于首位，把民众作为报道主角；另外，积极听取来自受众的意见，建立互动、反馈机制，不断推陈出新，以适应不断变化的受众收视需要。

（四）硬件、软件"双核"驱动创新

创新是 BBC 得以保持长盛不衰的一剂"灵丹妙药"。这种创新不单体现在技术层面，更体现在包裹于技术外壳之下的、由体制创新作为保障的创意革命。

在革新的技术平台和独特的体制框架双重驱动下，BBC 不断尝试探索节目创新，领跑创意产业。基于"公共服务"体制，BBC 须得承担一定的原创内容制作任务。以 BBC-1 为例，该台至少 70% 的节目必须是原创节目，每年全国性新闻节目时长不得少于 1380 个小时。[④] 这样的规定大大激发了原创节目的开发和创意产业的发展。

随着我国经济实力不断增强，广电媒体"硬"实力的显著提高有目共睹，但"软"实力不足的问题仍然棘手，这一问题突出表现为电视节目创新能力匮乏，跟风抄袭现象层出不穷。如何解决软硬件不兼容的问题，是当下电视频道建设者必须面对的课题。BBC 的"内容定额"似乎是一个值得借鉴的思路，在国家的文化产业建设上，更加鼓励创意产业的发展和创意人才的培养，加大对创意产业的投入或是一种解决之道。

（五）全媒体战略赢在未来

极富远见的 BBC 将媒介的融合发展上升到战略层面，并出台了一系列文件，奠定未来的发展方向，这为今天所取得的丰硕成果打下了坚实的基础。

新媒体为电视新闻频道的发展开辟了新路径，而 BBC 在这条通往无限可能的道路上一直靠"两条腿走路"。其一是遍地撒网，通过借助

---

① 徐琴媛：《世界一流媒体研究》，中国广播电视出版社 2009 年版，第 44 页。
② 陈永庆：《解密 BBC——世界传媒王国的成长之路》，华夏出版社 2009 年版，第 203 页。
③ 吴柳林：《公共利益至上——从曝光国际足联丑闻事件看 BBC 的公信力体系》，载于《新闻记者》2011 年第 12 期。
④ 王菊芳：《BBC 之道——BBC 的价值观与全球化战略》，三联书店 2013 年版，第 74 页。

具有较高知名度和关注度的硬件媒介和 Web2.0 平台抢占新媒体先机，强化自身品牌；其二是自力更生，自主研发多个终端扩大自身影响。BBC 在终端开发上不追求规模优势，而是将用户体验、用户黏性放在第一位，将产品做到极致。

一个值得注意的现象是：尽管新时代各种媒介层出不穷，新的终端不断涌现，但受众的基本需求是稳定的，他们获取高质量内容的本质要求丝毫没有变化。正如 BBC 信托委员会前董事长迈克尔·莱昂斯所说："新技术并没有改变那些最根本的东西。我们可以将传统的价值观与新技术结合起来，并因而对 BBC 的未来充满信心。"① 基于此，BBC 在开掘渠道的同时，尤其注意对"源头活水"的灌注。这源头活水便是 BBC 令人称道的高质量内容。从 BBC 对各自为政的团队及部门的整合上，我们可以看到 BBC 提高内容质量的智慧和决心。

受众功能在 BBC 全媒体的实践中得到了延伸，相反地，受众功能的延伸也为全媒体建设提供了源源不断的内容。互联网的发展，使得受众的意见能够快速得到反馈。与此同时，双向互通的机制使受众将新闻线索、新闻事件及时告知 BBC，受众对公共事务的参与程度也空前提升。受众从单一的接受者、反馈者转变成为交互的提供者、参与者。

全媒体运营需要全媒体人才作为支撑，这也对工作人员的业务能力提出了挑战。BBC 的新闻工作者需要"一人多能"，既能在广播、电视、网络上八面玲珑地处理新闻产品，又要掌握多门语言，熟练运用不同语言下的特定媒介文体。

我国的媒介体制与 BBC 有诸多共同之处，最显著的就是都以受众为核心服务对象。当下，我国电视新闻频道建设面临着两大难题，一是对内传播力受到新媒体的冲击，二是对外传播力明显弱于西方主流媒体，在一些重大事件中往往无法掌控话语权。"他山之石，可以攻玉。"牢牢把握自身优势，从国外一流媒体中获取经验，不失为破解这两大难题的一种尝试。

【张学成（1989—　），中国传媒大学新闻学院新闻学专业 2013 级硕士生】

---

① 王菊芳：《BBC 之道——BBC 的价值观与全球化战略》，三联书店 2013 年版，第 359 页。

News and Media Research

新闻与传播研究

全媒体时代的媒介特征分析

【摘　要】传统媒体与新媒体之间互相影响和推动，媒介之间的聚合与互动成为媒介生态环境新系统的突出特征。在向全媒体过渡的过程中，传统媒体不仅面临着利用新媒体扩展业务的机遇，还面临着新旧媒体的竞争和转型带来的一系列挑战。

【关键词】全媒体　新系统　聚合　助推创新

■　赵淑萍　蒋　雯

一、变革与转型：媒介生态环境新系统的演化

提及今天媒介生态环境的变化，人们往往首先想到的是"媒介融合"这一概念。如果依照事物的属性来分析，所谓的"融合"是指两个不同的物质通过相互作用，最后融为一个新的物质，并具有新的属性。事实上，今天的传统媒体与新媒体正处在一个聚合状态，他们处在相互作用之中，但是并没有融合为另一种新的媒体，仍然有各自的特质。例如，报纸、广播、电视、网络、手机，它们是不同的媒介，具有不同的属性。传统媒体与新媒体的属性没有改变，有所变化的是传统媒体与新媒体在互相渗透、互相借力、互相结合。

从报纸、杂志、广播、电视四大媒体的发展来看，它们是完全可以区分和具有相对独立特质的媒介，相互之间始终不存在融合的概念和趋势。如果说有所渗透，主要是内容上的转发、转播。与之相比较而言，新媒体所带来的媒介互动现象确实是超越式的、划时代的变革。这种新变化似乎让人们应接不暇，眼花缭乱。然而，就在这眼花缭乱之中，一个全媒体时代出现在我们面前。

笔者认为，从宏观上看，全媒体时代的媒介特征主要表现在八个方面：

其一，新媒体出现并呈现非常活跃的状态；

其二，传统媒体转型并采取积极应对的行动；

其三，二者相互影响与助推并产生强效的作用；

其四，不同媒体依然具有独立属性并形成新的系统；

其五，所有媒体都在谋求不断发展并构成新的格局；

其六，新的传播形态仍在演化并促成媒介影响力加速扩散；

其七，大众以新方式与态度介入媒体并形成复杂的受众群体；

其八，全媒体时代已经来临并将促动媒介环境的巨大变化。

今天，人们可以感觉、触摸到的一些全媒体过渡时期的新变化已经产生了相当的影响并发挥出强效功用。例如，传统媒体与新媒体的互动；网络视频平台的拓展；台网联动的传播渠道；手机视频的新动态，等等。无论是新媒体还是传统媒体的传播都在经历着新变革、新发展的历史性阶段，毫无疑问，媒介外部生态与内部格局将成为新的系统。

二、聚合与互动：全媒体生态环境的突出特征

新媒体出现之前，传统媒体之间对接较少，而新媒体以其可以实现多媒体传播的特征及其在互动性、时效性方面不可比拟的优势，不仅成为不同媒介之间相互嫁接的纽带，还促成了传统媒体传播方式的一系列改变。笔者认为，聚合与互动是媒介生态环境新系统的最为突出的特征。

全媒体时代的一个突出特征即不同媒介间的相互嫁接，对此的理解一般包括媒介内容上的嫁接、传播技术上的嫁接、终端的嫁接和产业嫁接。而媒介嫁接的最基本方式为不同媒介之间的聚合与互动。

我们可以比较清楚地看到，不同媒介具有不同的特征、优势和目标受众群体。为此，国内一些大的传媒集团在旗下研发推出了多种媒体形态，形成媒体的聚合。一些集团设立共享的信息获取和分享平台，供旗下不同的媒体使用。各个媒体对于共同平台提供的信息依据各自的特点和需要转换成相应的信息传播形式。例如，处理信息平台上一则新闻的信息，报纸可以写成消息和评论、广播可以做成广播节目、电视可以做新闻视频、微博等新媒体可以实现与不同受众的实时讨论。

在新媒体成为重要的信息来源和传播渠道之后，传统媒体也必须在新媒体中寻找新闻点和热议话题，针对受众所关心的问题进行报道，跟进网络热门事件、突发事件，评析热门话题，所以现今在报纸、电视中经常可以看到以网络、微博为新闻来源的报道或者节目中插播的微博评论。

而门户网站中的新闻稿件有部分来源于传统媒体，如最大的新浪网新闻频道，新闻来源于新华社、《京华时报》以及各地方晚报、文化报，小部分标注了"独家"。

除了互为新闻来源，传统媒体也会在新媒体中投放节目广告等进行节目营销和品牌宣传，或是通过节目内容在新媒体中的广泛传播引起话题和争论赢得网民对传统媒体的关注。这些互动不仅体现在新媒体与传统媒体之间，在不同的传统媒体之中也出现了信息发布与传播之间的合作共赢。

以最近发生的"昆明事件"中的媒体传播为例，可以更为明显地体现不同媒体之间的聚合与互动。

首先，微博等新媒体以移动、便携、实时发布的优势成为第一时间信息的来源。在突发事件中，现场有手机的人均可通过移动网络对外发布消息，成为自媒体。新媒体打破了原有的记者到现场、采访、制作、播出的流程，新闻生产和发布周期缩短，传统媒体的官方微博账号成为其传播信息发布新闻的重要平台，很多信息都是在官方微博中首发，然后在报纸、电视等媒体中跟进。此外，官微也成为事件直播的平台之一。2014年3月1日21时20分，十余名统一着装的暴徒在昆明火车站砍杀无辜群众，造成29人死亡，100多人受伤。现场陆续有人用手机拍下照片上传到微博。《春城晚报》的微博于当日21时46分第一时间转发了市民的一条求证微博，22点之后，新浪图片、头条事件等微博账号发布了相关消息，并一直跟进事件的发展，发布伤者救助情况等信息。次日报纸、电视等开始报道此事件。

第二，传统媒体通过微博实现与用户的互动，了解群众的真实想法，及时沟通，并组织群众实行必要的救助措施。同时，利用社交媒体监测系统及时了解用户动态以及媒体动态，进行舆情监测和传播分析。基于网络新技术的大数据分析、数据可视化被应用于新闻报道和救援。在事件发生后，昆明献血服务的官微发布了义务献血救治伤员的消息，通过其他媒体官方微博的转发扩散，消息得到广泛传播，献血的人数不断增加。一些媒体官微发布了防恐和自救宣传手册，并发布了为伤员家属等需要帮助的人提供免费心理咨询服务的消息。新华网微博发布了通过大数据反恐的微博，提到阿里巴巴首席技术官王坚表示所有人包括恐怖分子都不能避开互联网，通过互联网数据分析进行反恐已成国际趋势。

第三，总结以往突发事件应对经验，人民网舆情监测室提出"黄金四小时"法则。传统观点认为事件发生后的 24 小时是主导舆论和处理事件的关键，但是由于即时通讯工具、社交网络和微博的广泛应用并渗透到突发事件的传播和处理过程中，新闻周期被缩短，舆论引导必须提高时效性。在 QQ、微博、BBS 中，信息的接受者可以同时成为传播者，生成舆论的时间被大大缩短，政府和传统主流媒体必须积极利用这些"黄金四小时媒体"，在第一时间发布信息、表明态度、澄清谣言、引导舆论。事件发生的当天主流媒体的官微都纷纷发布消息让用户了解事件的真相。次日凌晨中央领导赴昆明处理恐怖事件，媒体官微直播进展，并于事件发生后 6 个小时发布了国家主席习近平的指示。事件发生后，在网上流传着一些诸如昆明公交车站也受攻击、伤员救治需缴纳押金等谣言，主流媒体纷纷辟谣，防止谣言传播激化社会矛盾，安抚社会情绪，平复恐慌，维护正常的社会秩序。

第四，形成了新媒体供应信息，传统媒体整合信息的局面。用户在新媒体上发布的实时消息需要官方媒体的确认才会成为大众普遍相信的事实；官方媒体对于突发新闻事件进展过程的跟进同时可以树立媒体的品牌形象，增强社会认可度和关注度。《春城晚报》以发布及时、更新快和贴近性等优势获得了良好声誉。事件发生后的第二天，凤凰卫视在新闻中做了几个特别报道。央视新闻官微也一直在跟进昆明事件，但由于央视新闻频道较大篇幅报道乌克兰局势，部分网民在贴吧和微博中表达了对央视的不满。由此可见虽然很多人依靠新媒体获得信息，但仍对传统媒体有所依赖，新媒体是信息传播的出发点，传统媒体则是信息传播的落脚点。

三、助推与分享：全媒体时代的新思维

Web2.0 使得用户分享和信息聚合成为可能并广泛应用，用户可以不受时间和地域的限制获取信息和分享观点，互联网提供了一个开放、交互、去中心化的平台。

Web3.0 使真正意义上的数据时代到来，开放的技术、开放的身份和无处不联网的状态提供了可供分析的各种数据。在新闻界，舆情分析转向新闻可视化，新闻的工作模式更加开放，传统媒介与新媒体之间的壁垒被不断打破。

可以预料，新媒体的发展方兴未艾，许多新的功能、新的方式还将不断推出。而传统媒体则要进行新的转型，面临着"全媒体过渡期"的巨大挑战。

从一定程度上讲，新媒体似乎不用特别用力，就能够同传统媒体产生互动，例如网络媒体对湖南卫视《爸爸去哪儿》节目的传播，仅仅提供了平台就获得巨大的效益。而电视媒体对这档节目的打造则要费尽心血和气力，所花的时间和精力不言而喻。更有意味的是，《爸爸去哪儿》在电影院这样传统的大众传播公共平台上也

获得巨大的收益。再比如，CCTV策划的《你幸福吗》、《家风是什么》等特别节目，也正是由于在网络媒体上引起热议后产生更加广泛的社会反响。在2014年的"两会"报道中，CCTV利用新媒体的信源和数据进行报道显得更加充分，甚至成为新的节目形态和报道方式。

事实上，现在电视媒体特别节目的策划，已经到了从宏观到微观都必须考虑利用新媒体助推的阶段。而新媒体也时刻关注电视的动态，希望借助电视的产品在自己的平台上发力来获得更大的收益。

从目前的演变和结果分析，可以得出的观点是：助推与分享是全媒体时代的新思维。其理由主要是：不同媒体各自具有不同的优劣势，互相不能取代，发展的趋势是相互助推，反复分享。

第一，信源与可信度的互补。新媒体在信息发布和舆论引导方面有着无可比拟的优势，但因为人人都可成为传播者的特点，信息的发布与扩散缺少把关人，信息的质量良莠不齐。在权威性和可信度方面，人们仍然依赖于传统媒体。社交媒体成为新闻来源之一，但用户发布的内容则需主流媒体的核实和确认才会被普遍认可。网络传闻、微博谣言事件几乎是数不胜数，如金庸先生辞世假新闻、辽宁水灾谣言、三峡水电站被私有化谣言等。这些事件的发生从另一面巩固了传统媒体的权威地位，人们即使习惯从网络上浏览新闻，但是证实可信度还是选择和转发主流媒体的官方微博。

第二，"上传"与"下达"的互补。在我国，新媒体虽然可以更加充分地"上传"民意，也可以起到迅速的"下达"作用，但是在围绕各级政府中心工作、搭建起党与人民沟通的桥梁方面却弱于传统媒体。目前，舆情分析和信息处理的主力仍为传统媒体，而新媒体作为传统媒体进行舆论引导的途径之一。官方微博拥有大量粉丝，所发布的新闻被大批量地转发和评论，在网络新闻传播中起着举足轻重的作用。此外，网络适合于碎片化的传播，很多人都不习惯在网上浏览长的资讯类视频，所以在视频新闻的传播上，电视媒体因为用户使用习惯问题占有优势，并可以增加新闻的深度。

第三，实效与产出的互补。传统媒体的新闻制作要经过严格的选题、采访、写作或节目制作、出版或播出等多个环节，即使在事件发生后立即派出记者去采访，也难以企及新媒体的速度。而通过移动互联网和信息分享平台，新闻现场的目击者可以用手机拍摄，通过手机客户端将现场事件的描述上传至互联网。新媒体可以在第一时间搜集网络中对于现场事件的描述，通过电话等方式核实信息，然后进行发布，这个过程可以缩短至几十分钟甚至几分钟。传统媒体在新闻的实时传播更新方面也难敌新媒体。在如汶川地震、温州动车事故、雅安地震等较大的突发性事件中，CCTV只在汶川地震时中断了正常节目进行24小时直播，而在网络上，对于突发事件的动态传播可以做到一直持续。

第四，大数据传播的互补。大数据时代的到来为新闻的传播提供了新的契机，新闻事件与大量信息的结合为新闻报道视角提供了多种可能。传统媒体利用大数据，并在数据中提炼出相应的观点进行传播。这是传统媒体利用新媒体技术掌握新闻传播主动权的重要途径之一。在对数据的处理过程中，可以发现新的视角、信息和结论，扩展新闻报道选题，丰富新闻内容，拓宽受众视野。数据新闻还丰富了新闻的可视化表现形式，将枯燥繁琐的数据整理制作成简单易懂的图像，增强需要数据支持的新闻报道的生动性和形象性，做到深入浅出，是电视媒体增强新闻可读性和感染力的重要方式。

第五，参与与联动的互补。在新媒体中，用户可以自由进行复制、粘贴，信息的传播自由度和速度大幅增加。由于每个人在接受信息的同时都可能转化成为信息的传播者，信息的传播模式是辐射状的，每个信息发出者都是一个小型的传播中心，尤其是在微博中，通过用户的转发，信息可以实现病毒式传播。新媒体具有互动性特点，用户可以自由参与某个话题的讨论。这也给传统媒体的节目营销提供了便利。央视新闻官方微博在今年"三八妇女节"报道中发起了"她的最美时刻"话题讨论，微博用户可以发布母亲、恋人、朋友等女性的照片进行参与，并有机会在3月8日当天的"新闻联播"中看到自己发布的照片。这在微博中引起了广泛反响，同时也增加了用户对于新闻联播的关注度。此外，一些电视节目如《中国达人秀》、《中国好声音》也积极利用新媒体进行节目营销，发布选手的故事、发起话题讨论、发布节目信息等，提高了节目的收视率和关注度。

四、有利与不利：全媒体过渡期的辩证考量

当下，无论在业界还是在学界，大家对"全媒体化既是机遇又是挑战"这样的观点一致认同。然而，这样的演变进程将带来什么样的结果呢？未来我们怎样认识全媒体时代背景下不同媒体的属性、特征和优势呢？以我们今天的认知是否能够获得对未来清楚的认识？

当新媒体与传统媒体互相聚合的同时，也带来了新的问题和弊端，对于许多新问题和弊端需要辩证的考量。

传统媒体在网络中发布的文字内容可以被随意截取和再加工，视频图像也可以被自由下载和剪辑，这种现象非常值得研究。一些网友把主流媒体的视频截取，只将部分片段发布到微博中，部分片段的内容被片面化放大，通过大量用户的评论和转发后，原有的意图被曲解，这对传统媒体的内容传播和品牌形象都会造成一定威胁。例

如东莞扫黄事件，CCTV《焦点访谈》节目的视频中部分镜头比较详细，节目中还包含了对权力滥用、监督空白和政府不作为等其他内容。在网络流传甚广的片段中，仅仅是记者暗访色情业实况时的镜头，引起了质疑，部分用户在评论中对记者进行人身攻击。

新媒体不可避免的用户随意整合和再加工的信息传播方式给传统媒体敲响了警钟，对内容取舍、表达方式、形象维护都提出了新的考量，也对记者的报道提出了新的要求。全媒体时代信息的获取和发布已经不再是记者的专利，新闻事件现场的目击者可以通过移动媒体拍摄和上传信息。记者不仅要具有信息采集的能力，还应有信息识别的能力，从鱼龙混杂的信息中提炼出真实和有传播价值的信息；做好新闻事件的现场报道；突发事件评论跟进；克服舆论引导时效性与准确性之间的矛盾；在最短的时间内判断形势。数据分析时代对于记者的技术掌握能力提出了更高的要求，不仅要熟练掌握采、写、摄、录、评，还应具有数据分析处理能力。

新媒体的时效性和开放性增大了传统媒体引导舆论的难度。新媒体缩短了新闻生产周期，在新闻事件发生短时间内迅速聚集大量的信息和言论，迫使传统媒体必须及时跟进，迅速调查和公开事实真相，在信息发布和舆论引导方面占领先机，否则就会处于被动的地位。新媒体的信息把关和过滤功能较差，谣言散布容易，并且新媒体的传播具有"滚雪球"效应，也增加了引导舆论的难度。主流媒体必须在第一时间澄清谣言，避免虚假信息给社会带来损失。

最近两年，一个特别值得关注的现象是：网络自制电视剧的成功。调查显示，使用网络客户端观看视频的多为学生和上班族。基于他们的特点和用户习惯，搜狐视频于2012年推出了自制网络剧《屌丝男士》，点击量过亿。网络剧时长短，适合网络时代碎片化的浏览方式，无明显剧

情发展而是以网络时代盛行的恶搞和吐槽为基础，剧中融入当今年轻人的心态。对于这样的恶搞和吐槽，是肯定还是否定？社会各界各执一词，并无定论。

网络剧和传统电视剧相比，成本低且更适于网络传播。之后，搜狐推出《屌丝男士第二季》、《夏日甜心》等，优酷推出《万万没想到》，均获得了巨大成功。优酷的脱口秀节目《罗辑思维》在推出后半年内由自媒体视频产品成长为互联网社群品牌，扩展出一系列线下社群活动。这些新的举动都对传统的电视剧和视频节目带来新的挑战，传统媒体必须以新的思维方式开发新的产品形态，适应全媒体化的需要。

客观的分析，尽管传统媒体在全媒体化过程中进行了诸多尝试，但就目前来看，传统媒体的全媒体化主要体现在传播技术的提高、官方网站和微博的建设与维护、手机电脑等客户端的开发几个方面。在产品的制作上依然沿用传统的思维方式，对于新传播特点和用户的接受习惯研究不足，新产品的创新能力不够。官方网站和客户端把报纸和电视终端播出的内容照搬过来，仅仅是换了一个新的播出平台，却未考虑过新平台的传播特点和用户群特点。央视客户端、灿星制作客户端等传统媒体视频客户端与优酷、搜狐视频等相比竞争力不足。全媒体时代是一个受众细分的时代，用户指向性特征更为明确，传统媒体在新媒体产品形态的开发方面必须转变传统思维，加强市场和用户研究，创新节目形态。因为不同媒介的传播方式、平台和特征不同，还因为传统的思维模式并未被完全打破，传统媒介对新媒体的利用仅仅是初步的，需要以创新的思维开拓新领域。

毋庸置疑，全媒体时代已经到来，传统媒体与新媒体之间的聚合与互动、助推与分享、影响与创新不但给媒体自身带来巨大变化，而且对社会也产生了广泛影响。可以说，全媒体媒介环境的演变是一场历史性的变革，是人类社会重大变革的一部分。

【赵淑萍（1954— ），女，中国传媒大学电视学院教授；蒋雯（1994－ ），女，中国传媒大学电视学院广播电视学专业硕士生】

影像逻辑的内在构成探析

【摘　要】本文从宏观和微观双重层面来研究影像逻辑，认为宏观逻辑围绕生活逻辑和思维逻辑来展开；微观逻辑则通过镜头组接呈现，可以细分成"为事理服务"与"为心理服务"两个层面及其组合，影像的逻辑通过镜头组接来呈现，并最终服务于事理和心理两个层面。本文还进一步从宏观层面论述了镜头组接运用需要注意的四个方面的规律与技巧。

【关键词】影像逻辑　宏观　微观　镜头组接

■　金文恺

作为影像语言的一部分，影像逻辑这一属于语义范畴的概念，目前并没有得到充分重视和研究，在许多研究层面，影像的逻辑宏观上更多依附于影像叙事的研究，影像的逻辑被等同于镜头的组接。影像逻辑的研究依然是一个有待开垦的选题。

一、影像的宏观逻辑是生活逻辑与思维逻辑的统一

无论什么影视节目，都是由一系列镜头按一定的次序组接起来的，这些镜头所以能够延续下来，使观众能从影片中看出它们融合为一个完整的统一体，是因为镜头的发展和变化要服从一定的规律，这也可以称之为影像逻辑。影像逻辑应当从微观和宏观两个层面来认识。微观逻辑侧重于镜头组接；宏观逻辑则是指围绕生活逻辑和思维逻辑来展开。所谓生活逻辑，是指影像所要表现的事物本身发展的客观规律；所谓思维逻辑，是指人们观看电视片时的心理活动规律，即满足

人们欣赏电视片的视觉心理要求。

（一）文字语言属性的心理蕴含是影像语言逻辑的基础

视听语言与文学语言具有不同的语言属性。从二者的基本特征来看，文学语言是一种线性的、静态的、抽象间接的、感性的媒介语言；视听语言则是一种多维立体的、运动的、具象直接的、逼真的媒介语言。文学语言包涵了作家丰富的想象、知觉、情感等心理体验，令读者走入到感受的世界中。品读文学作品时，读者对文字加以领悟，通过想象感受具体的韵味，间接地诉诸读者的感官。意在言外的文学语言，传达和表现了作家内心情绪，被赋予不同寻常的含义，具有心理蕴含性；这种心理蕴含是影像语言逻辑的基础。

（二）镜头（视听）语言属性的视像呈现更为清晰

观众对于影视的认知是建立在物质上的直觉认识，视听语言和"现实"有亲缘关系，使它更接近物质现实的本来面目；影像直接记录物质世界的空间形态，呈现事物的运动轨迹。科技的

发展又能够使它还原现实世界的声音和色彩，造就了视听语言特有的逼真属性。因此，在客观反映物质世界中相较文学语言有明显的优势，拥有视像的直观性，应当更为直接地诉诸人们的感官。在萧红小说《生死场》"麦场"章节中，有着这样一段文字：

"山羊嘴嚼榆树皮，黏沫从山羊的胡子流延着。被刮起的这些黏沫，仿佛是胰子的泡沫，又像粗重浮游着的丝条；黏沫挂满羊腿。榆树显然是生了疮疖，榆树带着偌大的疤痕。山羊却睡在荫中，白囊一样的肚皮起起落落……菜田里一个小孩慢慢地踱走。在草帽的盖伏下，像是一棵大型的菌类。捕蝴蝶吗？捉蚱虫吗？小孩在正午的太阳下。很短时间以内，跛脚的农夫也出现在菜田里。一片白菜的颜色有些相近山羊的颜色。"①

可以看出，这段文字读起来有些碎片感，句与句之间似乎并没有多少关联。但作者正是通过语句中文字被赋予的抽象意义的叠加，从而通过读者的再想象，整体营造出独特的、为每一个个体读者所独有的意境氛围感受。句间看似割裂，但读者的阅读与再营造过程，则可将其统一起来。然而，影像若如此表达，就必定会令观者困惑了。影像表达，需要镜头与镜头之间存在着较强的逻辑关联；影像的直观和直接，让观者不像对文字那样会有再想象和主观营造的过程，也就意味着影像的逻辑需要更为直接清晰。

（三）视像呈现应更加清晰地表达生活逻辑与思维逻辑

将文学文本改编或者说"翻译"成影视作品，影视创作者需要将文学的个体的想象、抽象的文字转换为电影中集体的想象和具体的画面。其中，应更加清晰地表达出本真的生活逻辑与影像的思维逻辑。画面内容衔接必须既合乎生活的

逻辑，又合乎人们的思维逻辑；影像逻辑是二者的统一。影像的宏观逻辑决定和支配着影像微观的镜头组接，"剪辑可以而且应当按照其本身规律的发展思路为发挥影片的内涵服务。"② 也就是说，镜头的组接要符合生活与思维的逻辑。在这一基础上，才能根据观众的心理要求即思维逻辑来确定选用哪些镜头以及怎样将它们组合在一起。

二、影像的微观逻辑最终服务于事理和心理两个层面

微观层面的影像逻辑，即通过镜头组接来呈现的影像逻辑。影像的逻辑通过镜头组接来呈现；镜头组接方法的不同功能，最终服务于事理和心理。

（一）为事理服务

所谓事理，就是事物的道理、事物的规律。凡自然界和社会中的现象和活动，都有其自身的次序与规则。它们是客观存在的；在客观外在现象与活动被影像符号化为视觉接受的过程中，重点在于展现事物的纹理、逻辑、规则和秩序。在影像反映客观外在现象的过程中，各类事实的现象与活动以情节、细节及其前后过程等要素呈现。我们知道，两组完全相同的照片，只是改变顺序就可以使情节的表达截然不同；不同的镜头组接首先体现了影像逻辑中的情节逻辑。下面以几种影视镜头的组接方法来看影像逻辑如何服务于事理或情节展现的。③

1. 连接组接

即相连两个或两个以上的一系列镜头表现同一主体的动作。在各种不同组接的次序当中，最基本也是最常用到的，就是从不同镜头的连接来

① 萧红：《生死场》，长江文艺出版社 2009 年版。
② 张晓峰：《电视教材镜头组接的基本原则》，载于《电化教育研究》2000 年第 8 期。
③ 张秋霞：《镜头组接的规律和技巧》，载于《大众文艺》2013 年第 11 期。

展现主体动作。电影《黑天鹅》中，主人公妮娜在家中练习芭蕾舞，为了展现她的练舞动作，导演通过特写、近景、全景、近景、全景、特写、全景、近景镜头的衔接，把妮娜整个练习的动作展现给观众。

2. 同镜头组接

即将同一镜头分别在几个地方同时使用。这或者是因为所需要的画面素材不够；或者是为了强调某一画面所特有的象征性含义以引发观众的思考；或者是为了造成首尾相互接应，从而达到艺术结构上给人完整而严谨的感觉。克里斯托弗·史密斯的经典惊悚电影《恐怖游轮》开头，女主角洁西和小伙伴们登上轮船以后遭遇偷袭；就在洁西将偷袭者打入海中以后，竟然发现自己和小伙伴们又乘着遭遇海难的小船向在大海轮上的她挥手。影片重复使用洁西和小伙伴们在小船上向大海轮呼救的画面，强调这一画面所特有的象征性含义，即"海轮上的洁西的朋友全都死了以后，他们就会重新再来"，向观众揭示洁西（亡灵）正处于万劫不复、无尽轮回之中；同时在逻辑上造成首尾相接的效应。

3. 特写镜头组接

即上个镜头以某一人物的某一局部或某个物件的特写画面结束，然后从这个特写画面开始，逐渐扩大视野，以展示另一情节的环境。经典电影《罗密欧与朱丽叶》的结婚场景中，为化解两家的矛盾，劳伦斯神父答应为罗密欧和朱丽叶证婚。随着神父的遐想，影片中不断闪现两家矛盾的新闻片段、鸽子和心形的特写镜头，这些特写镜头都是从神父的面部特写逐渐扩大的。这种手法将神父的所思所想跃然于荧屏之上，让观众注意力在不知不觉中转换场景和叙述内容。这也正是电影蒙太奇的绝妙之处。

4. 景物镜头组接

即在两个镜头之间，借助景物镜头作为过渡。其中，以景为主、以物为陪衬的镜头，可展示不同的地理环境和景物风貌，也可表示时间和季节的变换；而以物为主、以景为陪衬的镜头，往往作为镜头转换的手段。根据村上春树同名小说改编的电影《挪威的森林》片段中，一组镜头主要由三个部分组成，一是男女主人公躺在雪地上相拥的画面，三是男女主人公在同一地点接吻的画面，而连接两个镜头的第二部分则是展现男女主人公所处环境的大全景。以景物作为过渡，在情节上有交代背景的作用，展示了故事发生的地点、时节以及位置、风貌等；其次，连接了两个主人公之间的两组不同动作。

5. 多屏画面转场

即把银幕一分为多，可以使双重或多重情节齐头并进。电影《小时代》中，在时装展前，南湘参展的衣服丢失，林萧帮忙拿回南湘衣服的路上却遭遇堵车。姐妹们一起在车流中奔跑将衣服拿回展厅。片中在分别拍摄了四人的奔跑画面和一些脚步特写之后又使用分屏的效果，把屏幕一分为四，同时表现四人奔跑时的满含热泪的面部特写，将影片的情感表现推向一个高潮。不仅丰富了画面的内容，拓展屏幕表现空间，还通过画面队列来深化内涵，隐喻了四人感情的深厚与友谊的可贵。如果连接地组接四人的特写镜头，就会拖慢情节发展节奏，阻碍感情的迸发。

（二）为心理服务

心理是指人对客观物质世界的主观反应，心理现象包括心理过程和人格。人们在活动的时候，通过各种感官认识外部世界事物，通过头脑的活动思考着事物的因果关系，并伴随着喜、怒、哀、乐等情感体验。内在心理过程的发生、发展与变化，有其原由和规则，而影像符号的表达与创造和组接方式需要展现、揭示或还原其原由，服务于观众对人物心理乃至观众心理变化的趋势。[1]

---

① 颜纯钧：《蒙太奇美学新论》，载于《现代传播》2013 年第 7 期。

1. 队列组接

即连接镜头但不是同一主体的组接。由于主体的变化，下一个镜头主体的出现，观众会联想到上下画面的关系，起到呼应、对比、隐喻、烘托的作用，往往能创造性地揭示出一种新的含义。徐静蕾根据同名小说改编、导演的《一个陌生女人的来信》，讲述了一个女子从少年时代到中年时期对一个男人矢志不渝而又隐秘炽热的爱恋。其中镜头展现少年时的女主人公江小姐悄悄倚在门边盯着前方看，下一个镜头是男主人公徐先生在书房专心写字的画面。第三个镜头是江小姐也学着徐先生专心地写毛笔字。这里镜头的主体依次是江小姐、徐先生、江小姐，三个镜头的关系连接紧密，除了情节的叙述，心理的暗示尤其明显。可见江小姐对徐先生的关注、崇拜，也隐喻了江小姐对徐先生的默默的爱恋，并为后面江小姐为这段无名的爱情付出做了铺垫。这就是队列组接在心理上的作用。

2. 两级镜头组接

即由特写镜头直接跳切到全景或从全景镜头直接切换到特写镜头。使情节的发展在动中转静或在静中变动，同时可以形成突如其来的变化节奏和特殊的视觉心理效果。张艺谋获得2000年柏林电影节银熊奖的《我的父亲母亲》，以儿子为第一视角，从父亲逝世一事引入，回述了父亲母亲相识相爱的过程。片中频繁地以母亲招娣的面部特写和乡村全景组接，将招娣对新来的老师的好奇兴奋的感情和少女的羞涩对比，通过画面在特写与全景的切换中，描绘出了招娣心中动静不安的情绪。影片的节奏在两极切换中顿生变化，却不给观众造成突兀的观影感受，反而可以使观众随着角色心理变化，对自己内心产生对照，如身临其境一般。

3. 闪回镜头组接

如插入人物回想往事的镜头来揭示人物内心变化。在电影《致命ID》中，旅馆的事情结束后，除了种橙子的那个女人的人格，真正的凶手

小孩人格其实并没有被消灭，他一直存在于胖子的内心。影片最后用闪回镜头的方式回忆说明，小孩子找到了女人并且杀了她，所以胖子最后身上就剩下一个人格了，也就是最邪恶的小孩人格。导演用闪回镜头揭示了胖子的内心世界，也表达了影片的最后结局，就是真的凶手就是你觉得最不可能的那个人，即第一个受害者。小孩是胖子从小就培养出来的邪恶灵魂人格的心声。

4. 插入镜头组接

即在一个镜头中间切换，插入另一个表现不同主体的镜头。以表现该人物意外地看到了什么和直观感想、引起联想的镜头。电影《致命ID》中导演用男人看到旅馆的镜头接在一个连贯的镜头后面，来表现他看到的场景。这种画面有很多，一般都是人物出现观看、联想或者直观感受时候，接着的镜头就是他们所看到的、所想的或者所感的。这种镜头的组合给观众"第一视角"、身临其境地感受剧中人物的思想。影片中男人跑了很久以为逃离了旅馆，但看到窗外又是那家旅馆的标志，内心无比惊讶，同时影片也有了紧张惊悚的气氛。

以上从微观层面的事理和心理两个方面，分析9种具体的镜头组接方法，由此构建了影像逻辑的基本框架。从中再一次确证，影像的逻辑通过镜头组接来呈现，并最终服务于事理和心理两个层面。当然，这些镜头组接的方法并非绝对地为事理抑或心理服务的，两者往往有重合。

三、影像逻辑需要注意的基本问题

在宏观与微观结合上，影像逻辑除了和文字逻辑有显性的差别之外，还有两个需要注意的基本问题。

（一）镜头的组接要符合画面运动规律

1. 镜头组接必须遵循轴线原则

符合逻辑的影像要为观众提供正确认识物体运动的视觉形象。轴线是指被摄物体的朝向、运

动方向、运动轨迹和两个以上静态主体之间构成的一条假想的线。这是构成画面空间统一感的基本条件。轴线一般情况下不可逾越，因为越轴会使人物动作、位置、时空的描述发生混乱。但编辑过程中为了表现内容的需要，也可采取一定的方法突破轴线。如选用运动镜头合理越过轴线、利用被摄主体的运动、特写或放大镜头、中性镜头、空镜头，或运用场面中的俯拍全景或远景。总之，遵守轴线规律，灵活运用越轴的处理方法，是保证镜头衔接顺畅、获得正确的空间结构和空间顺序的方法，从而保证画面空间统一的方向性。①

2. 影像逻辑要符合画面内的规律

画面的运动形式本质上有两种：动与静。如果画面内的同一主体或不同主体的动作是连贯的，则可以动作接动作，达到顺畅、简洁过渡的目的，简称为"动接动"，如前面所提及的"连接组接"；而如果两个画面中的主体运动是不连贯的，或者它们中间有停顿时，那么这两个镜头的组接必须在前一个画面主体做完一个完整动作停下来后，再接上一个从静止到开始的运动镜头，这就是"静接静"。而无论是"动接动"，还是"静接静"，都如德国电影理论家克拉考尔认为的：

"运动本身就是某种吸引人和抓住人的东西。"②

（二）镜头的组接必须符合观众的思想方式和影视表现规律

镜头的组接并不是随意的，影像画面内容衔接必须既合乎生活的逻辑，又合乎人们的思维逻辑；不符合逻辑观众就不知所云。镜头组接中，巧妙运用事物本身发展的因果关系，是实现画面内容逻辑性的有效手段。③ 生活逻辑组接是指画面组接主要按照事件进展的过程组接。这也是人们认识事物、思考问题的规律；在现实生活中，鸟儿不会在水中游，鱼儿也不会在天上飞。如果不是表达特定的含义，将镜头按上述说法进行组接，会使观众无法接受。按思维逻辑组接，是指按照观众思维规律进行组接，使观众看节目时从心里感觉到连贯顺畅。思维逻辑可以充分调动观众的观看兴趣，引导观众进行积极的思维活动，加深对画面内容的理解。

此外，影像的逻辑在景别上要有和谐性，景别的变化需要循序渐进使画面的视觉效果合理、顺畅、不跳动；影像的逻辑要讲求影调、色调的自然过渡。总之，不论镜头的组接技法有多少种，它们都是微观的影像逻辑层面，需要从宏观层面去思考和把握。

【金文恺（1993— ），女，中国传媒大学电视学院广播电视编导专业2011级本科生】

① 郭志伟：《电视节目中镜头组接的基本原则研究》，载于《学习导刊》2013年第8期。
② ［德］齐格弗里德·克拉考尔，邵牧君译：《电影的本性》，江苏教育出版社2006年版。
③ ［英］卡雷尔·赖兹、盖文·米勒：《电影剪辑技巧》，中国电影出版社1985年版，第257—272页。

浅析新记《大公报》对新闻专业主义的实践与发展

【摘　要】新记《大公报》以客观独立的立场、专业化的组织管理与强烈的社会责任感践行着新闻专业主义思想的核心原则，成为我国现代民营报纸的典范。本文试图从新记《大公报》的言论与新闻报道、报社内部组织机构与运营管理等方面切入，探析其新闻专业主义思想的具体表现，分析其对新闻专业主义的实践与发展。

【关键词】新记《大公报》　新闻专业主义　独立　客观

■　田荣娟

《大公报》由英敛之初创于1902年，秉持"忘己之为大，无私之谓公"的办报宗旨，具有较高的品位和质量。后于1926年由新记公司接办，恪守"不党，不卖，不私，不盲"的办报原则，重视报格，严于律己。为了坚持以上办报原则，《大公报》即使在社会矛盾最复杂、国共纷争最激烈的时代，也不改其志，新闻报道和言论立场既不偏向国民党，也不屈于共产党，它一面被称为是"国民党的帮凶"，一面又被看做是"新华社的应声虫"。作为一份无党派的民营大报，《大公报》以其直言敢谏的传统和强烈的社会责任感受到社会各界的瞩目和尊重，几乎引领了一个时代的舆论。新记《大公报》从客观的新闻报道到独立的社评言论；从专业化的采编队伍与组织管理制度到为公众服务的社会责任感，正是对当今新闻界所倡导的新闻专业主义精神的实践。

新闻专业主义思想是资产阶级新闻学的重要概念，也是西方新闻工作者恪守的最主要的新闻职业规范。新闻学界对于新闻观念曾有过激烈的探讨，较为多数人认可的观点有三个，分别是宣传主义新闻思想，专业主义新闻思想和商业主义新闻思想。[①] 其中专业主义新闻思想是西方新闻界最为推崇的新闻观念。新闻专业主义思想发端于资本主义新闻事业，诞生于政党报刊堕落、廉价报刊兴盛之后的历史时期，自由主义思想的盛行，使得"黄色新闻"现象泛滥，对报刊业的发展造成诸多负面影响，新闻专业主义思想由此应运而生。新闻专业主义的核心理念包括"真实、客观、公正地报道新闻，以服务公众为中心目标，独立于政府、公众、财团，担负独特的社

---

① 陈力丹、孙江波：《2011年中国的新闻传播学研究》，载于《国际新闻界》2012年第1期。

会责任等一系列行为规范和行业标准"。① 英敛之时期的《大公报》便以"敢言"著称，1926年由新记公司接手后，在胡正之、吴鼎昌、张季鸾三人的合力经营下，新记《大公报》渐渐成为民国时期的著名民营报刊之一，无论是从新闻的采编到言论的撰写，还是报社内部组织机构与运营管理各个方面，都较好地践行了西方新闻专业主义精神。

本文试图从新记《大公报》的言论与新闻报道、报社内部组织机构与运营管理等方面切入，探析其新闻专业主义思想的具体表现，由此可看出其从竞争激烈的民营报刊市场中脱颖而出的成功之道。

一、客观独立的报道立场

（一）经济独立

新闻专业主义的核心理念之一是媒体应从非党派、非团体的立场客观地报道新闻事实。新记《大公报》的"四不"办报原则中的"不卖"即是指"不以言论作交易，不受一切带有政治性质之金钱补助，且不接受政治方面入股投资。是以吾人之言论，或不免囿于智识及感情，而断不以金钱所左右"。② 新记《大公报》是自主经营、自负盈亏的民营报刊，资金来源为吴鼎昌一人投资的五万元，而无其他入股资金，可以说是他一人独资经营的报社，且不接受任何党派、政府的津贴、补助，无论在何时都能坚守自己独立的立场，经济上的独立地位，使报纸无需服从于任何政治、经济利益，也不屈服于任何权力或权威的控制，为其客观地报道新闻提供了保障。

（二）言论独立

新记《大公报》践行新闻专业主义思想的另一个表现是其客观独立的言论。张季鸾曾对新记《大公报》的"四不"原则之一的"不党"作出过解释，"不党"即"纯以公民之地位，发表意见，此外无成见，无背景。凡其行为利于国者，拥护之；其害国者，纠缠之"。③ 不偏向任何一个政党，不为任何党派利益服务，保持言论的独立与自由，是新记《大公报》的成功之道，也是民营报刊中践行新闻专业主义思想的良好典范。

新记《大公报》的最大特色就是它独到且负责任的言论。无论是社论还是逢周日刊载的"星期论文"，都能以情动人，以理服人，为记者及自由知识分子们提供一个表达意愿、阐发观点的空间，以独立的理性声音影响和推动中国社会的发展进程。

新记《大公报》始终秉持独立的办报方针，保证其新闻报道的真实性及言论的客观性，服务于全体国民，在中国各个重要历史时期都积极发声，成为华北乃至全国的舆论重镇。

"1926年到1949年间，正是中国社会风云激荡的时期，国共纷争、抗日战争、解放战争均发生在这段时间，政治斗争和社会矛盾可谓空前激烈，各方政治势力'你方唱罢我登场'。身处其间的《大公报》严格恪守'四不'办报方针，不依附任何政治势力，对时局进行客观公正的报道和评论。"④ 在抗日战争时期，张季鸾于1937年12月8日发表《最低调的和战论》，文中写道："我们是无党派的报纸，向来拥护统一，服从国策……我们以为政府即日即时应当明白向中外宣布，如日本不停止攻南京，如日本占了南

---

① 侯迎忠、赵志明：《西方新闻专业主义初探》，载于《当代传播》2003年第4期。
② 王之琛：《百年沧桑——王芸生与大公报》，中国工人出版社2001年版，第1页。
③ 王之琛：《百年沧桑——王芸生与大公报》，中国工人出版社2001年版，第1页。
④ 肜新春：《时代变迁与媒体转型——大公报（1902年至1966年）》，社会科学文献出版社2013年版，第84页。

京，则决计不接受调解，不议论和平。"① 1937
年12月14日王芸生发表的《不投降论》中，
表达了大公报人反对妥协投降的态度："我们是
报人，生平深怀文章报国之志，在平时，我们对
国家无所赞襄，对同胞少所贡献，深感惭愧，到
今天，我们所能自勉兼为同胞勉者，唯有这三个
字——不投降。"② 在抗战胜利后，《大公报》对
京沪区的乱象加以言辞抨击，在1945年9月27
日的社论《莫失尽人心》中，以恳切的言辞，
向政府提出建议，发出"政府应该循此机运励精
图治，莫轻辜负了！"的感叹。③ 在解放战争时
期，曾先后发表社论表明反对武力解决问题，希
望国共和平谈判的主张，内战全面爆发后，大公
报人寄希望于和谈的愿望破灭，开始倡导所谓
"第三条道路"，发表《世界需要中道而行》、
《做一个现实的梦》等文章，以犀利的文笔，透
彻的评说发出呐喊，既反对国民党的专制独裁统
治，也不赞成共产党的人民政权。

从以上分析可以看出，新记《大公报》客
观、独立的言论，是践行新闻专业主义思想的集
中体现。社评、社论作为一份报刊最重要的内容，
最能体现一家报刊的报格与特色。言论立场的不
偏不倚，成就了新记《大公报》的良好声誉。

二、专业化的组织与管理

新记《大公报》是由吴鼎昌一人单独出资
的私人经营的报刊，资金来源都是民族资本，从
不接受任何政治集团的津贴和资助，是一家股份
有限公司。新记《大公报》具有专业化的组织
机构与经营管理制度，这也是其践行新闻专业主
义思想的重要体现之一。

（一）组织机构专业化

从组织机构来看，新记《大公报》的组织
机构较为简单，层次分明而不庞杂。"在总经理
和总编辑下设经理室和编辑部两个部门，各司其
职，以编辑部为重。"④ 报社各部门相互配合，
工作效率高，遇到问题可以及时商讨并提出解决
对策，无文牍主义、层层报批的陋习。无论是总
经理、经理，还是各课、工厂，都职权分明，能
够独立、积极、自主地处理问题，完成各部门的
各项任务。

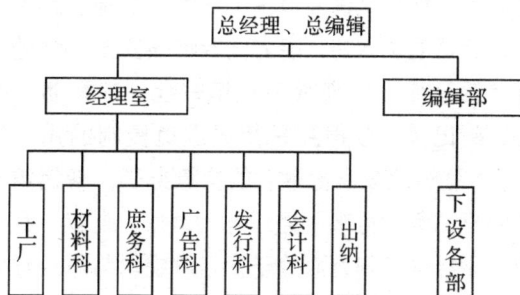

（二）经营管理制度专业化

从管理制度来看，报社依据自身实际情况和
特点，制定了一系列规章制度，如《大公报同人
公约》、《大公报社职员任用及考核制度》、《大
公报社职员薪给规则》、《大公报社人事管理暂
行办法》、《大公报社职员福利金支给暂行规
则》、《大公报社工友请假规则》等。⑤ 相比同时
期的其他报刊，新记《大公报》在经营管理上
更加专业化，从人才的选拔、培养、任用和管
理，到具体的工作中的奖惩办法，都作出详细规
定，使各项工作的顺利完成都变得有据可循。其
中，新记《大公报》的用人制度最具特色。首
先，报社用人宗旨为"知人善任，用人唯贤"。

① 王之琛、刘自立：《1949年以前的大公报》，山东画报出版社2002年版，第127页。
② 王之琛、刘自立：《1949年以前的大公报》，山东画报出版社2002年版，第133页。
③ 王之琛、刘自立：《1949年以前的大公报》，山东画报出版社2002年版，第176页。
④ 周雨：《大公报人忆旧》，中国文史出版社1991年版，第22页。
⑤ 罗国干：《新记〈大公报〉的经营管理——媒介经营管理研究之三》，《广西大学学报（哲学社会科学版）》2006年10月，第28卷第5期。

新记《大公报》向来善于挖掘人才、培养人才，重用那些有真才实干的人，重视他们的实践经验而不单纯地看其学历高低。许多知名记者和编辑，如张高峰、姜钟德等人，都是《大公报》社用人唯贤的例子，报社领导不仅看重人才，而且给予他们充分锻炼的机会，能大胆、放手地任用有能力、有实力的人。其次，新记《大公报》一项特殊的惯例是报社职员要先当记者，后当编辑，注重培养编采两用人才。报社任用的员工，不仅要掌握采访、编辑的技巧，还要熟练拍照、评论等技能，凡进入报馆工作的人员都应具备采访、编辑的基本功，能力优异者被安排在各地担任特派记者，或者承担起撰写社评的职责。此外，新记《大公报》采用经理负责制的用人制度，"总经理秉承董事会的决策办事，各馆秉承总经理的意旨办事。经理有人事权、财权、经营权，不接受任何方面的干扰。总编辑与总经理共商编辑业务，总经理也审新闻稿、撰社论，并处理经理业务，事必躬亲。"① 经理负责制也是其专业化的管理制度之一，能够使报社内部工作有条不紊的进行。

三、强烈的社会责任感

新闻专业主义的基本原则之一就是传媒具有社会公器的职能，新闻工作必须服务于公众利益，而不仅限于服务政治或经济利益集团。从新记《大公报》的实践来看，这种服务公众利益的新闻专业主义精神体现在其强烈的社会责任感上，具体表现在以下几个方面：

（一）传播科技文化知识，促进社会文明事业的发展

新记《大公报》不仅以其客观真实的新闻报道以及公正充实的言论而为广大读者信赖，它还提供丰富的报道内容，不仅重视国内外时事，还设置足够的版面报道经济新闻、文化事业的发展以及科技、医疗等方面的消息，为读者提供方方面面、更加多元化的信息。例如，在"经济新闻"版，开辟"各地行情"、"票据交换"、"行情表"等小板块，及时报道各行各业的动态，发布最新股市行情、期货贸易信息等，每周还特别刊出"一周金融"板块，总结上一周的经济、金融界动态，为读者提供最新、最充实的信息，从而促进社会经济快速有序的发展。

（二）注意贴近读者，力求服务社会

首先，报纸上的广告内容多样、贴近生活。新记《大公报》每日出版，每期报纸均刊载大量广告，一方面繁荣经济，另一方面也为读者提供信息，如报纸上常常刊载大量演出公告、交通货运消息、银行钱庄广告、新书出版广告、医药广告、房屋租让信息等，为报社增加收入的同时也为读者提供了多种多样的生活服务。

其次，开设各种副刊，重视报纸的丰富性。副刊也是新记《大公报》的一大特色。报纸每期的最后一版通常刊载文艺、文学作品，开辟"大公园地"、"星期文艺"等板块，发表大量优美的散文、诗词、成语新解等内容，提升报纸的文化性；除文学、艺术作品外，报纸还开设"医学周刊"、"图书周刊"、"市政与工程"等板块，所载内容丰富且实用，如1948年9月1日第六版上刊载过"医学上的新进展是什么"的医学信息；再如"正确认识妇女问题"的文章，以及新书评介、海外书讯等内容，都能够从读者的实际生活出发，一心一意为读者服务，践行报纸为公众利益服务的新闻专业主义精神。

（三）热心公益事业，积极参与救灾活动

热心公益事业，积极参与救灾活动是新记《大公报》的优良传统之一，《大公报》曾宣称：

---

① 周雨：《大公报人忆旧》，中国文史出版社1991年版，第23页。

"盖本报公共机关也。"① 每当有自然灾害发生时，《大公报》不仅能迅速及时地报道灾害的新近情况、分析灾害发生的原因及可能造成的后果，还广泛报道社会各界救灾活动的进展情况，并且积极主动为重大自然灾害发起募捐。从这些救灾报道中，足可见《大公报》有着强烈的社会责任感和为社会大众服务的公众意识，这也是赢得广大读者尊重和信赖的重要原因之一。

【田荣娟（1990— ），女，中国传媒大学新闻学院广播电视学专业2013级硕士生】

---

① 《本报续刊二周年之感谢》，载于《大公报》1928年9月1日。

企业报构建"走转改"长效机制的路径
——以《中国海洋石油报》为例

【摘　要】在"走基层、转作风、改文风"活动中，《中国海洋石油报》通过活动开展的常态化，将活动的要求转化为新闻工作的价值追求；通过项目制的组织方式，借鉴项目管理经验推进新闻采编工作高效开展；注重情感性，要求采编人员将更多的真情实感注入新闻采写过程之中。抓住重点，突出特色，在确保活动取得实效的同时，构建了"走转改"的长效机制。

【关键词】"走转改"　企业报　企业报道　组织传播　项目化

■ 杨　彬

一、常态化：将活动要求化为价值追求

新闻战线开展"走转改"活动，是坚持党的新闻事业性质宗旨、履行新闻工作责任使命的必然要求，是落实"三贴近"要求、增强新闻宣传吸引力和感染力的重要途径，是加强队伍建设、提高新闻工作者综合素养的有效举措。在活动开展伊始，《中国海洋石油报》就确立了构建"走转改"长效机制的目标。在两年多的实践中，通过"走转改"活动的常态化，《中国海洋石油报》成功地将活动的要求内化为新闻工作的价值追求。

（一）将活动的开展作为提升新闻工作水平的重要途径

"身体经受多少风吹浪打，心中就沉淀多少海油真情。"《中国海洋石油报》采编队伍平均年龄不足 30 岁，朝气蓬勃，积极向上，但很多年轻人对企业的认识、对海洋石油工业的了解不够深入。开展"走转改"活动，编辑记者走入基层，感悟实践，有助于提高报社采编队伍的工作能力，提高报社服务企业发展、服务一线员工的水平。在活动开展过程中，报社坚持将"走转改"活动作为提升新闻工作水平的重要途径。

从报社实际情况出发，《中国海洋石油报》提出了"四个见成效"的活动要求和"三有"的活动目标。"四个见成效"的活动要求包括：在把握企业发展规律、服务企业发展大局上见成效；在增进同基层一线的感情、提高服务基层员工能力上见成效；在弘扬海油精神、树立良好作风上见成效；在学习运用群众语言、提升作品感染力上见成效。"三有"的活动目标包括：报纸要有新气象，队伍要有新面貌，员工要有新能力。

根据确定的活动要求和活动目标，报社制订了包括学习教育计划、驻地采访计划和新闻作品质量提升计划等在内的详细活动方案。系列计划可以概括为"一项新成果、一批采访点、一张好报纸"。一项新成果，是指报社每年都要组织一次新闻论文竞赛，加强理论研究和理论学习；一批采访点，是指报社在中国海油各基层片区开辟一批基层采访点，常年派驻记者驻地采访，同时设置联系人制度，由报纸采编人员与各单位建立点对点的固定联系；一张好报纸，是指报纸持续实施质量提升计划，不断提升作品质量、编校质量，打造一张更优质的报纸。

（二）将活动的要求内化为新闻报道的价值取向

"走转改"活动是新闻战线践行党的群众路线的重要举措。"始终保持党同人民群众的血肉联系"是"走转改"活动的指导思想。在组织和推进"走转改"活动中，《中国海洋石油报》将坚持群众路线这一重要要求内化为新闻报道的价值取向。

坚持开门办报、群众办报，一直是《中国海洋石油报》的优良传统。在多年的发展中，报社逐渐形成了外引内联的通联工作体制和服务基层、服务一线的价值取向。采编人员带着感情走近人民群众，带着感情观察新闻事件现场，带着感情去采、去写、去拍、去摄。诞生了《当海上员工遇到心理咨询师》、《荒山化梦柴油香》、《利希尔岛上守三年》等一批反映基层一线员工工作生活的优秀新闻作品，并在中国石油新闻奖、中国产经新闻奖等行业好新闻评选中获奖，产生了较为广泛的影响力。

"走转改"活动开展以来，报社围绕活动的开展，进一步强化开门办报、群众办报的办报理念，坚持服务基层、服务一线的价值取向。报社组织新闻论文竞赛，重点围绕企业一线典型人物的宣传进行研讨。采编人员提交的近40篇论文，从不同角度分析了一线典型人物的宣传思路和宣传技巧，对提升服务一线的能力提供了强有力的理论指导。通过理论研讨和采访实践，采编人员在新闻宣传中更加自觉地站稳群众立场、增进群众感情、强化群众视角、运用群众语言、回应群众关切，服务一线的价值取向更加鲜明。

（三）将活动的形式打造为新闻采访工作的常态

按照"走转改"活动的相关要求，报社组织编辑记者广泛开展蹲点调研活动，认真调查研究一线员工生产生活的新情况、新变化，通过深入基层、深入实际、深入群众，进一步了解基层、融入一线。通过广泛的基层蹲点活动，报社推动"走转改"活动实现了横向到边、纵向到底，同时将活动所要求的基层调研活动形式打造成为新闻采访工作的常态。

报社制定了基层驻站采访制度，将中国海油的基层单位划分为七大片区，分别建立了记者基层采访驻点，记者长驻基层进行调研采访。七大片区，对中国海油的基层单位形成了全覆盖，记者在各片区定时轮动，进行深入采访。报社将新闻触角延伸到了海上平台、基层场站和一线社区。2011年以来，报社新入职员工全部要赴基层采访，人均驻基层时间不少于一年，连续两年共有15名新员工在基层驻站。除新员工深入基层锻炼外，报社还专门为各基层站点轮流派驻成熟采编人员，2012年下半年，在沿海重点城市派驻记者近20名。

报社不但对所有编辑记者提出了驻地蹲点调研采访的要求，还要求报社领导和中层干部必须带头下基层调研，一方面亲身感受基层一线员工的生产和生活情况，另一方面深入了解采编人员基层蹲点制度的实施情况，及时协调解决相关问题。

报社组织年轻记者深入基层采访时，在报社内部指定联系人作为师傅，进行采编业务指导。

同时，报社还请基层单位指定师傅，在相关生产经营业务上对年轻人进行指导。在与基层一线员工拜师结对子、学习互动、驻站调研的过程中，深入基层、报道一线成为新闻采访工作的常态，出现在一线的采编人员越来越多。

二、项目制：将项目经验引进活动组织

企业报本身也是生产性组织，需要借鉴先进的企业管理经验，制定生产、营销、人力资源等各种策略，优化生产流程。由于可以依托其所服务的企业，企业报在学习先进的企业管理经验方面具有"近水楼台先得月"的天然优势。在"走转改"活动开展过程中，《中国海洋石油报》重点学习借鉴中国海油的项目管理经验，采用项目制，加强计划、控制、指导、监督，确保了活动的顺利开展，提高了采编效率和质量。

（一）借鉴海洋石油项目管理经验，确保活动的高效开展

项目制具有集成性的特征，可以有效集合若干同时开展的工作，形成一个相关联的过程，构成一个整体。中国海油在三十多年的发展过程中积累了丰富的海洋石油项目管理经验，借鉴这些经验有助于《中国海洋石油报》解决资源缺乏问题，拓展新闻资源，也有助于报社优质高效地完成新闻产品的生产，打造核心竞争力。通过借鉴项目管理经验，《中国海洋石油报》在"走转改"活动中探索出了一套灵活高效的工作模式，确保了活动组织的高效率。

在活动开展过程中，报社成立了"走转改"活动工作小组，制定了比较详细、可操作性强的总体设计方案、操作手册，采用工作周志、重要节点控制等方法进行监控，按项目管理模式有计划、分阶段地加以推进。采访之前，制订了比较详细的采访计划，明确重点选题，统筹安排基层

采访；采访中，记者及时反馈信息，报社适时加以监控，并对采访计划进行调整；采访之后，立即总结经验教训，用以指导下一阶段采访工作。项目制确保报社能够组织采编人员有计划地深入基层一线采访。

工作周志是报社对"走转改"活动实施项目制管理的重要抓手。报社要求基层蹲点的同志每天记录主要工作情况、取得的主要成效和遇到的主要问题，同时计划下一步的主要工作内容。工作成效包括对当地单位的了解情况、新闻稿件的采写情况和与当地员工的联系情况等。这种组织方式促使采编人员对活动进行及时总结和梳理，对存在的问题及时有效地解决，使得活动能够高效推进。

（二）推行项目制，确保新闻采编资源向走转改活动倾斜

为确保活动实效，《中国海洋石油报》优化资源配置，将最优质的版面资源和人力资源向"走转改"活动倾斜集中。在这一过程中，项目制也发挥了重要作用。

按照报社"走转改"活动工作小组制定的总体设计方案，报纸新开或强化了多个面向基层、服务一线的专栏，持续推出记者深入基层、深入一线的报道。通过《走基层 转作风 改文风》、《走基层 看基础》、《一线行》、《金点子》、《基层之窗》、《海油人》等栏目，实现了"走转改"报道期期有、版版有，以小见大、以点带面，全面反映了中国海油推进"二次跨越"、建设国际一流能源公司的伟大实践和生动创造，展现了一线员工良好的精神风貌。经过精心打造，这些专栏都已成为报纸的精品专栏，广受基层干部员工的喜爱。

以项目为抓手，报社安排经验最丰富的编辑人员负责各专栏的策划组织工作，派出骨干采访力量深入一线进行调查研究。2012年2月，中国海油成立30周年，报社以"而立之年看百年"

为主题，专门成立项目组，深入一线努力挖掘，全面总结中国海油的发展经验，深入分析公司在经济社会发展中的地位和贡献，并展望公司"二次跨越"战略确定的未来20年的发展和"建设国际一流能源公司、打造百年老店"的宏伟目标，涌现出了《三十而立，任重道远》、《而立之年看百年》等一系列优秀作品，取得了很好效果。

（三）加强全周期、全方位指导，确保活动长期推进

"走转改"活动的主要形式是深入基层、深入一线，但是报社总部需要对深入一线的编辑记者进行全方位、全周期的指导。否则，不但基层采访达不到预期效果，活动也很难长期推进。《中国海洋石油报》采用项目制的组织方式，建立统一的基层采访管控制度，搭建统一的基层采访管控平台，形成完善的基层采访服务体系，确保了活动的长期推进。

在活动开展过程中，报社加强对重点报道的组织，使各位编辑记者在深入基层一线时，也可以及时全面地了解公司发展全局和宏观大势，其采写的基层新闻也能与报社组织的全局性重点报道不脱节。由于报社组织的重大会议报道、重大庆典报道、重大节日报道和重大主题宣传活动长年不断，因此，"走转改"活动也能更好地长期推进，并取得预期成效。

自"走转改"活动开展以来，《中国海洋石油报》先后组织了中国海油领导干部会议、中国海油工作会议、庆祝中国海油成立30周年、勘探开发技术座谈会、海外座谈会、管理提升、走向深水、"海上大庆"宣传、"海上铁人"宣传等十余项重大宣传报道。在每一项宣传报道中，报社都把"走转改"的根本要求融入其中，将派驻基层记者作为宣传报道的主力，增加从基层视角组织的新闻报道。正是由于有一系列重点报道项目作支撑，报社实现了全局性重点报道与记者基层报道的有机统一，"走转改"活动也实现了开展活动不间断，深入基层不间断。

三、情感性：将真情实感融入采写过程

投身"走转改"活动，采编人员要有一种发自内心的为人民群众的智慧而自豪、为人民群众的创造而激动的真情实感。真情实感是"走转改"活动的基础，有真情，活动才有根。如果采编人员对基层一线和广大员工没有真情实感，就会"人在基层心飞远"，活动也很难取得切实成效。在推动"走转改"活动开展过程中，《中国海洋石油报》要求采编人员将更多的真情实感融入采写过程——走，要用情体味；转，要用情促变；改，要用情引领。

（一）心怀真情，到一线"接地气"，身心俱入走基层

走基层是"走转改"活动的实践基础。报社要求采编人员在下基层过程中，不仅要做到身入基层，还要做到心入基层，要真心喜欢基层生产生活。由于心怀真情、身心俱入，《中国海洋石油报》的采编人员在走基层过程中，与基层员工的心更近，对基层一线的情更深。

报社要求，派驻基层蹲点的采编人员全部要跟随被采访单位的一线员工进行倒班体验。他们或者在上游的研究院与科研人员一同加班进行技术攻关，或者在下游的生产车间与值班人员一起进行设备巡检；或者在海上平台与操作人员一起在海天之间体验单调的寂寞，或者在陆地场站与建设人员一起在荒野之中忍受残酷的孤独。通过与一线员工同甘共苦，与他们进行心与心的交流，采编人员真正理解了一线员工的所思所想，感受了他们的奉献和付出。

在基层采访中，编辑记者与一线员工的感情越来越深。报社派驻南海西部油田记者在采访中

送5名新员工乘坐直升机出海后，又找相关部门一一确定了5位员工的归期。他的想法很简单，这是5位好朋友，为他们送了行，还要为他们接风。由于每位新员工的海上工作时间都不一致，所以从打听他们下平台的时间到最终安排见面采访，记者断断续续用了两周的时间。采访虽然遇到了不少困难，但是记者很高兴，因为这不仅是完成了一次采访，更重要的是几位朋友又多了一次相聚的机会。

正是由于倾注了真情，记者笔下、镜头下，全部是一线员工真实工作的感人场景。因为记者脑海中留存的是与一线员工的友谊，一线员工最具代表性的表情和事迹自然能捕捉得更准确，描述得更深入。

（二）倾注真情，创新思维，扎扎实实转作风

转作风是"走转改"活动的关键环节。转作风，要不断增进与群众的感情，不断拉近与群众的距离。有了感情，认识创新就有了源泉；有了感情，思维转变就有了动力。如果对群众感情淡漠，对群众的诉求漠不关心，对群众的创造不懂得尊重，对群众的意见充耳不闻，那么转作风也就无从谈起。为保证活动效果，报社要求采编人员密切与一线员工的血肉联系，扎扎实实转变作风。

"走转改"活动开展以来，《中国海洋石油报》采编人员的身影越来越多地出现在海上平台、工作船、接收站等基层单位；钻井工人、船员、岸基操作工等一线员工的故事越来越多地呈现在读者面前。发生这些变化的一个重要原因，就是采编人员在走基层中倾注了越来越多的真情实感。带着感情看基层，基层处处有新闻；带着感情访基层，基层时时有亮点。

随着活动的深入开展，《中国海洋石油报》采编人员的工作作风有了很大的转变，新思路、新方法层出不穷。采访方式不断创新，体验式采访、深度报道等越来越多；报道角度有了变化，人在报道中所占的分量明显提升；报道思路有了调整，干部员工的拼搏奋斗成了报道的最重要元素。"能用新闻记录一段光辉的历史，是我们的光荣，也是我们的责任。"这一观点为越来越多的采编人员所认同和践行。

（三）增进感情，推倒专业之墙，切切实实改文风

改文风是"走转改"活动的直接成效。文风不仅仅是语言形式问题，也是采编人员观念、作风和工作方法的综合反映。改文风同样需要增进对人民群众的感情。只有对人民群众满怀真情，牢记群众利益，想群众之所想，急群众之所急，编采人员才能切实学习并使用群众语言，使自己说的话群众能听得懂、听得进。如果没有感情，新闻报道就极易大话空话连篇、语言文字艰涩难懂、面目可憎拒人千里。在"走转改"活动中，《中国海洋石油报》要求采编工作更具情感性，让感情在指尖笔端流淌、在字里行间洋溢。

相对于综合类新闻媒体而言，企业报的专业新闻更多，记者面对的专业跨度也更大。由于工种、专业等的不同，记者在采访一线员工时容易遇到一道道无形的专业之墙。为打破专业障碍，编辑记者在基层一线采访中，努力寻找与一线员工的共同点，主动与一线员工进行交流。报社派驻各基层站点的记者，一到驻地就多方打听一线员工的业余爱好，并结合自身爱好加入多个运动队，结交了很多朋友。后来，不论稿件内容上遇到什么问题，只要一个电话就能得到解答。

在"走转改"活动中，采编人员探索多种方法转变文风。在《认识创新引领中国近海勘探新突破》一文的采写中，为使报道通俗易懂，记者采访了多位一线员工，多次向专家请教专业术语如何"翻译"。文章发表后，读者来电说："此文报道专业工作，却做到了通俗易懂，十分不易。"

正是由于与一线员工进行贴心交流，成为真正的朋友，增进了与一线员工的感情，编辑记者才切实做到了熟悉一线员工的语言、学习一线员工的语言、善用一线员工的语言，文章自然也就能更好地为基层一线的读者所接受。

【杨彬（1977—　），中国海洋石油报社编辑部主任】

品牌跨文化传播中形象代言人作用机理与匹配性研究

【摘　要】在品牌跨文化传播中，母国与东道国之间普遍存在的文化差异会造成消费者对品牌信息的认知差异或情感隔膜，阻碍了品牌在东道国的价值实现。采用匹配的形象代言人策略是解决这一问题的有效策略之一。在选择代言人时，要注意代言人与品牌个性相匹配，结合目标市场特点、企业自身情况及东道国的文化、经济等情况进行综合考虑。本文在对已有相关研究进行梳理的基础上，结合近年来品牌跨文化传播的实践，对品牌跨文化传播中形象代言人发挥作用的机理和匹配性问题进行了研究。

【关键词】形象代言人　品牌跨文化传播　匹配性

■ 张景云　何思捷

一、相关研究综述

对于品牌形象代言人问题，国内外学者做过大量研究，概括起来，主要可以归纳为以下三种路径：

一是信源特性模型（Source Model）。该模型将信源特征分为四种：可信性、吸引力、相似性和受喜欢程度。[①] 有学者认为吸引力是信源可信度的构成要素，而外貌常作为吸引力的重要指标。[②] 不少学者从说服理论出发，对信源相似性与可信度及受众态度转变之间的关系进行了研究。[③] 品牌代言人受喜欢程度对受众对于某一品牌的感知和态度具有一定影响。纽约营销评估公司据此发明了商数测试（Q-Ratings），以公式"明星商数 =喜欢该明星的人数/知道该明星的人数×100％"对代言人进行评估与选择。美国知名公关专家卡特立普、森特和布鲁姆提出的公共关系"7C 模式"中，包括了一致性（context）、明确性（clarity）、可接受性（content）、渠道

---

① Hovland, Carl I, Weiss W. The Influence of Source Credibility on Communication Effectiveness . Public Opinion Quarterly, 1952 (4)：635 - 650.

② Kahle, Lynn R, Pamela M H, Physical Attractiveness of the Celebrity Endorser：A Social Adaptation Perspective . Journal of Consumer Research, 1985 (11)：954 - 961.

③ Simons, Herbert W., Nancy N. Berkowitz, and R. John Moyer. Similarity, Credibility, and Attitude Change：A View and a Theory .? Psychological Bulletin? 73.1 (1970)：1.

（channels）和被沟通者的接受能力（capability of audience）等多个方面，他们把"可信赖性（credibility）"作为"7C"之首，强调了代言人在品牌传播过程中的重要地位。[1]

二是匹配理论研究（Match - up Theory）。有学者认为代言人的有效性受到其与产品/品牌之间合适程度的影响。在广告中使用匹配的名人，比使用不太匹配的名人具有更好的说服效果。[2] 对于服务品牌，瓦拉斯特尔和彻纳东尼指出，员工是组织的外部面孔，是将高层管理者设计的品牌识别与消费者感知的品牌形象和声誉联系起来的重要群体。[3] 不仅提出了员工是品牌形象"天然"代言人的观点，而且强调与品牌形象匹配的员工形象构建的重要性。匹配方面的研究，实质上是选择代言人的理论基础，我国学者李克与程国辉认为，品牌形象需要由代言人来彰显，如果选择的代言人与品牌形象不符，会造成品牌形象扭曲。[4] 刘国舫指出了代言人的三个考量标准：代言人的公众形象、代言人自身因素是否与品牌形象匹配、代言人素质是否与目标市场匹配。只有选择合适、恰当的形象代言人，才能更好地促进品牌传播。[5]

三是符号意义模型（Sign Meaning Model）。麦克拉肯提出的意义迁移模型认为，名人作为代言人对受众的影响过程，就是名人所具"意义"的迁移过程。这一过程包括三个阶段：（1）一定的文化环境或职业活动等赋予名人一定的象征性意义；（2）当名人与产品（品牌）一起出现时，名人就把这种象征意义迁移到产品（品牌）上，使其具有某种象征性意义；（3）消费者通过使用产品（品牌）获得这些象征性意义、重构自我形象。[6] 这一模型将代言人的意义迁移过程看成是其符号意义的生成过程。企业不仅可以选择具有特定符号意义的名人作为代言人，还可以选择不具特定意义的普通人，甚至创造独有的虚拟代言人生成符合品牌内容的符号意义。我国学者常永胜认为，品牌具有的象征性、体验性等附加价值需通过企业的营销手段进行传播，代言人就是重要载体之一。他认为，名人符号不仅指名人本身，而是与名人相关的一些特定意指；名人的魅力让受众在潜意识中获得一种情感认同，甚至可以转化为一种权威引起模仿和崇拜，该策略如果运用得当，消费者则容易将代言人个性与品牌个性联系起来，借助代言人的知名度和美誉度，促进品牌理念和个性的传播。[7]

随着全球化的发展，跨文化的主题受到关注，艾伦对比研究了东西方的代言人选择情况，结果表明东方国家比西方国家更偏爱使用名人代言，代言人整体上也更加年轻，消费者因此获得的感知更能促进传播。[8] 在跨文化传播的视角下，吴文婷选取了姚明和刘翔两位代言人进行研究，认为他们既是世界文化的缩影，又是当代中国文化的

① ［美］卡特立普、森特、布鲁姆：《有效的公共关系》，中国财政经济出版社 1988 年版，第 277 页。

② Abhilasha Mehta, "Celebrities in Advertising" in the Advertising Business：Operations, Creativity, Media Planning, Integrated Communications. Thousand Oaks, Calif：Sage Publications, 1999.

③ Vallaster C and de Chernatony L. Internal brand building and structuration：The role of leadership . European Journal of Marketing, 2006(7 - 8)：761 - 784.

④ 李克、程国辉：《品牌形象代言人探析》，载于《职业时空》2007 年第 15 期。

⑤ 刘国防：《品牌形象代言人的选择标准》，载于《中外企业家》2005 年第 2 期。

⑥ Grant McCracken, Who is Celebrity Endorser? Cultural Foundations of the Endorsement Process . Journal of Consumer Research, 1989(16)：310 - 321.

⑦ 常永胜：《品牌形象与形象代言人的作用机理》，载于《商业经济文荟》2004 年第 5 期。

⑧ Allen Schaefer, R. Stephen Parker and Diana Haytko. Chinese and U. S. Consumers' Perceptions of the Effectiveness of Celebrity Athlete Endorsers. Journal of Management and Marketing Research. 2011(6)1 - 9.

代表,作为具有跨文化意义的媒介人物和品牌代言人,其人格塑造对跨文化传播具有重要意义。[①]李文斌认为,跨文化广告在传播过程中因为掺杂了文化差异、民族感情等复杂因素,容易引起东道国受众的争议甚至反感,因此通过广告拉近和消费者的关系时,跨国企业可以选择普通消费者作为品牌代言人,拉近与受众的距离。[②]

二、形象代言人在品牌跨文化传播中的作用机制

(一)视觉化:消减品牌导入期的认知差异

在品牌导入期,母国与东道国之间的文化差异会造成目标消费者对品牌信息的误读,产生认知差异。如果没有一个恰当的形象代言人将品牌不同层面的信息整合,难以形成具体的符号认知。在没有代言人的情况下,品牌信息的复杂多样性使消费者很难在短时间内做出明确的信息选择,从而影响其购买决策。代言人的介入,使得品牌信息的整合传播者能够统一品牌信息、构建品牌形象,在不同文化间引起共鸣,促使消费者产生购买欲望。如阿迪达斯作为德国著名体育用品制造商,旗下产品包括运动鞋、运动衣、运动器材等。著名球星贝克汉姆作为代言人,无疑为品牌传播起到了推波助澜的作用。当看到小贝穿着该品牌的球衣、球鞋,在运动场上踢着该品牌生产的足球时,他的完美形象及球技必然会触动消费者的神经,形成品牌形象的整体认知,此时代言人的专业性、吸引力等特征消除了品牌在不同文化之间的认知差异。心理学实验表明,受众接受外界的信息中80%以上的印象是通过眼睛传递的,视觉符号的设计在品牌传播中尤其重要,形象代言人则是一种可直接观察到的视觉符号。在跨文化传播中,企业与东道国之间的文化差异使目标消费者在品牌认知方面存在一定障碍,一个恰当的代言人可以增强品牌传播的视觉冲击力,促进品牌信息传播。

(二)人格化:拉近与东道国消费者的情感距离

在品牌跨文化传播过程中,由于母国与东道国之间的文化差异和时空距离等原因,易造成消费者与品牌之间的心理隔膜,使品牌在东道国难以产生情感认同。爱德华·霍尔曾深入研究过"领地欲"问题,他认为,生物体除了身体边界外,还有一个超乎身体的非身体边界,这个新边界难以划定但的确存在,称为"有机体的领地"。张扬并捍卫领地的行为称作"领地欲",不同文化的领地欲千差万别。[③]"领地欲"这一术语体现了外来企业进入东道国传播时产生的消费者的心理排斥,人类本能的自卫意识和文化差异使心理距离难以避免。为了避免这种情况的发生,企业可选择获得全球公众普遍喜爱的名人作为形象代言人或受东道国消费者喜爱的当地代言人进行传播,以减少消费者对外来文化的心理防御,使品牌与当地文化迅速融合。因为人们对于自己熟悉的人防备心理较小。当贝克汉姆的"万人迷"形象出现在消费者面前时,无论他代理哪类产品,无论在哪个国家,受众都会对其产生情感上的触动。因为贝克汉姆从1995年进入英超开始,便是一个标准的"好孩子",他刻苦异常,在每次球队训练后,他都要加练100次任意球射门;结婚十多年,没有任何负面的花边新闻;其成名的多年中,一直以好父亲、好男人、好老公的形象出现在镜头前,在球场上谦逊,球

①　吴文婷:《对英文语言环境下姚明、刘翔的媒介人格特质分析》,北京体育大学2008年硕士学位论文。
②　李文斌:《论跨国企业在华品牌宣传广告传播策略——以西门子公司品牌宣传广告〈开往"咏春"的地铁〉为例》,载于《沈阳农业大学学报(社会科学版)》2012年第1期。
③　Edward T. Hall, The Hidden Dimension. Anchor, 1990.

场外低调，热心公益，征服了每种阶层、每种性别、每个阵营和每个爱好的人，无论是谁都能找到崇拜、模仿和追捧他的理由。① 因为不管是哪个文化背景和社会阶层的人，对美好事物的追求总有一些是相同的。相同的东西，便构成了传播中的"共同经验范围"，成为黏合沟通进一步发展的"亲情"，拉近了品牌与东道国消费者之间的情感距离，使品牌跨越文化差异和心理屏障，走进消费者心里。

（三）联想与互动：保持品牌的持续关注

如何使消费者对外来品牌保持持续关注是企业在东道国发展的战略问题。代言人独特鲜明的个性特征是受众将其区别于其他品牌的标志之一，代言人的恰当选择能使品牌在消费者心中树立持久的良好形象，即使企业减少在东道国的推广活动，也不会明显影响消费者的购买行为。比如，即使阿迪达斯减少了在中国的品牌推广，消费者看到这一品牌并联想到贝克汉姆时，也会引发购买欲望。因为这样一个受世界瞩目的代言人，在消费者进行品牌联想时起到了积极作用。品牌跨文化传播中，围绕品牌战略持续跟进具有延续性的社会活动开展品牌传播，即使更换形象代言人，也会获得持续的传播优势。近年来，宝马的品牌传播理念集中围绕"BMW JOY"这一主题开展。历届奥运会是宝马开展跨文化传播的持续战略。2012 年，围绕品牌全球战略，宝马把在中国内地的奥运会品牌传播主题确定为："为悦，全力以赴"，并将品牌哲学诠释为"梦想、激情、创新和责任"。在 2012 年 6 月至 7 月，在北京鸟巢，这一见证中国百年奥运梦实现的地方，超过 3 万名参与者参加了"BMW 悦盛典"活动。该活动中，邀请了往届中国奥运明星和来自 BMW 的人员及多位明星同台献艺。2012年 8 月奥运会举办期间，邀请近千名粉丝及核心媒体前往宝马的家乡——慕尼黑——这里也是1972 年 BMW 与奥运会首次牵手的地方。他们还前往了伦敦奥运会，去感受和见证中国奥运梦在伦敦梦想成真。整个过程中，超过三分之二在伦敦奥运会夺得奖牌的中国奥运健儿参与到梦想行动中。伴随历届奥运会，宝马借助奥运明星赢得了中国消费者的持续关注和参与。

三、品牌跨文化传播中的形象代言人匹配性

（一）代言人与东道国目标市场特点相匹配

每个国家或地区的文化信仰、人们的生活方式及消费习惯都不同，品牌在跨文化传播时需因地制宜，制定不同的宣传策略和营销手段，以迎合东道国受众的口味。同样企业也需要根据目标市场的区域化特点、经济文化背景等因素，对代言人进行细分。在制定代言策略之前，要充分了解东道国消费者的喜好，调查当地的社会浪潮，使代言人形象与目标市场相匹配。在选择明星作为代言人时，一般而言，同一品牌在不同国家进行传播时会选择不同的代言人。例如著名护肤品牌欧莱雅在 2008 年推出创世新肌源系列产品时，实行了全球化标准的本土化执行。它的广告旨在建立女性的共同追求，采用了现代化背景，没有太强的文化标志性。不同的是，在法国选取了法国女星莱狄提雅做代言，而在中国则选择了当红的李冰冰。欧莱雅在跨文化传播时将共性与差异相结合，使东道国受众在接受一个全新的产品时能够看到一个熟悉的代言人，从而获得情感上的认知。同样，同一品牌在同一国家的不同细分市场进行传播时，也应选择不同的代言人。同属欧莱雅集团的美宝莲彩妆将目标市场定位于年轻白领和学生，多以动感炫丽的模特来体现流行文

---

① 薛羽：《大卫·贝克汉姆的品牌效应》，载于《国际品牌观察》2013 年第 7 期。

化；欧莱雅定位于高级白领及中年妇女，选取了李嘉欣、巩俐等具有端庄气质的女星展现大家风范；羽西定位于高端消费市场，选取了曾被美国时尚杂志评选为"世界上最美的20位女星"之一的名模杜鹃，她的自信、魅力与成功传达着羽西的中国美。欧莱雅集团在中国进行传播时，依据不同品牌的目标市场定位选择了与之相匹配的代言人，迎合了各层次受众的喜好。

（二）代言人与品牌个性相匹配

随着市场竞争的加剧以及产品趋同的形势，如何使品牌与众不同并让东道国消费者快速识别成为企业关注的问题。此时品牌个性凸显出了它在传播中的重要地位，它是指企业在产品与服务的内容和形式上对消费者做出的难以模仿的、独特的承诺。在跨文化传播中，母国与东道国之间本身就存在文化差异，而代言人的个性又千差万别，如果不能与品牌个性相匹配，极易造成品牌信息的误读。只有二者相匹配，才能使符号载体正确传播信息、保持识别的同一性。因此，在选择明星代言人时，要考虑品牌个性与明星个性特征的匹配性。如，可口可乐公司在中国市场传播时选择了与其自由奔放、年轻热情的品牌个性相匹配的中国新生代偶像张韶涵、SHE、飞轮海等做代言。这些代言人散发着青春活力，具有积极向上的偶像精神，与可口可乐的品牌个性相吻合，使品牌在消费者心中一直保持着鲜活的感召力。又如，在2013年9月，"恒天然"在各大社交视频网站发布了微电影《牛奶的秘密》，选择了年轻时尚纯情的一对年轻人做代言，从寻找纯真爱情切入，主打情感路线，与品牌的"调性"——纯净、简单、专注、阳光——相吻合。

（三）代言人与产品生命周期相匹配

企业的品牌是恒久不变的，而旗下的产品则应该推陈出新。产品的生命周期包括导入期、成长期、成熟期和衰退期，同样代言人的人气也会经历萌芽、成长、鼎盛和衰退的发展历程，企业应找到二者的最佳结合点。在产品的导入期，一般选取在东道国人气较旺的明星，以迅速扩大品牌知名度，赢得市场；而当产品进入成熟期后，则可以考虑换用一些具有潜质的新星，帮助产品延长生命周期。如果在产品衰退期还是用当红明星作为代言人，巨额的代言费用将随着产品的退市而付诸东流。例如，百事可乐公司往往根据当前的流行趋势选择在华代言人，包括刘德华、谢霆锋、F4、韩庚等，每一期代言人都选择当下最受媒体瞩目的明星，新星代替旧星使品牌一直活跃在消费者的视线中。

不过，在品牌跨文化传播过程中，还要处理好代言人形象与品牌形象的主次关系。代言人作为传播手段之一，帮助品牌打入东道国市场，获得消费者认知。如果通过传播，消费者只记住了品牌的代言人，甚至只记住了他们在广告中的一言一行，却忽略了品牌本身，这样的传播无疑是失败的。尤其是在时空距离及文化差异的影响下，明星的光芒遮住了品牌特点，特别是在一个代言人代言多个品牌的情况下，消费者在看到代言人时难以联想到品牌个性，就会制约品牌传播效果的实现。广告中的真正主角应该是品牌或者产品，因此在选择明星作为代言人时，要摆正品牌与代言人的主次关系，明星应该服务于品牌，避免喧宾夺主。此外，考虑到投资回报率，选择明星代言人时切忌盲目追求身价显赫的明星。对于中国品牌而言，在兼顾全球化共性的同时，兼顾本土化和民族文化特性，适当考虑使用普通人做代言，是获得国外消费者关注和接纳的有效途径。

【张景云（1965— ），女，北京工商大学商学院教授；何思捷（1989— ），女，北京工商大学商学院企业管理专业（品牌传播方向）硕士研究生】

传播学的欧洲哲学思想溯源

【摘　要】本文从美国对欧洲曾经的学术崇拜等历史状况出发，结合欧洲哲学大师的思想，梳理了促发传播学产生的思想渊源。从而指出，尽管传播学发端于 20 世纪初的美国，但后来诸多学派如芝加哥学派、批判学派等都能够从更早的欧洲哲学思想找到其学术本源。

【关键词】欧洲哲学思想　传播学　学术思想

■　管　璘

一、美国对欧洲的学术崇拜

正如今天我国大批留学生到欧美学习和进行学术研究一样，直到 20 世纪 60 年代之前，美国对于欧洲的学术崇拜还是十分普遍的。那时的美国大学对博士生入校有外语考试的要求，一名合格的博士生必须精通法语或是德语。这项要求体现了当时美国学者们的一种普遍认识，那就是：在任何一个科学领域，一名合格的学者必须能够阅读由这两种语言之一撰写的学术刊物或学术书籍，才具备了对于学术前沿进行科学研究的基础。为什么是德语或是法语？又或者，为什么美国学者会有这种欧洲学术崇拜呢？这是有其充分理由的。以传播学为例，美国将传播学作为一门社会科学进行研究的思想直接从欧洲诸多社会哲学家的思想发展而来。如果没有这些社会哲学家关于个人和社会等思想的解读，美国式的传播研

究也就不可能出现。不仅如此，美国许多科学的学术基础诸如社会学、心理学、政治学、人类学，包括其他对传播学研究的发展起着至关重要作用的学科都曾经在德国、法国以及英国有着深厚的学术基础。[①]

事实上，直到"二战"初期，大部分美国学者还认为在欧洲大学里面获得一个博士学位要比在美国大学里学习体面得多。当欧洲社会学理论在 20 世纪初的头十年被介绍到美国时，这些理论和思想被当成是用来诊断美国社会问题、缓解美国社会矛盾的工具。那时的美国还处于从农业国刚刚进入工业国的过渡阶段，犯罪、贫穷以及其他都市社会问题开始受到早期社会学家的关注。了解这些社会问题的成因并加以解决被看成是当时最重要的学术研究任务。实验式的数据搜集和分析方法以及从二三十年代欧洲借鉴而来社会理论相结合形成了美国式的独具一格的经验研究法。当传播学研

---

① Everette M Rogers(1985). *The Media Revolution in America and in Western Europe Norwood*, New Jersey, Alex Publishing Corporation p7.

究在"二战"前展开时，美国的学者们顺其自然地沿用了这种实验式的研究方法。随着其研究规模逐渐扩大和研究重要性的增强，一些愈加复杂的研究方法也开始使用，例如问卷取样、问卷测度、技术方法、数据分析方法等，直到后来发展出以计算机为技术手段的数据分析法。

二、19 世纪三位学术大师的影响

美国传播学家 E.M·罗杰斯在其著述《传播学史——一种传记式的方法》中，曾对传播学的起源进行了细致的分析和梳理。他认为，传播学之所以在 1900 年以后的美国崛起，很大程度上是受到了 19 世纪欧洲三位大师——达尔文、弗洛伊德和马克思的影响。达尔文的进化论、弗洛伊德的精神分析法和马克思主义理论中有关经济力量等物质条件决定社会变革的主要思想为传播学的起源提供了丰富的养分。

（一）达尔文的"进化论"和"变异"概念对社会宏观传播思想的影响

尽管像库利和帕克那样的美国早期社会学家后来都反对社会达尔文主义，却是达尔文的进化论以及由斯宾塞的社会达尔文主义所表达的"变异"概念将他们引向了社会学领域。帕克后来成为芝加哥学派的领袖，也是大众传播学的第一个理论家，他有关城市生态学的著作就直接受到了达尔文进化论的影响。此外，达尔文的进化论还有助于非语言传播研究的展开，其中许多概念和机制至今都被群体生态学的学者们所使用，虽然这个学术群体并没有被明确定义，然而这个无形的研究者群体中无疑也包括了传播学者们。①

（二）弗洛伊德对个体层面传播思想的影响

罗杰斯在其著作中称，美国社会学的发展在很大程度上受到了 S·弗洛伊德的影响，弗洛伊德是自 19 世纪以来欧洲的三大影响力量之一。如果说达尔文的进化论和马克思的历史唯物论处于社会宏观层面，那么弗洛伊德的思想则是个体性的，是在个体范围之内和个人经历之中寻求对于个人行为的解释。根据弗洛伊德的精神分析理论，人类行为的解释存在于个体之中，特别是存在于无意识之中。而今天的许多重要传播学理论都在个体中寻求推动行为变化的力量。例如，由霍夫兰开创的人格研究的学术传统就受到了弗洛伊德理论的影响；拉斯韦尔有关政治领袖的精神分析吸收了部分弗洛伊德的理论；F·海德（Fritz Heider）（1946）的平衡理论、L·费斯廷格（Leon Festinger）（1957）的认识不和谐理论等也不同程度地接受了弗洛伊德的思想。到了 20 世纪 40 年代，弗洛伊德的精神分析理论和马克思主义结合起来形成了法兰克福学派，从而成就了今天批判传播学理论的思想基础。正如罗杰斯所言，"显而易见，弗洛伊德的长长的思想影子体现在今天人类传播学的各条线索之中。"②

（三）马克思的"异化"和"唯物"理念对传播学批判理论的影响

马克思的历史唯物主义理论机制中的一个关键概念就是"异化"——异化就是个体被其自身的创造物所支配的程度。③ 由于马克思所处时代与欧洲的工业化相吻合，所以他一直在不断地探求工业化对人的异化、工业化对自然的控制等问题。马克思主义因此坚持这样一种信仰：经济力量等物质条件决定社会中的变革。马克思主义被称为是历史唯物主义，所谓"唯物"就是因为它有赖于对于"物"的理解，并强调对于物质条件即对于经济的一种历史分析，而这种历史

---

① ［美］E.M·罗杰斯著，殷晓蓉译：《传播学史——一种传记式的方法》，上海译文出版社 2005 年版，第 76 页。
② ［美］E.M·罗杰斯著，殷晓蓉译：《传播学史——一种传记式的方法》，上海译文出版社 2005 年版，第 55 页。
③ ［美］E.M·罗杰斯著，殷晓蓉译：《传播学史——一种传记式的方法》，上海译文出版社 2005 年版，第 93 页。

分析往往以经济决定论为基础。按照马克思的逻辑来分析，资本主义社会中的媒介通常呈现出如下形态：资产阶级控制着社会的精神生产资源（如艺术和大众媒体），大众媒体属于社会的上层建筑，其内容由社会阶级关系所统治。因此，大众媒体经常受到马克思主义和新马克思主义者的批判，这正是批判的传播学派所持有的观点。以法兰克福学派和社会研究所著称的传播学批判学派正是马克思主义和弗洛伊德理论的一种理智结合。

"传播学起源于美国"，这样的论断似乎已经得到了世界范围内学界的认可，即便是欧洲的传播学教科书也认为如此。[①] 且这样的论断也随着美国传播学者，如罗杰斯、施拉姆等人在诸多传播学经典著作中的论述变得被更多人广泛接受。然而，如果进一步梳理欧洲悠久的哲学源头，除了罗杰斯所述的三位学术大师对传播学思想的影响，传播学而今的许多概念都可以找到它们的欧洲思想发端。

三、其他欧洲思想源头

（一）传播是社会有机体的神经调控系统

按照阿芒·马特拉的观点，近代传播概念之所以出现在 19 世纪，是和当时社会通讯技术系统的发展以及自由贸易的经济状况分不开的。而"社会有机体的思想"——"社会是一个整体，包含了多种具有预设功能的器官"——激发了最早的传播学概念。[②]

"社会有机体"这一概念最早源于法国哲学家、经济学家圣西门（Claude Henri De Saint - Simon）。1760 年 10 月，圣西门出生于法国巴黎的一个贵族家庭。他深受启蒙运动的影响，还曾支持过北美的独立战争。同时圣西门还是一个空想社会主义者，他把社会比喻成"生命体"，而财富的流动对于社会就像是人类的血液对于心脏，它使社会连接为一体，并形成一个巨大的产业。圣西门的"社会有机体"模式认为：社会是一个有机系统，是一组网络或者网络结构，同时也是一个产业系统。他结合当时逐渐发达起来的河流、海运和陆路运输等流通领域的工业进步，认为流通渠道的建立和发展以及信用系统的建立对于社会的发展具有战略意义。在今天看来，他对于社会发展的这种思考早已超越了那个时代。正是在产业系统、社会组织等的影响下，圣西门主义成为了 19 世纪后半叶的企业精神。铁路系统、银行、苏伊士运河和巴拿马运河以及大型世博会的开展成为圣西门信徒们描述中的"进步时代"。建立各种具有组织功能的人工网络，成为其进步哲学思想的缩影，深刻地影响了当时的思想界。甚至在凡尔纳（Jules Verne）的科幻小说中也可见其思想的影子。

圣西门的弟子孔德（Auguste Comte）是另一个值得一提的人物。他在其著作中将社会学称为"社会生物学"，并直接借用了胚胎学的诸多概念，例如发育、生长、完善过程、同质性、异质性、差异等。虽然孔德没有像斯宾塞那样对于器官和传播系统有过任何特别的关注，但他同样认为，社会是一个按照生物进化法则组织起来的完整有机体。谈到这一类思想，不得不提的另一位重要人物就是斯宾塞。

铁路工程师出身的哲学家赫伯特·斯宾塞（Herbert Spencer）发表的著作《社会生理学》（*Social Physiology*，1852 年）大纲，发展的假说（development hypothesis）甚至比达尔文的《物种起源》（*The Origin of Species*）还要早七年。在这部著作中，可以明确地见到其有关"传

---

① Will Barton, Andrew Beck（2005）Get set for communication studies, Edinburgh: Edinburgh University Press p4.

② ［法］阿芒·马特拉、米歇尔·马特拉：《传播学简史》，孙五三译，中国人民大学出版社 2008 年版，第 1 页。

播作为社会有机系统"的论点。而从 1870 年开始，他逐步阐述了这部著作中的思想——将生物秩序和社会秩序之间的关联性假设推向极致，并借用生物学、物理学中能量和力的概念对圣西门的"社会有机体"模式论作了极其细致的阐述。斯宾塞认为，工业社会的进步发展和生物界的进化具有相似性。工业社会也是从同质到异质、从简单到复杂、从集中到分化、变成越来越具有内聚力的完整"社会有机体"的过程。随着社会的发展，社会有机体内部的功能性分工将越来越明确，而各个社会机构作为社会有机体的器官之间的依赖性也将越来越强。他进一步强调了流通系统在社会有机体中的作用，并认为，在这个系统整体中，流通系统就是人体的血管，是执行配送和调节的基本器官。由"道路"、"运河"和"铁路"构成的配送系统确保"营养物质"的分配。而我们现代意义上的传播手段，例如新闻机构、邮政、电报、新闻信息（新闻报道、社会调查）则被斯宾塞称为负责调节流通系统的神经系统，它们管理着中枢系统和外围设备的复杂关系。社会控制中心则通过这些机构影响着社会。

随着哲学家们将社会发展和生物界的进化发展挂上了钩，社会发展作为一种可以和自然科学一样进行实证研究的理念也出现了，孔德在 1830 年至 1842 年完成了他的著作《实证哲学》。在书中，他勾画了实证的人文科学的基本原理。1830 年，《实证主义教程》第一卷正式出版，1842 年，第四卷出版，他在其中正式提出了"社会学"这一名称，并建立起社会学的框架和构思。

（二）媒介是社会发展的战略性动因

"媒介"、"传播"的作用之所以被重视，还与哲学家们认识到了"媒介"和社会发展之间的关系有关。孔德最早在其著作中将历史划分为递进的三个阶段：第一阶段为神学或虚构的阶段；接着是形而上或者是抽象的阶段；最后是实证或是科学的阶段。[①] 最初的传播理论来自于这些关于人类社会发展的描述，根据这样的历史观，社会进步只能通过一个中心向外围辐射其价值来完成，在帝国兴衰的文明史中，媒介的作用显现出来，这些理论主要来自人种学家和地理学家，这些传播和社会发展之间互动关系的原始观点在后来英尼斯的著述中得到了明晰的阐述，在发展社会学中，媒介一直被认为是有战略性作用的。到了 19 世纪末，把传播系统描述为社会发展与文明之动因的社会生物学模式得到了普遍的认可。

（三）塔尔德的模仿理论

法国社会学家塔尔德（Jean Gabriel Tarde，1843—1904）与孔德、迪尔凯姆同为 19 世纪法国社会学的创始人。出版有《模仿的法则》、《舆论与群集》等著作。塔尔德理论的核心概念是"发明"、"模仿"和"对立"。他认为，发明是人类文明发展最终的力量源泉，但是发明并不能够立即被世人所接受或获得，而要经历一个漫长的模仿过程。模仿是通过人与人的接触和传播发生的，既然模仿是"最基本的社会现象"，那么传播也就是最基本的互动渠道。塔尔德还总结出"模仿法则"，例如最容易模仿的发明是与已有的事物（already insitutionalized）相类似的发明，模仿一般开始于上层社会等。塔尔德的模仿理论对后来从社会心理学角度研究传播在人格形成和人的社会化过程中的作用具有重要影响。

此外，塔尔德还关注公众（publics）和舆论（opinions）。他指出，公众是由具有共同经验的成员组成的，成员之间并不需要存在直接的物理接触。他认为科技的发展，例如电报、电话、大量出版的书籍（mass–produced books）对

---

① ［法］阿芒·马特拉、米歇尔·马特拉：《传播学简史》，孙五三译，中国人民大学出版社 2008 年版，第 1 页。

于公众（publics）的产生具有重要意义。而报刊则在其中起着独特的、至关重要而又独立的作用，报刊增强了公众个体的自主性，是公众的"精神纽带"，增强了公众的凝聚力，并在"理性的舆论"形成过程中发挥着重要作用。

塔尔德还强调定量分析方法对于社会学研究的重要性。他搜集了大量关于工业生产、罢工、犯罪率、选举等社会行为的信息，以此来测量大众舆论的变化，这可以说是态度测量以及传播学定量研究传统的开端。根据这些数据，塔尔德在其《舆论与群集》一书中对舆论的结构及其形成、运动过程等做了详细分析。①

（四）齐美尔的网络理论

齐美尔（Georg Simmel，1858—1918，或译为西默尔）是德国著名社会学家，形式社会学的创始人。他认为，社会是一个过程，一种具有意识的个体之间互动的过程，正是人与人之间的互动才构成了现实的社会。他指出，社会学就是"关于人与人之间相互关系的科学"，而社会关系就体现在人与人之间是否存在信息传播。由此，他将社会学研究的焦点转移到由传播建立起来的"人与人之间的相互关系"。

齐美尔可以说是社会网络学派的鼻祖。他在《群体联系的网络》（*The web of Group Affilia-tion*，1922）一书中首次使用了"网络"一词，并把社会想象为相互交织的社会关系，社会是相互之间有多重关系的单个的人所构成的一个复杂网络，这些单个的人处于经常的相互作用之中。社会中的任何个人所进行的行为都是互动的，都是在相互关系网中实现的，处于网络中的个体行为必然会受到网络的影响和约束，因此要解释人的行为，最根本的是要搞清楚个人在这个传播网络中的位置，也就是与谁有着信息传播关系。②

综上来看，达尔文、马克思对于社会宏观状况的阐述促发了后来批判传播理论，例如法兰克福学派、英国文化研究学派等的研究；弗洛伊德偏重于个体的研究则影响了后来霍夫兰的说服研究；圣西门和孔德"将社会发展与生物界发展相联系"的思想为"将传播看做促成社会变革的动力因素"进行研究提供了新思路，从而影响了英尼斯和麦克卢汉后来的"技术决定主义"的传播学研究；塔尔德的模仿理论为后来的公众和舆论研究提供了思想源泉；齐美尔的网络理论则为卢因的群体动力论、场论能研究提供了思想基础。

【管璘（1974—　）女，中国传媒大学传播研究院传播学专业2012级博士生】

---

① 宫承波著：《传播学纲要》，中国广播电视出版社2007年版，第5页。
② 宫承波著：《传播学纲要》，中国广播电视出版社2007年版，第5页。

Culture Creative Industry *Research*

文化创意产业研究

"微"时代下网络社区的盈利模式探析
——以依托于社区文化的天涯为例

【摘　要】本文通过对天涯社区文化、天涯网页中广告的使用类型进行梳理，总结出天涯社区的盈利模式，以期为网络社区的盈利提供一种可遵循的范本。

【关键词】网络社区　社区文化　天涯　广告盈利

■　王靖雨

截至 2013 年 3 月底，新浪微博注册用户数超过 5.36 亿，一位大 V 的粉丝量就可达到 5000 多万。"2013 年 8 月 13 日，新浪公司（NAS-DAQ GS：SINA）公布了截至 2013 年 6 月 30 日第二季度未经审计的财务报告。新浪微博在本季度商业化取得良好成效，微博广告营收为 3000 万美元，微博其他营收为 770 万美元。"① 与微博的巨大用户数和营业收入相比，天涯社区作为非上市公司，甚至连财务报告都无处可查。但是，截至 2014 年 3 月，天涯社区注册用户数突破 88 万，同时在线用户数长期维持在 80 万至 123 万之间。对于广告公司来说，这些用户仍然是不可忽视的存在，对于天涯来说，超百万的活跃用户仍可视为巨大的资源。

作为国内较有影响的社区类新媒体，相对于微博、微信单一的平台功能，天涯社区为用户提供了论坛、博客、问答、部落等多种可参与的媒体形式。让受众逃出 140 字的束缚，发表大篇幅

的观点、抱怨，也可观看别人的生活琐事。用户在使用社区论坛时，卷入度更高，这吸引了大量忠实用户的长期参与，这些注意力资源是天涯社区盈利的基础，而由注意力集聚形成的社区文化，是广告商精准投放广告的依据。

一、天涯社区概述

现代都市文化的兴起，人成了社会大工业中的一个零件，现实中的社会关系链不断萎缩和弱化。但仍有大部分人需要一个维系深度人际关系和文化消遣的平台，天涯应运而生。天涯的非实名制使得社区内的人在维系小圈子真实关系的同时，在大的平台上保持了匿名的安全感。虽然微博、微信已成为网络交往的主要工具，但天涯社区仍是国内最具影响的网络虚拟社区之一。

"天涯 1999 年 3 月创办，在 2004 年年底'中国 BBS 社区 100 强'的评选活动中，天涯被

---

① 中商情报网，http://www.askci.com/news/201308/19/191450490212.shtml。

评为'中国第一BBS社区'。天涯用户在性别、身份、学业背景、地域以及网络使用程度上分布各不相同，用户组成异质。"① 这样一来，巨量的异质用户使得天涯像个大杂院一样，容纳各种人群和思想，不同思潮之间进行碰撞，用户对各种论坛中热帖的持续关注，都加强了天涯用户的忠诚度。这让天涯成为一个牢固把握用户的优质广告平台。

天涯的口号是"有见识的人都在此"。这句口号容易识记，也会使用户在使用天涯时，将自己定位为"有见识的人"，塑造了用户对自身身份的想象，加强了天涯用户的身份认同。

在天涯主页上，有横栏导航和纵栏导航。按横栏顺序来看，"天涯论坛"是必须要谈及的板块。天涯的影响力发端于天涯社区，这种影响力也为天涯维系了较高的人气。天涯论坛又下设54个分论坛，法制、经济、游戏、媒体、文学、收藏、娱乐、影像无所不包。

天涯博客，由于不像论坛那样，使用分楼制，评论都是跟在博客正文后面显示，所以是更加私密化的表达空间。天涯通过标示天涯名博、对博主进行博客排名、显示单篇文章的日访问量和总访问量等手段，鼓励精品博客。

"天涯游戏"则通过刊出大幅游戏图片，直接连到游戏官网，并将游戏、游戏新闻、游戏话题、游戏人物汇聚在一起。

"天涯客"是旅游专题栏目，汇聚"论坛"、"酒店"、"目的地"，是用户在旅游规划中常需要使用的项目。

"天涯读书"栏目，作家访谈居于首位，紧随其后的便是"推荐"和"点击榜"，推荐代表了栏目编辑的意见，同时也有广告因素，点击榜则在更大程度上代表了普通网民的肯定，天涯做

到了两者并重，较好地协调了广告与用户认可之间的关系。

二、"微时代"的个性——天涯的社区文化

天涯独特的社区文化是在天涯社区发展的历史上逐步积累形成的。"2000年，当时还不太有名的天涯社区与《天涯》杂志合作，共同推出'天涯纵横'，版主为著名学者李陀。借助《天涯》杂志在文化圈的影响力，大量学者和教授来到了天涯社区，打造的中国第一思想学术论坛——'关天茶舍'，成为一代互联网的标志，天涯也因此获得了最初的优质用户和在传媒圈的良好口碑。这些为天涯发挥社会影响力奠定了坚实的基础，也是天涯上很多事件能够迅速放大成为社会事件的重要原因。2005年以前，天涯诞生了众多源发网络事件，通过这些网络事件的传播，天涯迅速成为知名的网络社区。2005年，天涯用户数迅猛增加，由于用户结构逐步和社会人口结构趋同，网络事件和社会事件也迅速同质化。从这一时期开始，天涯成为社会事件的催化剂和放大器，而山西黑砖窑和陕西华南虎事件正是典型代表。"② 天涯在之后的发展中，继承了对社会、人文的关怀传统，其用户与社区形成了强大的亲近感。

与微博相比，天涯社区内的阅读更像是深度阅读，但天涯不是精英的集散地。天涯更像是一个大杂院，其社区文化也更像是一种"大杂院文化"。与微信相比，天涯社区内的传播模式更像是与小群体传播相结合的大众传播。人们来到天涯总会找到自己感兴趣的话题，找到志趣相投的人群。可以自己发帖、发博客，也可以围观、评

---

① 刘永谋、夏学英：《虚拟社区话语冲突研究——以天涯社区为例》，载于《长沙理工大学学报》2006年第4期。

② 魏寿华：《"天涯现象"——网络论坛是如何炼成的?》，载于《新闻战线》2010年第4期。

论别人的帖子，既可以关注国际大事，也可仅仅着眼日常生活的具体琐碎。这种街谈巷议式的交流，因为汇聚人数多，而生成了能量，既满足了每个人的表达欲，又在整个社区中形成了深度见解、多维视角、宽阔触面。

在现今的天涯论坛上，有深度的学术性文章如关天茶舍等，虽然人气相对低，但仍有力地提供着深度思考的空间，充当着天涯社区的精神核心。最有人气的天涯八卦、天涯杂谈、情感论坛等，汇聚来的人更像是各种饮食男女。这些阶层不同学识不同的人，在天涯进行着分布式、众包式、集体式的写作，也进行着随性的围观和评论，所有这些都成就了天涯的人气。

三、基于社区文化的广告和盈利

天涯社区的盈利目前主要还是依靠广告收入。天涯的广告收入主要有两点依托：一是通过社区文化吸引大量的忠诚用户，这些优质而丰富的注意力资源意味着大量的广告投放；二是尽量减少广告对用户正常浏览网页的骚扰，以避免用户对广告品牌和天涯社区产生厌烦心理。"给需要的人最大的帮助，给不需要的人最小的打扰。"[1]

在第二点上，天涯广告的用户体验可以说是比较出色的，并不给人厌烦感。因为同时期内，新浪微博采用的是页面上部强制性地推广广告，视频网站采用的是强制性广告，部分网站采用的是强弹视频或者飞窗广告，让用户烦不胜烦。

"广告产品方面，2009年天涯从媒体价值、口碑传播、社区商务、技术创新四个方向上规划了全新的广告产品体系，使广告产品架构更清晰、更合理，对广告客户服务的针对性更强、更深入。基于天涯的传播模型共同研发具有社区营销行业领先技术水平的用户行为定向广告系统；加强与 Google 的技术合作，基于天涯的传播模型共同研发具有社区营销行业领先技术水平的用户行为定向广告系统。"[2]

在具体的广告类别上，天涯社区的广告可分两类。一类为纯粹内容推荐广告，如个人博客下方的名博推荐，帖子下方的相关推荐等；另一类为盈利性广告，如主页弹窗广告，分论坛顶部和右部的长条块静态广告，分论坛主栏目下的推广链接，读书、旅游类分站中各种形式的广告，个人小站中右侧栏的静态广告等。

第一类广告较为简单。天涯作为一个特点比较鲜明的社区，向用户推荐一些热帖或者价值观鲜明的博客，一来有利于更多的用户参与讨论，提高用户活跃度，加强社区内公共空间的构建。二来有利于增加用户在站内的访问量，原本只想发个博客或者随便逛逛的用户，通过网页中的链接，可以多看一些网页，增加网页中广告的到达人数。三来对于天涯这种大杂院社区，用户需要的内容通过各种链接基本可以实现"一站式看齐"，增加用户在站内的停留时间，有利于提高用户忠诚度。因此，尽管不能直接盈利，这类广告却在增加浏览量和维系忠诚度方面作出了巨大贡献，为进一步的广告投放和盈利做好了铺垫。

第二类广告作为天涯盈利的主力军，在投放和设计方面都经过了仔细考量。

1. 主页弹窗广告

因为主页弹窗广告对用户继续操作产生了一定障碍，考虑到用户体验和广告到达量，天涯社区整个站点，只有少数几处使用了主页弹窗广

① 石晓媛：《危机下的"影响力延伸战略"——专访天涯社区营销副总裁于立娟》，载于《广告主市场观察》2009年第5期。
② 石晓媛：《危机下的"影响力延伸战略"——专访天涯社区营销副总裁于立娟》，载于《广告主市场观察》2009年第5期。

告。一处是进入天涯社区的用户欢迎页面，在这个页面上，首行是用户欢迎语，其下是图片广告，画面干净，颜色以白色和淡黄色为主，尽量不产生喧哗的感觉，用户只要点击欢迎语旁边的"进入社区"按钮，就可关闭广告进入社区。另外一处是进入某个分论坛时，会弹出接近5秒的图片广告，色调与进入社区的弹窗广告相同，播完便会消失，用户也可用关闭按钮直接关掉，广告时间短，以动画为主要形式，但是出现在哪个分论坛首页是随机的，用户在各个分论坛间浏览时，不会每到一个分论坛就弹出广告。这种随机方式不易引起用户反感。

2. 分论坛顶部、中部和右部的长条块广告

其中顶部广告有的是动态，有的是静态，大多为商家投放，在不同的分论坛中，广告内容有一定的区分，比如时尚分论坛内为时尚新品广告和购物晒单专区，旅游分论坛内是旅游地广告，但在非专业性论坛中，区分度并不大。右部广告中动态的较少，而且一部分是通过追踪用户的购物习惯而进行定点推介，另一部分是非定点推介，两种广告相互穿插。

3. 读书、旅游类分站中各种形式的广告

这些论坛中广告形式更多。在"天涯客"中，酒店预订的链接位于页面上方右边极易被看到的地方。除热帖推荐和旅游攻略之外的其他板块基本都与广告相关，特惠酒店、精品线路、热门景区占据了网页的中心位置。在这类模块中，天涯将非广告内容做精，使用户有使用这些分论坛的需要，给广告内容提供依托空间。目前来说，天涯旅游的业务刚刚起步，名气不如一些专业类的旅游攻略网站。但是依托于天涯已有的用户群，仍有较大的发展空间。

在微博、微信时代，天涯社区作为一个较有影响力的传统网络形式，虽然用户总量无法与前两者相比，但其仍能牢固抓住超百万的忠实用户，本身就是一个巨大的成就，也为网络发声的多元化提供了可能。

在营销过程中，天涯讲究方式方法，依靠用户生产，坚定做足内容，给广告发布提供了空间和传播效果。同时又能协调好广告与用户体验之间的关系，给新媒体广告业做出了良好的示范。以社区文化为本的网络广告模式，再次证明了新媒体时代"内容为王、渠道并重"的理论，也让广告主在微博之外多了一处选择。

但是，微博、微信对网络社区的冲击是显而易见的。天涯、猫扑、西祠等社区的影响力与微博产生之前已不可同日而语。除巩固已有用户的忠诚度之外，网络社区还应更加积极地拓展新的用户群，实现用户数量和忠诚度的双增加，这是其维持盈利的根本。

【王靖雨（1989—　　），女，中国人民大学新闻学院硕士生】

新世纪网络动画初探

【摘　要】随着互联网技术的发展，网络动画在我国迅速崛起，它凭借互联网优势成为与影院动画、电视动画并列的全新门类。在十余年的发展历程中，网络动画形成了流媒体性强、受众面广的大众化风格，展现出了令人惊讶的原创能力。

【关键词】网络动画　发展历程　特征　代表作品

■ 朱逸伦

一、发展历程

20世纪90年代互联网开始为人们所熟知，随着电脑进入寻常百姓家，互联网全方位的信息服务功能得以实现，网络以其锐不可当之势渗透到日常生活的每个角落，同时也成为与电影、电视平齐的又一动画作品呈现平台，由此也衍生出了中国动画的新门类——网络动画。

网络动画又称原创网络动画，即 Original Net Anime（简称 ONA），指的是以互联网作为最初或主要发行渠道的动画作品。早期的网络动画受到硬件设备和网速的制约，因而常以 Flash 动画为主。

Flash 最初是一款多媒体动画制作软件的名称，由美国 Macromedia 公司推出，作为交互式动画设计工具，Flash 软件可以将音乐、音效和可动的画面方便地融合在一起，制作出高品质的动态效果。Flash 动画只需要很小的空间就能够储存大量的信息，可以一边下载一边播放，在网络带宽不足的环境下拥有无可匹敌的优势。此外，Flash 简单易学、上手很快，很多人不用经过专业训练，通过自学也能制作出不错的 Flash 作品。

Flash 动画能够集成到 Html、JavaScript 等多种网页语言当中，由于制作出的是矢量图，无论怎样放大、缩小都不会影响画面比例，因而可以在多种媒体形态中进行转存。Flash 界面友好，具有很强的人机交互性，观众可以通过点击按钮、选择菜单来控制动画的播放，Flash 因而成为网络多媒体的主流。

2001年前后，Flash 动画开始在中国的动画市场风行，一首《东北人都是活雷锋》的动画 MV 开风气之先，人们逐渐接受并喜欢上了这种动画的新形式。与此同时，网络动画系列短片《大话三国》、《轻松十分》等相继走红，动画 MV 与搞笑短片由此成为网络动画的两大主题。

《东北人都是活雷锋》MV

《大话三国》片段

随着硬件设备的更新和网络环境的改善，众多 Web2.0 视频网站出现，网络动画开始大量使用 2D 或 3DCG（电脑三维）技术，并请来专业配音演员加入制作，动画作品的质量日益精良。网络动画的走红不仅使专门制作网络动画作品的个人和小型团体不断增多，一些商业动画公司也开始通过与大型视频网站合作的方式，制作一些用于网络发布的动画作品，网络动画的商业价值越来越为人们所重视。

从《李献计历险记》到《我叫 MT》，从《豆儿系列》到《瞎兵泄将》系列，从炮炮兵、张小盒到悠嘻猴、小胖妞，随着计算机技术的不断进步，网络动画必将迎来更为广阔的创作空间，成为人们所钟爱的又一动画类型。

二、主要特征

网络动画是传统动画艺术与互联网技术的结合体，表现风格多样、作品题材广泛，在将想象赋予视觉表现的过程中，网络动画更加注重与现实生活、个人体验的联系，因而与其他动画形式相比更具时代性与亲和力。归纳起来，网络动画主要有如下特征：

（一）依靠网络传播

网络动画依托互联网发展起来，因而符合网络传播的特性。由于制作周期较短、运算量有限，网络动画帧数较少、帧频较低，造型和色彩相对简单，这些被传统动画视之为弊端的却正是网络动画的风格所在。网络动画虽然可以移植到其他媒体播放，但就观看效果而言，依然是以电脑、手机、平板等小屏幕网络终端设备为佳。

手机 3G 时代的来临扩大了网络动画的发展空间。2009 年，央视国际打造的《绝对小孩》上线，成为我国手机动漫产业领域内一次大胆而成功的尝试。2010 年，3G 动漫成为最值得关注的产业现象，因成果显著，2010 年被称为"手机动漫元年"。

网络动漫对互联网依赖性强，因此必须进行准确定位，明确自身的发展方向。网络动画的基本制作工具——Flash 软件的升级过程颇具代表性。2012 年，Adobe Flash Professional CS6 版本发布，该软件为创建数字动画、交互式 Web 站点、桌面应用程序以及手机应用程序开发提供了功能全面的创作和编辑环境。自 4.0 版以后，Flash 对二维动画制作功能的改进并不十分显著，而是主要升级了 Action Script 函数调用功能，增强了软件的交互性，这说明 Flash 将自身明确定位在网络动画，而非传统二维动画的创作应用上。

（二）流媒体性

流媒体是指以流的方式在网络中传输音频、视频和多媒体文件的形式，流媒体文件格式是支持采用流式传输及播放的媒体格式。供应商将视频和音频等多媒体文件经过特殊的压缩方式分成一个个压缩包，由服务器向用户计算机连续、实时传送。在采用流式传输方式的系统中，用户只需要经过几秒或几十秒的启动延时，即可在用户计算机上利用相应的播放器对压缩的视频或音频等流式媒体文件进行播放，剩余的部分将继续进行下载，直至播放完毕。

由于网络动画存储于远程服务器中，网民的观看时间与终端设备显示影像之间存在时间差，按照数据包全部下载完毕再播放的传统方式，时间差必然加大，网民的收看行为将会受到影响，因此流媒体方式缩减了网络动画的启动时间，缓解了因传输引发的播放迟滞。

为丰富网民的延时等待时间，网络动画可以在动画下载的过程中提供有趣的指示性 Loading 动画，也可以在播放器旁放置广告以增加收入。

（三）大众化风格

网络动画作品多为短片，即使以系列片的形式呈现，也因每集时长较短而与传统系列片有所不同。与艺术短片的曲高和寡相反，网络动画从创作之初就是为了将作者的意图展现给广大观众，只有为观众所接受，网络动画的创作才可以算作成功。因此，在内容表达以及风格表现方面，网络动画都必须迎合大众的审美需求，以通俗的视觉语言展示创作意图。

在互联网内容极度丰富的前提下，可供网民选择的动画作品数不胜数，只有符合大众口味才不会使观众放弃观看，从众多的同类作品中脱颖而出。网络动画不仅能够以故事吸引观众、以画面打动观众，还能够仅凭借声音的塑造集聚起大量粉丝。2010 年，中国传媒大学南广学院 2006 级播音与主持艺术专业的四名男生组成网络配音组合"CUCN201"，为《搞笑漫画日和》进行中文配音，四人分工严格，以个人的声线特质决定该为哪个角色配音，他们的配音脚本完全根据字幕组已有的中文翻译加工，并在其中加入了很多生活用语或同学们的口头禅，为广大网友贡献了一批诸如"给力"、"我勒个擦"、"这货不是……"等经典流行语。

（四）受众面广

中国动画在发展进程中一度产生了不少带有较强思辨意味的优秀作品，但 20 世纪七八十年代，动画普遍被认为是小儿科的东西，是少年儿童的生活调剂，过于深刻的内容儿童无法理解，所以不该出现在作品中。以 1984 年的《金猴降妖》为例，这部难得的佳作因采用了新锐的叙事手段，被认为"不符合少年儿童的欣赏口味"而招致评论界的猛烈批评。[①] "1961 年周恩来总理明确提出'寓教于乐'的创作方针后，中国动画艺术家们遵循动画艺术规律，注重动画语言抒情言志，让作品的思想内容有机地融合于形式之中，以得到更为生动的体现，寓教于乐得以最佳体现。"[②] 自此，中国动画在很长一段时间内遵循着"寓教于乐"的创作原则。事实上，动画创作面向儿童的"低幼化"误区影响极为深远，以 2010 年为例，我国全年共制作完成 385 部动画片，有近 30％的作品仍局限于教育和童话题材。[③]

网络动画与传统动画不同，自诞生之日起，就以网民作为主要受众。2013 年 7 月的 CNNIC 数据显示，我国 10 岁至 19 岁网民占网民总数的 23.2％，20 岁至 29 岁网民占网民总数的 29.5％，30 岁至 39 岁网民占网民总数的 26.1％。在动画片浸润中长大的 80 后、90 后、00 后同为网络动画的主体受众组成，网络动画因此具备了面向广泛年龄层受众的特质，扭转了我国动画创作中"低幼化"、"德育为主"等理解偏差。

网络动画为成人受众提供了大量可观赏的内容，它的草根性、平民性并没有完全抹杀其艺术性，尽管现阶段网络动画作品更重娱乐，未来的网

---

① 范黎明：《中国动画的昨天、今天与明天》，载于《太原大学学报》2001 年第 3 期。

② 尹艳：《动画电影中的"中国学派"》，载于《当代电影》1988 年第 6 期。

③ 新浪网：《浴火涅槃——中国动画十年发展路（2001 年—2010 年）》，http://blog.sina.com.cn/s/blog_928a02720100xhr9.html。

络动画一定会加深思想意涵，孕育出更多的经典之作。

三、代表作品简介

这一时期，网络动画作品层出不穷、作品质量参差不齐，在文化产业处于买方市场的背景下，经过优胜劣汰的自然选择，一批令人印象深刻的网络动画作品和网络动画形象站稳了脚跟。

（一）《李献计历险记》

李阳用时两年多完成的动画处女作，该片融入了 80 后的集体记忆，对好莱坞大片进行戏仿，加入了恶搞国际时事的娱乐元素，仅在豆瓣网上就有七万多网友参与评价，被网友盛赞为"2009 年最牛的国产动画片"，获得 2010 年土豆映像节最佳动画片奖。

《李献计历险记》

（二）小破孩

2002 年，Flash 动画《中秋背媳妇》在网上被无数次地点击、转发，小破孩和小丫两个胖乎乎的卡通人物得到了广大网友的喜爱。小破孩系列作品由上海拾荒动画设计有限公司制作，既具有浓郁的中国特色又包含流行的时尚元素，已推出系列动画 130 集，以及漫画、游戏、表情、图片、壁纸等一系列周边产品。

小破孩动画注重娱乐性、思想性、艺术性的结合，动画内容取材广泛，中国传统文化素材、武侠题材、爱情题材、即时性题材、公益题材都有所涉及。2005 年获得首届中国网络交互动画专业专项大奖金闪客奖的最佳网络卡通形象奖。

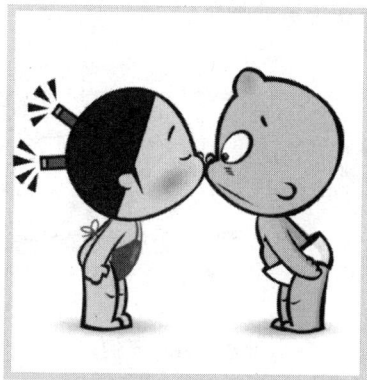

小破孩与小丫

（三）绿豆蛙

绿豆蛙最初是为了与流氓兔、Pucca 娃娃抗衡而设计出的系列表情，后被上海蓝雪数码科技有限公司收入麾下进行商业运作。蓝雪数码将绿豆蛙打造成虚拟公益明星，与上海、深圳等地政府合作，在地铁等公共场所播放绿豆蛙系列公益动画。2011 年绿豆蛙成为南非德班气候大会环保形象大使。2012 年绿豆蛙在第五届金海豚奖评选中入围最佳手机动画奖。

绿豆蛙

（四）张小盒

中国著名动漫形象，最初于 2006 年在互联网上推出，被媒体誉为"最著名的中国上班族动漫形象代言人"。除动画、表情外，张小盒还拥有相当数量的周边产品，并被国家话剧院改编成话剧演出，是国内首部由动漫改编成话剧的作品。2009 年张小盒获亚洲青年动漫大赛"最佳形象设计奖"、最佳作品提名。2010 年获厦门国际动漫节银海豚动画奖。

张小盒和同事们

（五）《豆儿日记》

北京蓝月谷文化传媒有限公司于 2008 年推出的 38 集国产原创 3D 动画短片，分为生活和欢动两个系列。讲述了一颗叫豆儿的绿色豆子的成长过程以及豆儿和芽儿的爱情故事。该片曾以动画的形式代言了 2008 年 IEF 国际数字娱乐嘉年华的宣传片，并入围第 15 届上海电视节动画创投优秀项目。

豆儿和芽儿

（六）《国宝的爱情》

主人公 BoBo 是一只胖胖的熊猫，主人公 ToTo 是一只瘦弱的公鸡，他们在城市中相遇，超越了胖瘦、贵贱、物种而彼此相爱，被网友视作"爱与梦想"的代言。

彼岸天文化有限公司创立的卡通品牌 BOBO&TOTO 以"带着爱与梦想生活"为核心理念，15 集动画短片一经推出便获得广大网友盛赞。2006 年 BOBO&TOTO 电视电影《燕尾蝶》获得了金龙奖年度最佳动画片奖，以及金闪客奖年度最佳网络动画片奖。

BOBO&TOTO

（七）《我叫 MT》

七彩映画工作室出品的原创 3D 网络动画，是被众多网友冠之以"国产动画新光芒"的动画剧集。该片是以网络游戏《魔兽》为核心的同人①网络动画。《我叫 MT》由一群游戏动漫爱好者共同打造，清新、幽默的风格倍受魔兽玩家推崇。该片的一至五季已完结，第六季正在连载中。

《我叫 MT》在国内颇具人气，在国外也受到了很多人的喜爱。魔兽视频网站上第一季、第二季的评价都在 4.5 以上（满分 5）。2010 年

---

① "同人"一词来自日语的"どうじん"，原指有着相同志向的人们。现衍生为由漫画、动画、游戏、小说、影视等作品甚至现实里已知的人物、故事衍生出来的文章、图片、影音、游戏等。同人作品一般被认为不具有版权，不可以进行商业运作且随时可以被版权所有者取缔。

《我叫 MT》在土豆映像节上获得了金镜头单元最受欢迎播客奖。

《我叫 MT》

（八）《哐哐日记》

中国独立原创动画的重要代表和领军人物、国内著名动画项目策划人皮三的代表作品。又名《哐哐哐》，是互象动画公司推出的系列短片。该系列由真实而夸张的故事情节和在 80 年代广为流传的儿童歌曲组成。内容讽刺辛辣、画面暴力血腥、情节有趣搞笑，因强烈反映 80 后的心声而在青少年中流传。《哐哐日记》目前有 13 集，其中，《三八线》获 2009 年土豆映像节新视界奖，同年获得厦门国际动画节金海豚奖最佳网络动画金奖。

《哐哐日记》

（九）《小胖妞》

全片共 5 集，讲述了一个女孩为爱不顾一切的简单故事，3D 效果虽不奢华却感动了大批网友。2010 年《小胖妞 1》荣获第七届金龙奖最佳动画短片提名奖、伦敦万象电影节最佳动画短片奖、东北亚国际动漫大赛最佳动画短片银奖。2012 年《小胖妞 3》荣获爱西柚中国网络视频盛典网络人气原创动画片奖、金考拉国际华语电影节最佳短片导演奖。

《小胖妞》

（十）《罗小黑战记》

中国大陆独立动画制作人 MTJJ 及其工作室制作的一部动画片，2011 年出品，播放平台主要是网络。2012 年 3 月，罗小黑工作室变身为北京寒木春华动画技术有限公司，以运营国内原创动漫形象罗小黑为主。《罗小黑战记》每集

《罗小黑战记》

5 分钟左右，目前已有 7 集动画和一部番外①，是一部治愈系萌动画。

（十一）《泡芙小姐》

《泡芙小姐》系列每集 20 分钟左右，由一个独立成篇的小故事构成，目前已有 4 季共 49 集，2013 年《泡芙小姐》又推出迷你剧·花漾季，每集仅 3 分钟。

2011 年优酷网和互象动画共同出品的系列都市情感剧《泡芙小姐》在优酷网首播，成为优酷网截至目前最大规模的在线短片。2012 年《泡芙小姐第一季》获得了国内首个专注互联网全平台的影像评选活动——第一届未来影像季的最佳网络连续剧、最佳导演、最佳剪辑三个奖项。

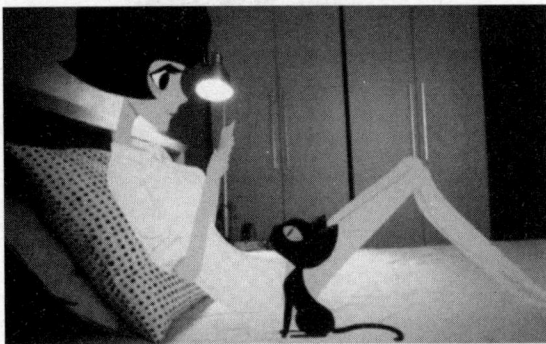

《泡芙小姐》

（十二）土豆侠系列

土豆侠系列福州天之谷动画有限公司制作出品，现已出到第 5 集，并有 3 部番外。其中，《土豆侠贺岁之龙腾福跃》一片获得了第八届中国国际动漫节 2012 年金猴奖中国动画短片优胜奖，以及第五届全球华人非常短片创意大赛最佳微动漫奖。

土豆侠

【朱逸伦（1981— ），女，黑龙江大学文学（传播学）硕士】

---

① "番外"一词来自日本。一番二番是指书本、电视、漫画的目录。番外是对正文所作的补充，通常不录入正文，是作者在题材中加入的部分。番外有三种形式：一是讲述故事主干外的分枝故事，将故事中的人物另作处理，开辟一个新的小故事；二是讲述类似主体的故事但由另一些人出演；三是讲述主干故事中提到但是没有细说的内容，将它们在番外里完全展开，给读者一个交代。

Media Design and Planning

媒体创意与策划

《故事新语》电视节目策划案[①]

■ 郭笑晨

一、节目策划背景

抛弃快食文化，转而挖掘具有年代感的素材，与地域特征相结合，凸显人文情怀，同时在节目中注入年轻人的活力气息，凭借当下大热的真人秀形式，挖掘时代故事，讲述年代历程，通过环节竞赛积累效益，反哺具有年代感的节目素材，从而获得良好的社会效应，形成良性循环——这样一档节目，在追求自我教育和人情味越来越浓的现代社会中，不仅会在收视上脱颖而出，还会吸引更多关注的目光，并引发一系列关于历史、现实和节目形态讨论。

利用元素：

1. 年代感

历史是永恒的财富，尤其是对于历史悠久的中国，上下五千年均是电视节目主创们取之不尽用之不竭的素材。发掘城市历史，寻找故事，寓教于乐，满足观众实现自我提升的诉求，同时，也有益于塑造高品质的栏目乃至频道形象。

2. 真人秀

在电视节目的领域中，对于"年代感"这样的一个形容词更多体现在历史节目，解密节目等一系列的文化教育类节目中，主题虽好但难免显得有些枯燥无味。如何将"年代"这个关键词放入一档好看的节目中，是很多电视从业者思考的问题。

近两年，真人秀节目越来越火爆，从商界精英的商业比拼类节目，到温情有趣的亲子类节目，无一不见真人秀的烙印。事实上，当下存在的各种主题的真人秀节目，要么过于实用却真实缺失，如职场类节目；要么纯粹娱乐养分不多，如亲子类节目。而倘若以年代为主题，以故事为呈现方式，将"年代感"与"真人秀"相结合，则兼顾了教育性与娱乐性，两者可谓相得益彰。

3. 故事

许多节目中，故事的呈现往往是栏目组搜集好的，节目基本是在提供完故事的基础上进行互动与加工。如果将故事交由节目嘉宾/选手来搜索，节目本身只是在摄像机后拍摄整个故事搜集的过程，稍加整理呈现在观众面前，节目效果会不会不一样？答案是肯定的。

在这个过程中，观众看到了不同组别对于故事侧重点的理解不同，看到了不同的思路，看到了成功的"探索"，甚至还看到了不少的弯路与阻挠，这一切对观众来说，除了在轻松娱乐中收获了知识，还感受到了可贵的真实。

4. 公益

本档节目将分为室外及演播厅两个部分，演播厅部分将以知识竞猜作为主体，结合场外故事讲述的人气确定冠军，而冠军除了获得纪念品，还将为栏目组设立的"爱心基金"赢得一定金

① 本策划案系作者《广播电视创意与策划》课作业之一，指导教师吴迪、宫承波。

额，一季结束后的特别节目会将这笔基金捐助给这一集当中节目组采访过的历史研究机构或是符合条件的个人，从而达到传承历史，反哺社会的正面效应。

坚持公益，一方面塑造节目及频道的良好形象，更重要的是，体现了栏目组的良心与责任感，有助于社会正能量的传播。

二、节目设定

1. 节目名称：《故事新说》

说明：节目名称中要体现"故事"这一关键词，即让观众明确节目的主体内容。同时，"新"字表现出故事发生的时代有所不同，是对不同时代的历史的追寻与记录。

2. 节目形态

具有公益性质的文化教育益智类真人秀节目。

3. 节目宗旨

勇于探险，聆听故事，追寻历史的脚步，讲述一段传奇。

说明：作为一档真人秀节目，归根到底是为观众带来休闲娱乐的感官，若能做到寓教于乐，在放松的同时获得知识，则是节目最期待的效果。

4. 节目目标

（1）具有娱乐性，给观众带来轻松有趣的观看体验。电视作为一个令人放松的地方，"好看"应成为每一个节目的标准，让上了一天班的成年人或是完成了一天学业的孩子也能开心地看，应当是每一个节目的目标，也是收视和口碑的保证。

（2）增长见识，扩大视野。由于节目的外景选在不同的城市，纵向上也会选择一个城市的不同时期来呈现，这在客观上增加了观众所接受的知识量，在不知不觉中扩大了知识储备。

（3）形成公益的良性循环。随着选手及嘉宾对故事的探寻，势必会出现许多或草根或官方的机构及个人，他们的共性是对历史的守护和传承，其中一部分可能相当潦倒，此时便可凸显节目的公益性——反哺社会，传承历史。

三、节目形式构思

1. 形式概述

节目主要分为两个板块，第一个板块是场外真人秀，选手和嘉宾协作完成任务；第二个板块是室内的益智问答，全体的选手及嘉宾进行抢答，依据分数高低获得最终名次，获取"爱心基金"。

2. 参与选手及嘉宾

一共三组，每一组三人。三人具体要求如下：

（1）每组中有两人为线下选拔出来的年轻人，年龄在18岁至28岁之间，性别不限，大学生优先考虑。要求具备基础历史常识，具有团队合作精神，同时有较好的人际沟通能力。

（2）每组的第三人为节目组邀请嘉宾，可以是对历史感兴趣的演艺界明星，可以是文化界名人，也可以是网络上关注度高的热点人物，要求为：形象正面，少花边新闻，知名度较高；受教育水平较高或者社会生活经验丰富；可以同组员和谐相处，能较好地接收新鲜事物，具有亲和力。

3. 剪辑要求

	板块一·外场	板块二·内场
录制地点	城市	演播厅
剪辑要求	将三组按照基本上相同的时间段拼接起来，形成"比赶超"的感觉，给观众们悬念，让观众们提起兴趣。	无特殊要求
剪辑时间	九十分钟	三十分钟
主持人	一个主持人、一个引领者	主持人

4. 节目流程

（1）片头

提前做好宣传片，短小精练且具有视觉冲击力，着力表现出节目的故事性。宣传片需结合固定不变的片头和不断更新的活动场景和嘉宾。

（2）演播厅画面

主持人向观众问好，介绍每组经过选拔的选手和具有较高知名度的嘉宾的基本信息。

公布外场城市，简单介绍城市概况。

抛出外场任务，即针对摄制的城市提出三个关键词，可以是年份，可以是人名，也可以是物体的名字，要求关键词须具体，场内观众可进行发散，同主持人互动。

主持人提出选手会如何利用关键词的悬念，切入外场画面。

（3）外场画面

外场主持人和引领者同时出现，主持人为节目组把控节奏和流程的专业主持人，引领者为当地熟悉各个历史时期以及风俗人情的当地人。

三组选手出现，装有关键词的卡片/小球的箱子被抬上来，三组派代表抽签，每个小组抽到什么就要在整个城市中寻找这个围绕这个关键词可能发生的故事，要求一定要和本城市有关，也要和自己抽到的卡片中的关键词有关。

引领者讲述三个关键词所出现的历史时段发生的事情，一方面给每组选手介绍情况，另一方面给选手们提供寻找故事的思路，此过程中，观众也获取了其中的历史知识。

三组分头行动，对于不同的选手要凸显不同的特点：年轻人为花样多、主意多的古灵精怪的角色，每组的明星或是学者扮演给全组把握大方向的角色。

三组的行动时间为 8 个小时，即从早到晚，要在这个时间段内收集选定城市并且同关键词有关的故事，可以以自己感兴趣的方面为主，也可以以是否有趣为选择的标准，一切取决于组内成员。

摄像全程跟拍，剪辑成为 90 分钟的场外版本。其呈现的形式经历以下几个阶段：

每组选手内部开会，总结抽到的关键词同选定城市的关系；

发散思维，讨论有什么样的故事，有什么可以利用的渠道；

决定后去拜访某人或是寻找某个地点或者某样东西（可以随时和引领者通话寻求帮助）；

一路寻找，摄像跟拍。

或许有的组方向错误，被及时纠正，时间却不够用；或许有的组找到自己的故事但并不满意，于是重新来过；或许有的组一帆风顺，提前完成了任务。

最后的结果是三组都找到了符合要求的满意的故事，如果是找人，则和被寻找人攀谈起来，引导他们讲出故事；如果是一样物品，则可以通过各种渠道了解这件物品同时代和地域的关系，以此完成任务。

（4）演播厅画面

主持人代替观众具体询问每一组从开始构思一直到和别人沟通之中发生的故事，以及为什么自己和组员认为某人/某件物品的故事是可以打动观众的。

现场观众投票，喜欢哪一个就为哪一个故事投一票。

现场计票。

票数最多的组获得 50 分底分，第二 40 分，第三 30 分。

每一个小组在拥有底分的情况下进行知识问答，形式为抢答，规则为每答对一题得到 5 分，答错一题扣掉 5 分，哪一组先得到 100 分就为本场的冠军。其中所有题目均为和外场选定城市有关的题目，涉及历史回顾、现实情况、未来规划等，通过年代的不同方面对嘉宾进行考核。

冠军组替栏目组"爱心基金"得到赞助品

牌的款项，同时自己获得冠军纪念奖品。

主持人公布"爱心基金"累计数额，欢迎观众持续关注。

四、播出方式

周播，两期节目为一个完整单元，每期60分钟，第一期侧重场外，并且只公布其中一组找到的故事，留下悬念。第二期回顾第一期，揭晓其他两组找到的故事，内场投票，并通过知识竞答产生冠军。

五、节目行销

1. 宣传手段

作为一档电视节目，主要宣传手段应依托电视广告，扩大受众的覆盖面，在不同节目中全方位对本节目进行推介，不仅有利于节目的宣传，还可以使频道拥有和谐统一的节目风格。

网络的强互动性也应加以利用。通过网络，栏目组可以获得最新最全面的反馈，也能及时发布预告信息，播放节目内容，引导观众讨论，掀起舆论浪潮。

其他宣传手段如户外广告、电台、移动终端等均可尝试，新奇并且令人印象深刻的广告势必会为节目增色。

2. 商业机遇

（1）冠名赞助。可按季竞标赞助商，主持人在提到节目名称时前面会加赞助商名称。冠名赞助的选择除了考虑经济效益，还应该注重品牌同节目性质的贴合度，进行优选。

（2）外场中，任务宣布后的小组内部会议中会使用到平板电脑等电子设备作为资料查询的工具，此处可竞标电子产品。

（3）外场中的饮食均可投放广告机会。

（4）可以与航空公司、旅游类型网站合作开发相关旅游线路，成为广告的一部分。

3. 发展潜力

（1）每两个星期收获3个故事，一季度积攒18个故事，这时18个故事可以进行文字整理，结集出版，一方面呈献给观众许多人许多事物的故事，另一方面相当于地方志，具有时代特色。

（2）每组中有两位成员是通过线下选拔而进入竞赛的，在节目播出初期，线下选拔部分可省略，在发展阶段中，若有良好的市场效应，可考虑将线下选拔提为线上选拔，形成节目。

（3）一季节目之后，进行围绕栏目组"爱心基金"的特别节目，即回访曾经的故事主角，投票选择获得基金的组织或个人，甚至可以选择性地邀请主角们进入演播室，如此，既切实帮助到各个机构公益组织，传承了历史文化，又提升了节目及栏目的形象，一举两得。

4. 注意问题

（1）所选择的城市需要具有较强的文化历史底蕴，才会让选手有得玩，观众有得看。

（2）可能会出现某一小组处处碰壁的问题，此时可求助于引领者，如果实在无法凭小组选手的力量完成任务，那么节目组为了节目质量，要提供相应的解决途径帮助完成任务有困难的小组。

六、策划案例

外景城市：西安

第一组嘉宾：A 指代

第二组嘉宾：B 指代

第三组嘉宾：C 指代

关键词一："远古"

关键词二："唐"

关键词三："1936 年"

抽签结果：A、B、C 分别抽到"远古"、

"唐"、"1936 年"

引领者：西安兴庆宫某—开朗热情、语言表达能力强，且一辈子生活在西安的老大爷。

则这期节目流程为：

1. 片头

2. 演播厅画面

主持人向观众问好，介绍 A、B、C 的基本信息。

公布外场城市为西安，简单介绍城市概况。

抛出外场任务，即西安城的"远古""唐""1936 年"，场内观众进行发散，同主持人互动。

主持人提出 A、B、C 会如何利用关键词的悬念，切入外场画面。

3. 外场画面

外场主持人和老大爷出现。

A、B、C 出现，装有"远古""唐""1936 年"的道具箱被抬上来，三组派代表抽签，得到抽签结果。

老大爷声情并茂地讲述三个关键词相关时间段内的历史，如"远古"有西安市东郊灞桥区浐河东岸的半坡遗址，这是黄河流域一处典型的原始社会母系氏族公社村落遗址；"唐"可知大唐曲江建筑群以及广场，还有老人孩子钟爱的兴庆宫；"1936 年"涉及的事件是西安事变。

三组分头行动。每组可能会经历以下几个阶段：

a. 每组选手内部开会，总结抽到的关键词同选定城市的关系。

b. 发散思维，讨论有什么样的故事，有什么可以利用的渠道。

c. 讨论完毕之后出发。

A 组搭车至半坡博物馆处决定采访馆长建馆时的情况以及趣事。

B 组打算搭车至大雁塔，探访佛教圣地，寻找舍利。

C 组打算搭车至张学良公馆，采访对象未定。

d. 困难及坎坷。

A 组一切顺利。

B 组觉得寻找舍利难以实现，故中途改变主意，决定去寻找在现在仍旧会做霓裳羽衣的设计师。耽误了时间，但是最终确定方向。

C 组到了张学良公馆发现馆长不接受采访，遂打电话至老大爷处寻求帮助，老大爷找到了自己经历此事的老战友的孩子，C 组进展顺利。

最后，三组都找到了符合要求的满意的故事，以此完成任务。

4. 演播厅画面

主持人代替观众具体询问每一组从开始构思一直到和别人沟通之中发生的故事，以及为什么自己和组员认为某人/某件物品的故事是可以打动观众的。

现场观众投票，最终 B 组霓裳羽衣的故事得到 50 分，C 组西安事变老军人后代的故事得到 40 分，A 组半坡探访的故事得到 30 分。

每一个小组在拥有底分的情况下开始进行知识问答，形式为抢答，规则为每答对一题得到 5 分，答错一题扣掉 5 分，哪一组先得到 100 分就为本场的冠军。其中所有题目都是和西安有关的题目，涉及历史回顾、显示情况、未来规划等，通过年代的不同方面对嘉宾进行考核。

最终 C 组得到了冠军。

C 组替栏目组"爱心基金"得到赞助品牌的款项，同时自己获得冠军纪念奖品。

主持人公布"爱心基金"累计数额，欢迎观众持续关注。

【郭笑晨（1993—　），女，中国传媒大学新闻学院媒体创意专业 2011 级本科生】

《年代建筑资料室》电视节目策划案^①
——追忆年代故事，畅游年代踪迹

■ 竺怡冰

一、背景介绍

（一）社会环境

1. "限娱令"的颁布

广电总局下发《关于进一步加强电视上星综合频道节目管理的意见》，从 2012 年 1 月 1 日起，34 个电视上星综合频道要提高新闻类节目播出量，同时对部分类型节目播出实施调控，以防止过度娱乐化和低俗倾向，满足广大观众多样化多层次高品位的收视需求。因此，"限娱令"的提出减少了娱乐性质的内容，之后节目的创新可以主推文化知识的普及。文化知识的普及节目会在娱乐节目中异军突起，给观众带去文化知识的享受。

2. 怀旧风潮

"80 后"主题餐厅的火爆与筷子兄弟的电影《老男孩》的热映等一系列关于怀旧的题材的话题被推上社会舞台。在电视荧屏上，像深圳卫视的《年代秀》、央视的《回声嘹亮》等，虽然它们在情节设置上各有侧重，但大都充满了浓浓的怀旧气息。那么，怀旧话题的火热，让观众回味自己过去的年代，了解其他年代的故事。对应这个话题，年代节目的创意有了市场和空间。

（二）市场调研——同类突出节目《年代秀》分析

《年代秀》节目介绍：

《年代秀》是一档由深圳广播电影电视集团深圳卫视制作的号称"内地综艺旗舰节目"的全明星代际互动综艺秀。每期节目邀请 60、70、80、90、00 后五个年代的 10 位明星嘉宾同台互动。

1. 取其长

娱乐小游戏：带来轻松娱乐氛围

《年代秀》节目是以答题竞技的模式来回顾各个年代的记忆，在答题中，不失几个非常优秀的小游戏，来调动全场轻松欢乐的氛围。

过于严肃的节目不利于吸引受众持续地收看节目，因此，在本节目的设置中邀请了年代代表明星嘉宾，带来些明星效应。在节目的开场，可以用明星嘉宾说提示词或者字谜等小游戏来引出本期节目中所涉及的建筑。

主持人选择：沉稳大气又不失幽默

《年代秀》的主持人赵屹鸥沉稳、风趣、幽默的主持获得了观众的肯定和支持。在各个环节上，能与各个年代的话题有共鸣，并能出色地引发年代话题。

由于本节目注重文化普及，主持人在选择上

---

① 本策划案系作者《广播电视创意与策划》课作业之一，指导教师吴迪、宫承波。

需要沉稳、大气，有一定的知识素养，能把控专业的建筑文化知识。当然，也需要在节目中引发嘉宾等回忆年代故事，有引领性。因此，主持人要能把控现场氛围，专业又不失轻松。

2. 补其短

节目内容：紧抓建筑特色和年代故事

在之前的各类涉及年代的节目中，大多都是畅谈年代的各个方面，从衣食住行到影视歌等，显得较为杂乱，没有很强的专业性。

本节目专注于建筑知识，从中来引发相关的年代故事。从建筑年代特色，到建筑的历史故事，都紧紧围绕着这一主题，从深度挖掘内容，更为专业。

节目环节：增加观众互动内容

之前的节目中，虽然演播室内设有观众，但基本都没有很好地发挥出来。在《年代秀》中的观众虽然会在获胜中与明星选手一起庆祝，但其他时间成了背景，很僵硬。

在本节目中，有大段的嘉宾讨论时间，在这里会请嘉宾根据内容与观众进行互动，积极的关注将获得纪念礼物。观众的互动不仅可以调动现场的活跃气氛，通过观众的故事分享，也能丰富节目内容，在赠送纪念品时，也能为节目和广告商服务。

二、节目定位和宗旨

（一）节目定位

这是一档集建筑知识与年代故事于一身，集文化普及功能与历史传播功能于一体，并加入怀旧因素，力图展现年代建筑特点、年代故事历史的文化普及谈话节目。

（二）节目宗旨

1. 节目标语

追忆年代故事，畅游年代踪迹。

年代故事——节目的目的体现。以各类嘉宾讲述年代故事，带领观众回忆年代的风风雨雨。

年代踪迹——节目的物质体现。节目以建筑为切入点，建筑本身带有痕迹的性质，可以体现年代独特之处。

2. 节目宗旨

专业的知识结合真实的年代故事，用趣味访谈的形式展现年代建筑的特色和其背后的历史故事，给观众带去知识和回忆的享受。

节目以建筑为主题，引出其背后的年代故事；以专家和特约嘉宾为代表，展现真实的建筑知识和年代故事；以明星嘉宾为亮点，带领观众回忆过去年代的点点滴滴。在真人秀等娱乐节目抢占电视收视市场的时候，本节目打破娱乐至上的节目形式，以文化知识普及惠及观众。以新颖的建筑知识为切入点，给观众带去别样文化的享受，而不是拘泥于常见的美食和衣物节目。

三、节目构思

这是一档趣味展现年代特征的文化普及谈话节目。它关注的是具有年代特征的建筑，从建筑中搜寻年代遗留的痕迹。强调建筑风格和背后的年代故事，以静态的象征建筑去追溯年代的风风雨雨。

1. 时长与播出时间

时长：50 分钟

播出时段：周四、周五 18：00—19：00

重播时间：周五、周六 0：00—19：00

2. 节目人员

● 主持人 1 名

成熟稳重，有一定程度地了解年代文化和建筑历史；带点幽默感，能偶尔调侃或者制造一些乐趣。

推荐男主持：赵屹鸥。主持深圳卫视全明星代际互动综艺节目《年代秀》时，鸥哥沉稳、风趣、幽默的主持获得了观众的肯定和支持。在主持以新近发生新闻事件、文化热点为由头的故事类节目《文话视界》时表现的稳重、大气、严肃、博学也非常适合这档节目的主持风格。

- 特约嘉宾 1 名

该特约嘉宾是指当期节目中介绍建筑的相关人员。若是私家建筑则邀请屋主；若是收归国家了，则邀请当地部门的相关负责人。

讲述建筑故事，以及家族故事，增添节目故事性和人文性。

- 专家 1 名

本期节目涉及建筑方面专家或者文化专家。

讲述专业建筑知识或历史文化知识，赋予节目专业性和知识性。

- 嘉宾 3 名

本期节目介绍建筑的相关年代嘉宾。若是 80 年代的则邀请 80 年代的三位相关娱乐圈嘉宾。

讲述一些自身的年代故事，增加娱乐性和可看性。

- 观众 80 名

随机招募，参与互动。

3. 节目环节（见下图表）

开场秀 ⇨ 演播室引题 ⇨ 建筑风采全呈现 ⇨ 年代故事大揭秘 ⇨ 演播室结尾

- 开场秀

可以由参与本期节目的三位嘉宾来进行表演。

以歌舞类表演为主，可以有情景剧的成分存在。

时间：5 分钟。

- 演播室引题

嘉宾、专家都坐在演播室里，主持人随后进场。

主持人介绍在场的嘉宾和专家，引出本期节目涉及的年代和建筑。

由三位嘉宾各自讲出关于这个建筑的关键词，引出年代建筑。

- 建筑风采全呈现

VCR 介绍一下建筑的基本情况（包括建筑年代、地点、占地面积等内容）。

请出特约嘉宾——此次建筑的屋主或是相关人员。

由特约嘉宾讲述一下屋子的基本情况。

VCR 全面展示一下各个建筑细节和年代的建筑特征。

演播室讨论，介绍这个建筑特点和风格，普

及那个年代的类似建筑特征，重点展示突出年代的建筑手法和细节。

- 年代故事大揭秘

VCR 介绍建筑的人文故事，如建筑背景、建设人员、屋主等有年代特征的故事。

配合 VCR，由特约嘉宾讲述家族故事，演播室人员进行讨论。

- 演播室结尾

主持人总结此次节目的主要内容，感谢嘉宾和赞助商。

片尾曲。

4. 录制流程（见下表）

内容	时长（min）	时间
开场秀	5	0：00-5：00
演播室引题	5	5：00-10：00
VCR1 初步介绍建筑	2	10：00-12：00
广告	2	12：00-14：00
演播室讨论	6	14：00-20：00
VCR2 建筑的全面介绍	2	20：00-22：00
演播室讨论	8	22：00-30：00
广告	2	30：00-32：00
VCR3 建筑年代故事	3	32：00-35：00

续表

内容	时长（min）	时间
演播室讨论	13	35：00－48：00
演播室结尾	2	48：00－50：00

这是节目流程时间的安排，根据具体节目的内容可以调整时间的长短，总长度保持在 50 分钟。

VCR 的数量可以调整，特别是演播室讨论部分，加入一些时长短于 1 分钟的小片来丰富内容。

5. 演播室布置

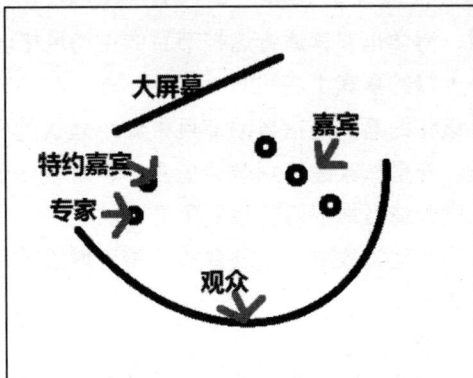

6. 节目流程

节目流程方案		
类别	**顺序**	**具体内容**
	第一步：收集民间建筑资料	发起年代建筑自荐和推荐活动，广泛收集年代出色建筑，观众推荐和节目组寻访相结合
	第一步：筛选资料	在开策划会前，导演提前拿到筛选后的建筑资料、嘉宾资料及策划草案，对建筑分析，以便第一次策划会上讨论
前期准备	第二步：策划会	在策划会结束后，导演在三天之内需要出第一稿（结构框架、具体问题）
	第三步：外出拍摄	小片编导在拿到敲定的选题内容后，拍摄外景小片
	第四步：场地	看场地时需要注意装修、电梯、回音、人员走动等
录制阶段	第五步：录像	录像现场导演负全责
	第六步：录后会	录棚结束后，导演马上看素材，和各个部门沟通这期录棚时所发生的问题所在
后期机房	第七步：编辑稿	录后一天之内出"扒词稿"，导演在收到扒词稿后两天之内提交编辑稿给策划
	第八步：后期	一旦预定机房请准时使用，四天之内交成片
	第九步：审片	每期片子交播出带给责编，责编发现错别字或整句话漏打多打的字幕等
编后工作	第十步：后续	编导在完成播出带后，需另剪 30 秒宣传片和 1—2 分钟左右的花絮
编后票据	第十一步：后勤	负责每期节目的编导在交出播出带后，一周之内把所有素材带、粗编带、《机房时间表》、节目期间所需要报销票据及时交给栏目组制片

7. 演播室职位和要求

职位	工作
导播	现场统筹
导播助理	核对脚本，确定时间
切换	熟悉切换台，设置好切换特效，注意电视墙的各个屏幕

续表

职位	工作
录制	导入录制带
放置	在非编的电脑上导入 VTR 视频，注意放置顺序，核对脚本，注意播放时机
视频技术师	调整摄像机的黑平衡和白平衡，调整录像机的光圈大小，调整亮度
现场导演	和主持人及嘉宾对好手势（如语速、时间提示等），安排现场摄像机的机位
录音师	调试各个话筒、耳麦的声音输入和输出正常，调整音量大小。核对脚本，确认节目中声音的切换程序，注意 VTR 的切入时间和声音大小。在开头和结束时用渐入和渐出
主持人	与嘉宾串稿，与现场导演对好手势。核对脚本，注意讲话时间、VTR 切入时间与整场节目的时间
嘉宾	与主持人串稿，与现场导演对手势。核对脚本，注意讲话时间与整场节目时间
摄像师 1	调整机位，聚焦，核对脚本，进行构图，CAM1 拍嘉宾
摄像师 2	调整机位，聚焦，核对脚本，进行构图，CAM2 全景
摄像师 3	调整机位，聚焦，核对脚本，进行构图，CAM3 拍主持人及特约嘉宾
现场助理	调整话筒、摆花、座椅等安放位置，电视大屏幕管理
场务	辅助现场

四、创意亮点

（一）节目主题：专业知识结合怀旧主题

在节目主题的设定中，应和社会怀旧风潮，提出"年代"主题。每个年代的人都有各自的回忆，年代主题在当今"快餐文化"的时代中是受欢迎的，能给精神紧张的大众带去休息和希望。

而建筑主题的设定，是创新之处。住房是生活之本，而建筑是容易保存并拥有年代特色的产品。当今，介绍建筑的节目，除凤凰卫视的《筑梦天下》之外，国内没有其他优秀的电视节目，因此，建筑话题有很深的点可以挖掘。

（二）节目人员：专业和娱乐相结合

在节目人员的设计上，要全面考虑专业和娱乐的涵盖。屋主、专家是专业的一方，以真实专业的知识普及建筑文化；而嘉宾则是较为娱乐的代表，分享自身的有趣故事。

（三）节目形式：演播室与外景相结合

在《筑梦天下》中，只是由主持人来串联，以小片为主的形式，过于单调和疏离，缺失趣味和人情的体现。

本节目演播室的活动与外景相结合，基本的配比是 2：1 的内容。演播室的内容是较为主体的，嘉宾与观众的互动，带来专业知识解读和年代故事畅聊。结合外景对建筑的全方位拍摄，能全面地给观众展现年代建筑的魅力。

（四）节目环节：两大环节相辅相成

"建筑风采全呈现"和"年代故事大揭秘"两大环节是节目的主要内容。这两大环节是相辅相成的。建筑特色展现年代故事，年代特征体现建筑风格。知识与文化相结合，两个环节相辅相成。

（五）节目活动：观众建筑推荐搜集

每期节目中，具体的建筑的搜集由两部分构成，观众推荐及节目组寻访。在节目开始前发动活动，让观众作为挖掘人来推荐身边的突出建筑，既可以增加节目的关注度，又能让节目更为全面、贴近百姓。节目组的力量较小，而全国观众的力量较大，这样挖掘出的建筑就更为丰富。节目组将会给采纳的推荐人以一定的奖励。

五、宣传预案

《年代建筑资料室》节目主要的宣传手段是电视广告，尤其是本频道的电视广告。两者的受众会比较接近，甚至有大部分可以重合。观众养成了一定的观看习惯，对本频道节目的接受度也会更高一些。

（一）依托于网络视频网站

现在互联网新媒体极为发达，放在视频网站的电视节目点击率很好，因而可以在网站上定时发布节目信息、节目预告、播放节目内容，引导观众积极参与。

（二）发起社区网络话题

微博的热门话题、微信的公共话题等新型的社交网络现在是非常发达的交流手段，拥有智能手机的用户也是庞大的观众群体。

（三）市区户外广告

这是由《年代建筑资料室》节目的地面活动决定的，让观众对身边的建筑实行推荐。投放在市区的灯箱、站台、布景板、公交车身的广告宣传，都可以高效率被本地观众关注到。

六、广告赞助招商方案

（一）栏目冠名/特约播映、整体栏目冠名

（1）每一集《年代建筑资料室》的片头：《年代建筑资料室》由××赞助商冠名播出/特约播映；或是直接采用《××赞助商年代建筑资料室》由××赞助商冠名播出/特约播映；《年代建筑资料室》片尾也可以采用相同的手法。

（2）每一集《年代建筑资料室》节目开始，主持人都会以"欢迎收看《年代建筑资料室》，本节目由××赞助商冠名播出/特约播映"来提醒观众注意；节目尾声亦然。

（3）在《年代建筑资料室》的节目标志上活动展示，突出广告商的标志（通常持续显示在电视屏幕右下角）。

（4）节目中播出的相关短片，首尾都展示广告商标志。

（5）每一个节目段落间，插播展示广告商的短广告。

（6）现场设备，如话筒、大屏幕、布告板、嘉宾观众的桌椅等，都可以加以广告商标志。

（二）上下半集间插播广告

《年代建筑资料室》分为上下两集播放，中间插播广告。尽量以节目赞助商的广告为主。

【竺怡冰（1992— ），女，中国传媒大学新闻学院媒体创意专业 2011 级本科生】

《失落的美食》电视节目策划案[①]

■ 周诗妤

一、现实环境

（一）背景浅析

若干年后，能够"昨日重现"的，除了文字，还有那一道道菜品。品尝它们，仿佛品尝着历史，夹杂着旧时日的情趣与才思。

每个菜品都不只是简简单单的烹炒油炸，它们的背后都蕴藏着令人惊异的历史故事。也许我们不能体会当时的文人和名家的思想感情，却能够通过美食建立彼此之间的联系。也许在我们品尝这些人吃过的食物后会有丝丝共鸣的感觉，这种味蕾上的刺激把人带回到了那个年代。

（二）企划动机

在物质生活极大丰富的今天，人们对于吃不仅仅是满足于解决温饱，而有着更高的追求。如马连良，又或是梁实秋，吃的是强调，是文化，是情感，更是中华美食文化的历史传承。历史上的很多菜品，有的流传至今，如今依然可以从中寻找到中华美食的根与脉；而有的则由于种种原因，尘封在老菜单之中，变成书本中慢慢泛黄的照片和记忆中的味道。遍寻而不可得的心情，我相信大家都明白，因此有了这个节目诞生的意义和起源。

选择此题材的原因：

1. 许多已经被人们遗忘或并不熟知的美食可以通过此节目展现给观众，具有新鲜感。

2. 每一道拥有悠久历史的菜品都有其背后的传奇故事，具有历史感。

3. 失落的美食很好地契合了节目的关键词"年代"。不同年代有不同的美食。

《失落的美食》这档节目，就是从民间、有名气的饭店或者书籍记载中寻找现在已不存在的或者鲜为人知的具有"年代"的美食。让人们再次品尝曾辉煌一时的菜品，让人们了解其背后的故事。使"吃"不再仅仅是味蕾上的享受，更是精神上的满足。

二、节目设定

1. 节目名称——《失落的美食》

2. 节目类型——展现失传并具有年代气息的生活服务类美食娱乐节目

3. 节目宗旨——找回失落且传奇的美食，展现旧时代美食背后的故事

4. 节目目标

复原失传的美食，丰富和发展中华美食食谱。

讲述烹饪技巧，解读背后的历史故事，弘扬和传播中华美食文化。

5. 节目定位

这是一档集菜肴烹饪节目与文化推介节目于一身，集生活服务功能与文化传播功能于一体，并加入娱乐化元素的节目。

---

① 本策划案系作者《广播电视创意与策划》课作业之一，指导教师吴迪、宫承波。

7. 节目形态——生活服务类电视娱乐节目

8. 节目特色

专业性：邀请书籍研究学者及历史学家解读文人墨客笔下的菜品，讲述他的故事，让观众有一定的了解。从而使观众好奇菜品的最终呈现。邀请专业级厨师来展现那些遗失的菜品，最大程度和力度上复原文本中的菜品。

文化性：整个节目贯穿着历史，每一个菜品的背后都蕴藏着不为人知的秘密。历史人物与美食的完美融合。举例：梁实秋，每每面对正阳楼的螃蟹，都欲罢不能——它们大而肥硕，让他吃着惊艳。清人袁枚《随园食单》。书籍《清宫御膳》多角度评分，历史学家、厨师、观众三方面综合评分。

互动性：普通观众也可以加入到节目的录制。在一期节目播出前，节目组会针对节目"失落的美食"这一主题在民间进行挖掘和筛选。在此过程中还可以大力宣传节目的理念和播出时间。

观念的创新：大部分人学习历史和了解过去的故事都是从书本中得来，很少有人知道菜品也是传承历史的载体。

生活性：在烹调菜品的过程中，专业级的厨师可以给观众们讲解一些料理技巧，而评委可以讲解料理知识。使节目更贴近生活，更贴近百姓。而来自民间的选手可以给观众们展现不为人知的料理秘方，使得节目新奇有趣。

神秘性：每期节目播放前都会有一段VCR，介绍本期节目的菜品内容，但是不会告诉嘉宾的具体菜品，只是把要用到的材料、某个精彩烹调过程或者相关历史背景展现给观众。

连贯性：通过评审的菜品将被列入到知名饭店的菜谱中，作为特色菜。不仅为饭店做了广告也使得电视机前的观众能在现实生活中参与节目。

受众范围大：不同年龄段的人都可以观看的节目。孩子们可以学习历史知识，大人们可以学习做菜，老人们可以回顾历史，产生共鸣。

8. 诉求对象（目标观众）

《失落的美食》是一档寓教于乐，老少咸宜的生活服务类节目。

9. 电视表现手法

这档《失落的美食》定位为电视娱乐节目，外景节目对主持人、灯光和摄像提出了相对较高的要求。

主持人：至少两位主持人搭档，主持人年轻时尚、性格开朗搞怪、头脑反应机智、语言表达能力强、本身对美食和历史就有偏好和研究者更佳。

摄像：拍摄选手比赛过程和穿插嘉宾的访谈，需要多机位拍摄。VCR的拍摄需要手持摄像，摄影师要熟练使用不同景别的拍摄手段和技巧，业务素质非常全面。

灯光：拍摄美食，要把食物拍得精致有吸引力，棚内拍摄要求不高，但是VCR的拍摄涉及很多外景，对灯光要求较高。

10. 单集节目构成

片头、音乐（由一位美食家或者美食爱好者录制一段VCR展示节目理念）。例如："入口那一刻，为着发现了美食的原点而流泪，而且此生铭记。朴实之味，沁心的温暖，无关排场。——叶怡兰"

主持人开场白、介绍嘉宾、播放15分钟的短片。

根据VCR的内容，开始请出本期负责烹饪的厨师，介绍厨师的身份。

厨师开始做菜。在厨师烹饪的过程中除了拍摄相关镜头，穿插嘉宾的知识讲解。

现场从200名观众中选取1名观众代表。

嘉宾对菜品进行试吃，评价然后打分。若评审通过，介绍将被列入其菜谱的饭店。若没有通过，为选手发放鼓励奖。（奖品可以是厨具或者食品优惠券）

短片：回顾厨师烹调料理所用到的材料、注

意事项、料理小技巧。

片尾，结束。

11. 节目长度

每集 90 分钟。15 分钟的菜品故事介绍，60 分钟的烹饪技术展示、抽选观众代表、评委试吃、打分和宣布结果。

12. 播出时段

根据《失落的美食》节目的特性，娱乐、生活又兼顾历史教育的特点，因此策划每集节目在周六 20：00—21：30 首播，并于次日 11：30—13：00 重播。

13. 播出次数——周播，每周两次

14. 节目集数——12 集（三个月为一季）

三、节目形式

（一）主持人

主持人为一男一女，二者最好都是做过旅游美食节目或者参与过美食类节目制作的主持人。

（二）嘉宾

这档《失落的美食》，其目的是要挖掘失传的美食，根据古籍和民间搜索找寻这些菜品，因此节目的嘉宾需要从几个方面入手：

1. 专业级厨师

尽最大的努力复原失传美食，同时解读一些烹饪技巧。

2. 民间料理大师

俗话说"高手在民间"。专业厨师必不可少，民间料理大师也同样重要。

3. 美食嘉宾

所谓"美食嘉宾"，是指一些对于美食非常有心得体会的半专业人士。他们不一定是厨师，但是对料理却有着自己的独到见解。这些嘉宾们不会单纯地着眼于美食的味蕾感受，也会看中食物的历史渊源、文化内涵、营养价值、烹饪方式，甚至是食物的来源，栽种的过程，等等。

4. 历史学家

既然失传的美食一部分是来自于书籍和名人杂记中，那么对于研究历史和文献的学者专家是必然少不了的。通过解读文献，可以让我们了解到美食与名家的渊源。

5. 观众代表

每期的观众代表从 200 名观众中随机选取。199 名观众通过菜品的制作过程、最终呈现及其背后的故事三方面来打分。观众代表负责试吃，最后结合这两项决定来评价。

6. 现场观众

现场观众有 200 名，节目组每集都会通过各个渠道招揽爱好美食的群众参加节目的录制。观众的现场参与，可以大力烘托节目氛围，达到既定效果。这些观众有自己的思路，与电视机前的观众有同样的感受。对于食物，他们的意见和看法更为直接，更贴近生活。并且这 200 名观众，他们的切身感受对于电视机前的观众更加直观、亲切，也更具有说服的效果，容易被接受。他们的一句判断，有时甚至胜过主持人和美食嘉宾的千言万语。

（三）评分方式以及标准

由观众代表、嘉宾和专家共同对菜品进行评价，每个评委面前都有一盏灯，共三盏灯。三盏灯全亮，此菜品将被列入知名饭店（赞助商）的菜谱中。电视机前的观众可以到现实中的饭店去品尝此菜品。两盏灯以下，则提供给参赛选手奖品作为鼓励。奖品可以是厨具或者美食优惠券等。

（四）宣传标语

宣传广告和节目 VCR 播放完毕后，播出这句宣传语："美食的原点，究竟是什么？节目《失落的美食》为您揭晓答案！"

（五）后期制作风格

在画面上应尽量挑取一些更能吸引观众的片段作为画面剪辑点。在镜头的衔接上应遵循"动"接"动"，"静"接"静"的基本原则，并充分考虑画面与镜头的方向性及动感的一致性。在后期剪辑时，若采用一成不变的剪辑节奏，会使观众产生疲劳厌倦的感觉。如果适当变化剪辑节奏，采用剪接加速度的方法，使组接的镜头越来越短，利用镜头的积累效果，可以让栏目形成一个高潮。但在做这种节奏处理时，一定要注意张弛结合，每一个高潮点后都要留出一个缓冲释放的空间，给观众以回味和联想的余地。

（六）栏目包装

栏目的宣传片、片头、片花要风格轻松，色调鲜明。色彩、背景以及音乐的使用都要保证风格统一。

（七）制播周期

制作播放周期应该保持在五天左右，相对满足每周播放需求。

（八）工作人员设置

节目制片人一名，对栏目的生产进度、拍摄质量、制作环节和经费收支负责。敦促栏目确保创新和质量的双提高。

执行制片人两名，负责协助制片人开展工作。

主持人男女各一名，负责节目串词的编写，把握节目节奏，调动节目氛围，促进参赛厨师、参赛选手（民间）、评委嘉宾、现场观众的交流。

编导两名，负责每期节目的策划、撰稿、导演，把握整个节目播放及相关事宜。

摄像五名，统筹负责外景拍摄，找寻民间的秘方和料理大师、节目现场拍摄。

后期制作三名，负责剪辑、合成、节目包装等系列工作。

后期宣传三名，负责电视、网络、新媒体、海报等宣传。

负责赞助商的洽谈两名。（除了为节目提供资金，还要找寻评审通过后，菜品将要列为其菜谱的饭店）

四、节目行销

（一）节目前景分析

虽然现在美食类电视节目比较泛滥，同时很多的美食纪录片层出不穷。但是《失落的美食》节目定位比较明确，而且题材新颖。这保证了节目的特色和优势。另外，《失落的美食》不是单纯的美食资讯类节目，它强调文化传播、历史故事讲解，寓教于乐、互动性强。这也是节目的独特资源优势。

资源无穷尽，不怕出现断粮现象。外延很丰富：出书、出光盘、景区代言、宣传片制作、主持人征选等。

（二）节目市场分析

首先，在社会物质文化水平不断提高的今天，人们对于饮食的要求越来越高，不止吃饱，还要吃好。除了味道正宗，美食的营养、环境、服务、烹饪方式、健康理念等都日益受到重视。而《失落的美食》不仅具备这几点，还结合了其他节目的形式，具有教育意义，讲述美食的历史背景，并且挖掘了许多现今失传的美食，这对中国美食文化的传播也起了很大的作用。

（三）广告市场分析——栏目冠名/特约播映

1. 每一集《失落的美食》的片头：《失落的美食》由 XX 赞助商冠名播出/特约播映；或是直接采用《××赞助商　失落的美食》由××赞助商冠名播出/特约播映；《失落的美食》片尾也可以采用相同的手法。

2. 每一集《失落的美食》节目开始，主持人都会以"欢迎收看《失落的美食》，本节目由××赞助商冠名播出/特约播映"来提醒观众注意；节目尾声亦然。

3. 在《失落的美食》的节目标志上滚动展示，突出广告商的标志。

4. 节目前播出的 VCR 片段，首尾都展示广告商标志。

5. 每一个节目段落间，插播展示广告商的短广告。

6. 现场设备，如话筒、大屏幕、布告板、烹饪设施、嘉宾观众的桌椅，等等，都可以加以广告商标志。

（四）节目宣传：利用新媒体扩大覆盖面

1. 主要宣传手段是电视广告，尤其是本频道的电视广告

两者的受众会比较接近，甚至有大部分重合

观众养成了一定的观看习惯，对本频道节目的接受度也会更高一些。

2. 互联网

现如今大部分的电视节目都在网络上播映，人们在手机或者 iPad 等新媒体上观看视频，因此网络宣传必不可少。与爱奇艺、新浪、腾讯、PPS 等视频网站合作，实现网上点播，甚至转播。

3. 微信、官方微博

建立微信公众账号。如今微信的影响力已经超乎了人们的想象，通过微信公众平台给人们播出《失落的美食》节目内容，以及邀请嘉宾和参赛选手等资料。当节目播放完毕，还可以在微信内发布菜品的制作过程和原材料的列表，以便观众在收看完节目后可以更好地吸收知识和烹饪菜品。微信用户甚至可以把自己做好的菜品发送到微信公众平台，节目组可以定期筛选并评出最佳菜品给予奖励。很好地做到台上和台下相结合的效果。官方微博也如此。

4. 车载电视、楼宇电视、地铁传媒

这些都属于移动电视的范畴，属于新兴媒体。集固定、便携、移动接收功能于一身，在当今社会扮演越来越重要的角色。若能在公共汽车等可移动物体宣传该节目，一定会很大程度上地提高节目的收视率和关注度。

5. 海报

海报设计师视觉传达的表现形式之一，通过版面的构成在第一时间内将人们的目光吸引，并获得瞬间的刺激。海报可以粘贴在各个人流量大的地方，在海报上设置二维码扫描图。

6. 电台广播

先进广播系统划分比较明确，譬如交通广播台或是音乐广播电台的受众群就相对符合节目设定，都是比较适合投放广告的目标。

【周诗妤（1993— ），女，中国传媒大学新闻学院媒体创意专业 2011 级本科生】

《老"玩"童》电视节目策划案①

■ 武嘉臻

一、节目创意策划背景及环境

（一）依托频道专业化优势，打造新型节目个性化

近年来，各省级卫视为了赢得市场，已经纷纷走上差异化、特色化、个性化的道路，各家在定位上求突围，专注于打造独具特色的个性化频道。旅游卫视依托资源优势，以旅游节目作为频道主打，且各旅游节目在定位上基本都遵循了互无冲撞，各负其责的原则。当前在旅游卫视比较成熟的旅游类节目有以下几类：旅游新闻类，如《环球旅游播报》；旅游专题，如《玩转地球》；旅游综艺类，如《好运转地球》；访谈类，如《大话天下》等。

电视旅游栏目传统的形式主要是介绍式、主持式、单景式，后又逐渐丰富为纪实式、行走发现式、访谈加介绍式、记者体验式，甚至是大型谈话类旅游节目等多种类型。虽然旅游类节目种类繁多，但是缺少个性和创新点是比较直观的问题存在，可以说旅游类节目已经逐渐进入一种模式化的套路里，节目瓶颈化问题日益显现。那么，想要让电视旅游节目做得有特色，就应该对节目的形式进行创新。

《老"玩"童》打破传统的旅游类节目模式，依托旅游卫视的频道定位，借助该频道在制作旅游类节目上的成熟经验，依托本身频道所特有的资源优势，在旅游类节目的基础上加入"真人秀"、"个人访谈"、"比拼"等娱乐元素，增强节目的可看性，打造新型旅游类节目个性化。

（二）真人秀节目重获青睐的大时代背景

在观众对选秀类真人秀节目审美日渐疲乏的情况下，《爸爸去哪儿》的高收视率让户外真人秀再度大获青睐。真人秀节目受推崇的原因在于对于参与者的真实记录，满足人们日益求真的文化消费心理。同时，节目中出现的冲突矛盾也成为节目的可看性之一。《老"玩"童》加入时下最热门的真人秀元素，每一季选择一个地点，对一个平均年龄在60岁的团体进行旅游真实记录，并在中间穿插关于旅途感受的采访以及演播室妙口主持嘉宾评论。更真实地记录下一段旅程的不同体验，增强节目本身可看性，也摆脱往常旅游类节目的固有模式和安排设定。

（三）电视节目泛娱乐化的现状下，对于人文历史关注的回归

目前，电视节目泛娱乐化现象的出现，娱乐元素的加入的确可以增强可看性、提高收视率，但是过度追求娱乐化也忽略了一档节目本身在社会影响以及文化层面的注重，这一点在综艺娱乐节目中尤为严重。所以如何在保证电视节目趣味性的同时增强节目的文化内涵以及普教意义，则是各个卫视电视制作人需要重点考虑的方面。

《老"玩"童》作为一档以旅游为内容的真人秀节目，每期节目并不只是单纯介绍漂亮的景

---

① 本策划案系作者《广播电视创意与策划》课业之一，指导教师吴迪、宫承波。

观和好玩之处，而是重点在对不同年代感特点的探寻，在感受当地人文历史中体现旅游节目的深度。在新潮事物更新换代如此之快的时代，回归具有年代感历史故事的特色地点探寻，在新老事物冲撞中感受新事物的生命力，也重温老事物的不朽韵味。

在当下的旅游节目中，趣味性愈发重要，有时一个好的故事设计能加深对节目的认知度。对平均年龄60岁背包团的旅游记录及在相处中产生的各种不预知碰撞，构成该节目趣味性的一部分，同时主播幽默评论及后期音乐及字幕组的添加也为其加分，可谓做到了寓教于乐。

二、节目定位及宗旨

（一）节目定位

1. 全面定位

（1）这是一档找寻历史经典和新派潮流，"年代感"十足的旅游体验节目。

《老"玩"童》每期节目中会探寻目标地点中体现历史感和现代感的地方或是事物，力求在每期节目中体现跨年代元素碰撞，在探访找寻过程中，不仅让观众感受历史留下的文化厚重感，同时也看到现代潮流元素的体现，展现各个年代不同的魅力。

（2）这是一档真实记录四位平均年龄60岁明星组成背包客的户外真人秀。

旅游类节目最主要的还是还原最真实的旅游体验，而不是商业味浓厚的推介解说，真人秀元素的加入增加了真实的味道。不同于以往的一名年轻主持自始至终的介绍，《老"玩"童》创新由四位平均年龄在60岁的明星老人，在一名领队主持的带领下组成背包客，全程记录在国内或是走出国门进行为期一段时间的旅行点滴。并在后期剪辑穿插加入对他们的简短采访，突出最真实的对于所见所闻的旅游感受。

（3）这是一档在泛娱乐化趋势下，回归人文文化的寓教于乐类综艺节目。

《老"玩"童》在演播室设置主播评论，以及字幕组和音效的后期处理中适度增强了节目本身娱乐元素以求节目本身更具有可看性和趣味性，节目希望让观众可以在轻松的氛围中，了解每期目标地区的历史文化、感受特有的风土人情。在新旧交替如此之快的当下，追新的同时也不忘历史魅力。

2. 受众定位

（1）这是一档适合全国各年龄段收看的旅游类真人秀节目。

《老"玩"童》的节目内容没有严格的年龄层界定，每期设定的旅行地点也是令人耳目一新之处，同时人文的旅途中插入了娱乐元素，可以满足各年龄层的收视需求。

（2）这也是一档适合全家人在茶余饭后坐在一起收看的家庭类节目。

节目拟定在餐后8点档播出，一家人餐后坐在一起，在娱乐与人文相结合的旅游真人秀节目中感受各地魅力。

（二）节目宗旨

首先，在万事万物更新换代速度之快的当下，我们的生活更多地被新潮事物充斥眼球，求新的思维多于怀旧，一定程度上遗忘了一些凝聚着历史文化地区景观。此档节目旨在感受大千世界、领略各个年代的文化历史百态。其次，电视节目更多追求娱乐性的当下，《老"玩"童》更加注重人文性，适当加入娱乐元素，以一种轻松愉快的方式做到寓教于乐，注重电视节目对于社会的普遍教育意义。

三、节目具体构思

（一）节目形式简述

《老"玩"童》采用季播的节目形式，每一季节目选取一个国家，由四位平均年龄在60岁的明星艺人组成背包客团进行旅游，节目对每一次的旅行进行如实的记录，然后通过后期剪辑配以字幕和音效以及具有地区特色的经典歌曲，增强节目的可看性，同时穿插播出当事人的采访，体现最真实的旅游体验和内心感受。考虑到语言沟通以及其他生活中的不便问题，每一季节目都有两个主持负责四个艺人的语言沟通或是其他问题。

另外，节目播出的时候设置演播室，演播室中负责四个明星的主持作为评论主持，同时可以邀请四位明星中的某几位，随着旅途过程的播出呈现，穿插以第二现场的形式就播出内容进行随意幽默的谈论。

结合具体的节假日可以设计相应的主题作为《老"玩"童》节目的节日特辑。

（二）节目时间

节目为季播节目，每期节目播出时间拟定为每周六晚8：00—9：40。

（三）节目时长

预计1小时40分钟。

（四）节目宣传语

"玩"童不老，带你玩转不同年代。

四、节目具体设置

（一）人员设置

1. 四位平均年龄为60岁的明星组成的背包旅行团

这四位明星最好来自不同领域，且性格各异。不同的背景和性格一方面可以在这个团体中自然而然的形成不同的角色设置，另外一路旅途中，四位老"玩"童更多可能制造出多种聊天话题。

2. 两个名嘴主持

跟随负责一些语言沟通上的具体问题，同时这两位主持加上其中两位明星，也可以额外邀请嘉宾作为演播室的幽默评论员。

3. 一名当地知名艺人

在每一季或是每一集中邀请当地的知名艺人一名作为嘉宾加入旅行团。当地知名艺人本身对于当地人文特色有较强了解。同时，在面对相同事物上，因为出生年代跨度造成的态度反差提升了节目的可看程度。最后，知名艺人的加入对于收视率也可造成不可忽视的影响。

（二）场景设置：场景设置分为户外和演播室两部分

1. 户外

每一季选择的录制地点最好是具有历史与现代完美结合的目标地点，同时考虑到因为四位旅行的明星团体平均年龄在60岁，所以在每一季选定的大地区范围最好有尽可能多的呈现元素，减少了交通不便和长期车程带来的身体劳累不适。

2. 演播室

演播室主要供两名快嘴主持和嘉宾边观看老人旅行边进行轻松娱乐的话题探讨。演播室不作为节目的主体部分，只是作用于开场节目，以及中间适当的简短串场，或是以小屏幕的形式出现在主屏的左下角作为时事同步评论。

（三）环节设置

1. 引子

关于本期节目中四位老"玩"童所到的目标区域，简单介绍该地域，以及对于每期中的亮点进行悬念设置。

2. 开场小片

制作体现节目特色的节目开场小片，Flash制作的片头。

3. 节目开场

演播室内两个主持人简单开场白，介绍本期做客嘉宾，简单聊天之后直接放送本期内容。

4. 主体内容

第一部分：历史文化探游玩

四位老"玩"童按照编导递上的路线图进行这一期的旅行，其间两位跟随主持人会在需要帮助的时候出现，使旅途进行下去，这些地方都是极具年代特色的地方。

第二部分：年代感大寻找

四位老人两两分组，分别由一位主持人带领找寻目标城市中具有年代感的特色物品或者店面，先找到的会获得相应的奖励。考虑到四位老人的年龄，所以节目组在设置环节上重点在于各自的寻找而减弱了竞技成分。

该环节呈现形式如下两种：

① 两队人根据向路人打听、上网查询等多种方式自己找寻。

② 编导提前设置好一个地方，然后分别发给两队一个起点提示，两队开始根据推理出发寻找，在寻找的路上会收到逐渐清晰的提示语，最终首先找到目的地的一队获胜。

第三部分：神秘嘉宾大出场

这一个部分根据每期节目第二部分的设置不同可有三种形式如下：

① 由知名艺人嘉宾出现带领各自队伍进行找寻。

② 在两队人寻找的过程中艺人乔装不经意现身帮忙指引。

③ 嘉宾带领获胜的队伍去品尝当地高级美食料理。

注：后期剪辑的时候加入对四位老师的部分简短采访，穿插在节目中。同时演播室的主持和嘉宾的聊天也穿插在整个节目中，作为串场。

5. 下期预告

播放下期节目中的节目亮点，埋下悬念，提醒观众下周同一时间继续收看。

6. 节目结束

播放特殊录制的节目主题曲配合整期节目精华镜头的组接。

五、节目实施

（一）栏目经费

节目经费可由主办方部分支出及赞助商进行节目赞助。经费主要包括：栏目制播运营成本（节目策划制作、人员雇用、其他等）。

（二）人员安排

职位	具体分工	要求
栏目策划（1名）	把握当下社会趋势，负责栏目阶段性选题策划	敏锐，全面，策划能力强
编导（3名）	报选题，把握节目方向，负责片子的导向性和准确性，编辑、编导节目制作	才思、整体把握能力和执行能力强
编导助理（3名）	辅助编导工作	耐心、细致
主持人（2名）	协助旅行进程、串接节目整体性	亲切、应变能力强
现场导演（1名）	录制现场人员安排及疏导、节目时长控制	沟通能力佳，协调能力强
联络人员（10名）	负责每期节目中的嘉宾联络	态度亲和得体，公关能力强
摄像（10名）	旅行过程中全程跟随记录	技术好，细心，沟通能力强
制作（2名）	根据拍摄内容进行剪辑制作	整体能力、创意能力强
配音（1名）	节目文案配音	音质好，音调流畅
字幕组（4名）	挖掘画面中隐藏笑料，后期剪辑	文字能力好，有创造性
后期包装/串带（1名）	栏目包装，整体风格把握，串带，下带	风格统一性把握得好，节目技术性强
媒介协调（1名）	负责协调节目与台里的关系，搜集节目收视指数等	主动性强，细心
初审（1名）	主要审技术性错误和字幕等问题	细心，严格把关
送带（1名）	按照电视台要求到指定地点送带，审过后才能离开	时间性强，意见反馈及时
监播（1名）	不定期观看节目，主要是看时间漂移幅度，及其他主观性问题	主动性强
机动人员（5名）	根据节目录制过程中的需求现场临时安排任务，任务待定	应变能力强，机灵，吃苦耐劳

六、创意亮点

（一）真人秀、外场评论等多种娱乐元素融合

当下电视中的旅游节目多为主持人播报介绍或是背景解说纯记录形式，旅游内容的呈现形式较单一、雷同性较大，同时处理不好会有浓厚的商业味，让观众对于所在地呈现是否真实产生怀疑。《老"玩"童》创新性的将时下大热的真人秀元素与旅游内容巧妙融合，以背包客旅游生活记录的形式配以穿插的真人采访，比起一般的主持人播报介绍更加真实亲切。

一般的以旅游为主要内容的电视节目，因为形式的设置在节目节奏和趣味性上会稍有逊色，时而会有说教之感。《老"玩"童》加强了在趣味性上的思考，从每期节目环节的设置到增设演播室嘉宾的适时趣味探讨，配以后期加的音效和字幕。力图打造一档融合综艺元素体现趣味性的以旅游为内容的创新性节目。

（二）打破一般旅游节目主持的惯有模式

一个固有的主持人以介绍的形式带观众体验目标地点，是一般旅游类节目的惯有模式。《老"玩"童》没有固定的主持人设置，主持在里面只是起到简单的串场和协助作用。节目突破性的用四位平均年龄在60岁的明星艺人组成的背包客作为节目的内容主体，以他们的旅游体验视角真实记录，从而带领观众感受目标地区的历史文化、风土人情。

（三）年代元素的加入，跨时间历史文化的传播

《老"玩"童》主打年代元素，不管是节目中环节的设置还是目标地点的选择，都希望给观众呈现同一座城市中历史和现代的合理穿插，不是单一地追求新潮，也不是一味地怀念历史。当下，融入年代元素的电视节目屈指可数，《老"玩"童》可以说是极大地体现了电视节目的个性化，并且具有教育性。

（四）明星效应的巧妙利用

四位明星组成的背包旅行团，可以使观众看到平日里最真实的明星生活，为节目的可看性作出极大贡献，同时，每期中的特邀嘉宾也会为节目增色，而演播室内的主持人和嘉宾的幽默聊天也会是节目的一大亮点。

七、播出与发展预期

（一）紧贴频道定位，依靠品牌优势创造稳定收视率

近些年，旅游卫视一直以旅游为主要特色打造频道专业化，为频道本身带来广泛的受众关注度。同时，旅游卫视作为旅游类节目制作的老牌频道，在节目的制作或是资源利用上具有强有力优势。《老"玩"童》紧贴旅游卫视的频道定位，依托频道本身的资源优势，打造新型旅游类真人秀节目，频道固有的观众群体加上通过多渠道的节目宣传带来的新收视群，再加之明星效应的影响，必然会保证该节目稳定的收视率。

（二）丰富的可挖掘利用的资源，保证节目长期播出的持续性

《老"玩"童》为季播节目，每一季节目预计10期左右。每一季将会选取一个国家作为目的地，每一集设计不同的线路游览当地具有浓郁特色的历史文化景点。符合节目定位和宗旨的选材众多，能保证节目的长期播出持续性。

（三）精良的节目制作，良好的节目意义，明星效应的形象带来强大的潜在收视群体

从策划到制作，《老"玩"童》启用经验丰富的节目制作团队确保制作精良。同时节目具有传递世界历史文化的意义，节目播出后必定在社会中造成一定的影响力。不仅如此，明星效应加之后期持久的多媒体联合宣传，可带给节目持续不断的潜在收视群体。

【武嘉臻（1992— ），女，中国传媒大学新闻学院媒体创意专业2011级本科生】

《谁是精英》电视节目策划案①

■ 关一文

一、创意策划背景

改革开放以来，我国的经济发展迅速，随着经济体制改革的深化，中国正在以经济大国的形象屹立于世界民族之林。我国经济发展的历史以及当前的经济形态和经济政策对人们的生活产生极大影响。因此，让广大群众了解涉及经济领域的一系列问题具有必要性。与经济发展密切相关的行业如金融业、保险业、运输业等的高度发展使相关从业人员有获取该领域信息的要求，从而形成了财经类信息的消费市场。这就要求大众媒介应该关注经济动态，更多生产和传播财经类信息，以满足一些中上层阶级和大学生群体的信息需求。另外，财经类信息的传播一定程度上要依托历史来实现。了解历史为经济政策制定、经济知识普及提供了一个桥梁。这种关联性引导了节目为适应市场需要时节目内容的选择。

就当前的媒介形态而言，财经类的信息更多以报纸杂志等平面媒体形式呈现，而财经类的电视节目相对较少，近些年来，虽然我国电视财经节目增长趋势明显，各地电视台纷纷自办或引进此类节目，但是相对发展较为成熟的新闻节目、综艺娱乐节目以及电视剧电影节目等，财经类节目制作水平不高，节目受到电视传播模式的局限，收视群体局限且没有固定的收视群体，节目盈利模式单一、同质化严重等问题使许多电视台财经类节目面临尴尬的境地。这种非完善性和未饱和状态恰恰凸显了这一节目类型的市场潜力。因此，制作一档相对有固定收视群体，制播模式完善的财经类节目在当前的电视节目状态下似乎是个不错的选择。

二、节目宗旨及意义

（一）精英交流平台

节目通过知识竞赛、历史情景还原、专家讨论等环节意在传授经济领域相关知识，传播历史文化。以铜为镜，可整衣冠；以人为镜，可知得失；以史为镜，可知兴替矣。通过不同时代经济形态以及企业运作模式的对比使受众对于中国经济的发展历史以及企业的改革制度有宏观层面的理解，鼓励大学生更多地去关注社会发展形态，提供大学生与企业精英交流和互动的平台，帮助大学生创业，提供一定的指导建议和物质支持。

（二）普及经济常识

经济与人们生活的密切相关性决定了掌握经济类常识在当前时代不仅仅是专业从业人员的任务，对于即将走上工作岗位的大学生有普遍意义。并且，一些理财理念和方法，经济领域的历史趣闻，生活消费的小窍门都能一定程度上促进大众对于经济常识的积累。这对于维护消费者权

---

① 本策划案系作者《广播电视创意与策划》课作业之一，指导教师吴迪、宫承波。

益，减少企业与消费者的纠纷有重要意义。

（三）文化传播

传媒本身可以看做是文化体系的一部分，传播文化，提高观众素质任重而道远。文化传播这一作用是体现于各个行业各年龄层次的群众的，通过对不同年代的经济发展形态的展现，该节目作为一种文化的传播过程，加深了至少是大学生在内的知识分子对于我国经济发展历史文化的理解。

三、节目定位

（一）主要受众定位——大学生中的精英群体

就当前各大卫视的主要节目来说，这些高收视率节目忽视了大学生这一群体，因此节目选择这一群体作为受众定位是符合市场规律的。从这一群体自身特点来说，他们具有较高的科学文化水平，对于专业类和文化类节目有获知信息的需要，他们是完成义务教育即将融入社会参加工作的群体，因此他们对于当前的经济形势、各大企业的企业文化运行机制有了解行业动态的愿望。他们中大多数属于90后，严肃性与娱乐性结合的节目对于这群未来精英们必然是如获至宝。

（二）潜在受众群体

相关行业从业人员。这些人员一些处于在岗状态，一些则处于离职状态。由于从业专业性，他们对于行业动态自然关注较多。不过不同于大学生们，他们具有时间局限性，另外，他们了解经济动态可以通过其他媒介。因此可以把这一群体作为节目尽可能争取的一部分受众。由于经济涉猎范围较广，相关行业也较多，庞大的基数决定了吸收他们中的一部分成为节目的受众具有可行性。

兴趣群体。由于节目以"年代"为线索，因此节目内容会涉及各个时代的历史现象和历史趣闻，这些信息融汇了历史知识、经济常识，形式上丰富多彩。一些对历史文化、理财等有特别兴趣的各阶层群体等将成为节目扩大受众范围的目标之一。

四、节目流程

（一）节目参与人员

1. 主持人两名。一名外景主持人，一名演播厅主持人。

2. 嘉宾四位。50后、60后、70后、80后的企业家各一位，其中一位是存在一些娱乐元素的形象，明星或热点人物。如汪小菲、郎朗等。嘉宾之间要尽量具有关联性，另两位最好是与节目主题所涉及的领域相关或相近的企业的领导人物。还有一位则可以是其他领域的企业家或者其他经济相关行业的知名人士。这样的设置满足了专业权威、多元观点、娱乐元素三重方面的节目需求。

3. 专家一位。对当期节目主要涉及领域的知识掌握通透并通晓宏观经济理论和经济常识的研究人员，在选手作答后作出一定解释，或补充嘉宾们的观点。

4. 参赛选手。各大高校大学生十名，经济类专业大学生为主，致力于从事经济管理相关行业的其他专业大学生，准备创业的大学生。

（二）拍摄地点

1. 演播室录制

演播室可以是固定节目录制室，最好是在大学录制。选定全国不同城市的高校，由于节目定位的需要，在北京、上海、广州等大城市的节目场次会相对较多，当然也会在一些二线城市拍摄。有些城市的重点大学较少，也可以做大学专场。比如就吉林省为例，吉林大学是该省唯一的"211"、"985"重点大学，就可以在吉林大学拍摄吉林大学专场节目。

2. 实践地点

实践环节所涉及的地点。可能是商业中心、

企业中心甚至工厂。实践地与演播室所在地应为一个城市，即一期节目尽量在一座城市内，避免跨城市带来的不必要的问题，还可以节约成本。

（三）主要环节

● 开场

1. 播放宣传片

2. 主持人出场及开场语

3. 主持人介绍参赛选手、嘉宾、专家、节目流程、竞赛规则

环节一：知识竞猜环节

● 题目竞猜

十名选手抢答来进行题目竞猜，竞猜采取加分制，答对一题加 10 分，答题结束后，淘汰四名选手。

竞猜题目设置分属于古代、近代和现代。选手根据自己所擅长领域选择题目范畴。第一环节的题目主要是不同时代的经济常识、经济现象、经济事件、经济事物的知识竞猜。将知识普及与娱乐相结合，重点在于题目的设置，题目既要考察选手对于经济常识的把握，又要有融入娱乐性元素的可能，例如，有些题目可以涉及道具的使用，有些题目可能需要不局限于口述形式的表达，肢体动作和嘉宾与选手的互动环节都可以通过题目设置来实现。每一组即每一个年代的问题都要涵盖不同形式展现的问题，并且将经济综合知识与专业领域知识问题均匀分布。

● 问题解析

问题解析即选手作答后主持人公布答案，对于问题的原因和解释，以达到知识传播和文化普及的作用。问题解析的形式也应该尽可能多样：

1. 小片穿插。针对每一个题目的经济背景可以制作一些小片，因为节目本身涉及的领域较为专业，内容也相对严肃，因此，小片的制作风格可以相对娱乐化，以吸收更多的观众尤其是大学生群体，毕竟后现代风格是广大 90 后的知识分子群体较为青睐的，为了满足这些欣赏口味较

高的受众群体，小片需要制作精良，既能反映题目所涉及的专业知识，又要以尽量娱乐的形式展现，动画制作、字幕修饰、社会热点、名人明星等，都能成为小片中可能传达娱乐精神的元素。

2. 专家讲解。每一期的题目设置既要有整体性又要有专业性，即题目应涉及基本经济理论和经济常识，以确保大多数的选手可以回答，另外还要有专业领域的倾向，而本期的选手就可以是相关专业的大学生或是对该领域有强烈兴趣并有意向从事相关行业的人员。

3. 嘉宾讲解。当题目涉及嘉宾较为擅长的领域时，题目的解释可由在场的嘉宾来解释。

4. 提问环节。这一环节的设置相对灵活，即可有可无。有时当选手或嘉宾以及专家对于小片、嘉宾的解释存在疑问时可以适时打断提问，最后再由专家进行最终解答。有时会出现在场参与人员的小范围的讨论，这一情形可以是录制中自然出现的，也可以依据当场的节目问题，设计一两次这样的小范围讨论环节，为节目增加冲突性和可看性。

环节二：年代情景模拟

选手抽签，题目将分为中国不同时代的行业问题，选手必须还原年代背景中，按照题目进行方案规划。每期主题会涉及财政、税务、运输业、保险业、金融业等不同的领域。另外，题目可以是嘉宾在创业中或企业经营中遇到的真实情境，企业家们将问题抛出，由参赛的大学生们作答，并尽可能给出详尽的方案，方案要与所给题目的年代实况相适应。即大学生们要结合那个年代的中国社会状况和相关行业规定和政策来给出规划，并陈述理由。

由各个评审为选手的策划方案打分并进行评述，在这个过程中主要是学生与企业家们的交流，以及企业家之间的交流。这一环节需要淘汰两名选手，回答中有明显不合理的设置或是在六

名选手中表现相对不佳的选手则会被淘汰。

环节三：实战当下

环节三与前两个环节分两期录制。环节三的题目涉及经济领域一些实践环节的工作，问题由专家提出。比如销售营销等经济环节中能够训练基本素质的问题，四位选手抽签与企业家成组，即两位选手与两位嘉宾为一组，这样竞赛参与人员被分为两队。这两队会针对专家提出的实际问题进行实际操作，这就需要大学生与企业家们的通力合作，既要具有合作精神，又可以与前辈们沟通和交流经验与困惑，并商讨本队的实战计划，最终优先完成任务的一队会成为本期节目的冠军。冠军将有资格获得由赞助公司提供的创业基金。

● 结尾

回到演播厅、颁奖仪式、选手感言、嘉宾总结、主持人结束语、播放片尾曲。

五、创意亮点

（一）寓教于乐——"软"形式揭秘"硬"道理

摆脱了传统竞猜类节目中的设置，在题目设置上别开生面，问答题的形式丰富多样，有的题目需要现场表演，有的需要口述回答，有的需要运用小片资料、道具等，题目设置的多元化为节目提供了一定的娱乐元素，通过一种轻松的、愉悦的形式达到传播历史文化，普及经济知识的节目宗旨。

嘉宾的选择上除有行业的资深人士，确保节目内容的专业性以及节目的整体定位，另外也邀请了具有娱乐元素的企业家，比如明星企业家、微博达人、社会热点涉及人物等。他们的出现可以适当地减少财经类节目本身的枯燥性。

纵观我国的电视节目，真人秀类节目层出不穷。但是以财经类、历史类为主题的文化节目很少会采用真人秀的形式，也正是因为形式单一，使得许多相关节目只能吸收很小一部分的受众。真人秀的形式会增加受众对于现场的体验感，对于大学生来说尤其具有吸引力，毕竟对于企业经营、市场销售方面的实践活动甚至是游戏都能起到寓教于乐的作用。

通过题目设置、嘉宾选择、真人秀形式，使这档节目以轻松幽默的形式向受众传授相对严肃专业知识，"软"形式呈现"硬"道理。

（二）融会贯通——节目形式大融合

该节目融合了益智类竞猜节目如《开心辞典》，真人秀节目形式以及访谈节目等多重节目形式。由于电视本身就是一种大众化的媒介，它通过图像和声音传播信息，而更多的时候声音是处在附和地位的，即电视媒介主要是通过精彩画面的演绎和变幻吸引观众。这就要求电视画面尽可能是有变化的，画面的变化除了通过摄像技术的支持，比如更换景别、推拉摇移等，还要依托节目本身的内容。节目中有竞猜类节目的问答形式，有主持人、嘉宾、专家、选手之间的互动，有外景真人秀拍摄，多样的节目形式保证了电视画面的丰富性，集合了各类节目精华，融合为一档全新的节目。用哲学思想来解释，就是部分之和大于整体，发挥了比整体更大的作用。

（三）别出心裁——历史与经济的碰撞

本档节目的另一大特色在于它的内容定位。将历史与经济这些人文社科类领域作为电视节目的主题是当前各大电视台电视节目中较为稀少的。我们生活的时代的各个层面都有其存在和发展的历史，因此历史文化的学习是一个永无止境的过程，换而言之，我们能从历史中不断地挖掘对于当今时代具有借鉴意义的精神和行为。经济发展又是国家宏观角度乃至个体微观角度都迫切关注的现实问题。选择两个都与受众切实相关的话题，并将它们有机结合，相得益彰。当前我国经济发展取得了巨大进步，文化的普及与经济发展速度不相适应，文化普及任重而道远，当物质发展到一定程度，文化的普及势在必行，与商业有关的文化就更成为众矢之的。

（四）卓尔不群——精英学子受众定位

节目在受众选择上独树一帜，选择了被广大电视忽视并存在极大潜力的重点高校的大学生。大学的课业相对于义务教育阶段较轻，大学生们有充足的时间去收看电视节目，这个群体不仅有获取知识和增强实践能力的需求，更有关注同龄人的择业和创业环节中诸多事务的渴求，一方面受教育程度较高，另一方面还未步入社会，他们在看待节目和社会现象的时候往往能给出较为客观的见解，因此，如果能够通过节目促进这一群体相互之间的交流和学习，必然能为我国人才储备贡献绵薄之力。

六、节目播出时间和播出平台

由于每一轮节目的冠军是由两期节目产生，因而节目为一周两期，每星期五星期六晚上21：00播出，计划播出一个季度。

节目由公司制作，并在几大卫视播出，最好在央视财经频道播出，毕竟中央电视台的电视领军地位依然能够在最大程度上保证节目的受众群。当然，北京卫视、东方卫视、浙江卫视、江苏卫视等都是可以选择的频道。但是，最多同时在三个卫视播放节目。另外，要做好各个终端的播出工作，充分利用互联网在大学生中的重要角色，并将节目在手机、平板、PC等各大终端播出。

节目也要做一定的前期宣传、实时互动和后期维护的相关工作，注意一些细节性的工作，以保证节目长久的生存力和良好声誉。

【关一文（1994—　），女，中国传媒大学新闻学院媒体创意专业2011级本科生】

Innovative Media Education

创新传媒教育

媒体转型中我国新闻教育的困惑

【摘　要】在当前我国新闻媒体面临转型的大背景下，体制改革、媒介融合、自媒体时代来临等都对我们传统的新闻教育提出了挑战，也使得学界与业界、理论与实践脱节这一在纸媒时代就长期存在的新闻教育的主要困惑有了新的表现。我们唯有在坚守中适度调整，以专业化的"不变"来应对媒体转型中的"万变"。

【关键词】媒体转型　新闻教育　困惑

■　成文胜　荣翌

近十年来，全国新闻教育呈现出"超常膨胀"的发展态势。除综合性重点高校外，普通高等院校、专业院校也加入了新闻专业的"办学热"。据2011年统计数据显示，在教育部备案的新闻传播学专业本科教学单位达975个，在校学生人数近20万人，[①] 并且规模还有继续扩张的趋势。而与这种"办学热"相对应的，却是新闻专业学生普遍的"就业冷"。一方面，许多新闻专业毕业生不选择媒体作为就业单位，毕业以后从事媒体行业的很少；另一方面，媒体单位在用人方面呈现出更多地选择非新闻专业毕业生的倾向。

这样的一热一冷，背后凸显的是转型时期我国新闻教育的诸多矛盾与困惑。

一、学界与业界、理论与实践脱节：新闻教育的主要困惑

无论是过去还是现在，学界与业界、理论与实践之间的脱节都是我国新闻教育的主要困惑。这个脱节，"一是脱离新闻实践，二是脱离信息时代"。[②] 前者反映的是学界与业界、理论与实践脱节这一老话题，后者则反映了这个老话题在媒介融合、大数据时代、全媒体转型等一系列新的媒介环境下的表现。

这一新闻教育的主要困惑主要表现在两个方面：一是学界人才培养与业界人才需求之间的错位。根据一项"高校新闻教育与媒体接轨状况"的调查显示，调查样本中72.4%的人认为目前的新闻专业学生不能满足媒体需求，2/3以上的人认为新闻教育与媒体需求脱节。[③] 在媒体的公开招聘中，经过几轮考核最终被选择的往往是非新闻专业的学生，从事媒体行业不需要经过新闻专业教育成为媒体共识。二是学界理论研究与业界实践需要之间的错位。业界改革实践中面临的诸多问题迫切需要智力资源的支持，而由于学界

① 雷跃捷：《社会转型时期我国新闻传播教育的成就和问题》，载于《新闻教学与学术研究》2012年刊。

② 吴廷俊、王大丽：《从内容调整到制度创新：中国新闻教育改革出路》，载于《西南民族大学学报（人文社会科学版）》2012年第7期。

③ 陈勇、王远舟、吴晓川：《高校新闻教育与媒体接轨状况调查》，载于《新闻界》2008年第1期。

与业界缺少对话平台上的沟通交流，学术研究往往游离于业界之外，在自己圈定的范围内自说自话，学界对业界重大改革的参与度在下降。

学界与业界、理论与实践脱节的困惑在纸媒时代就长期存在，而媒体转型进一步加剧了这一对矛盾。从理论上说，新闻领域的转型应该是新闻媒体和新闻教育的双转型，两者的同步转型可以起到良性互动的作用。新闻媒体转型是新闻教育转型的催化剂和动力因素，新闻教育转型为媒体的人才转型注入活力，加快新闻媒体的转型进程。但现实情况却是新闻媒体转型步伐加快，新闻教育转型节奏迟滞，甚至与媒体转型呈背离趋势。在转型不同步的情况下，媒体转型的背景进一步增加了学界与业界沟通对话的难度。

二、体制改革、媒介融合、自媒体时代：传统新闻教育的三大挑战

2013年，转型成为中国媒体最重要的关键词，改革进程比以往任何时候都更显迫切。这种改革已经从单纯的技术层面深入到媒体体制与内容转型、媒介生态环境与格局重构等深层内涵。媒体转型对新闻教育的诸多层面都提出具体挑战，这也使得学界与业界、理论与实践脱节这一新闻教育的主要困惑有了新的表现。

（一）媒体体制改革挑战新闻教育传统目标和师资队伍构成

在相当长的时期内，我国新闻教育是把培养党和政府的"喉舌"作为核心目标理念的。在这种新闻教育传统目标的支配下，形成了一套符合事业单位要求的人才培养模式。对学生政治素质的强调超过了专业素质的要求，各高校采用的新闻理论教材也都把政治性的意识形态内容置于开篇的重要位置，并且贯穿教材始终，占有相当大的篇幅。学生一进入高校，首先接受到的专业教育告诉他们，未来将进入的媒体单位属于事业单位性质，未来所扮演的职业角色是党和政府的"喉舌"。

我国的这一传统新闻教育目标是与计划经济时代作为事业单位性质的媒体需求相适应的。然而随着新闻媒体的体制改革已经从局部发展到全面，整体的转企改制成为正在进行时，而蓬勃发展的新媒体则是完全的企业性质。所以，无论是转企改制后的传统媒体，还是完全企业化运作的新媒体，需要的都是能适应灵活的企业化机制、具备专业化素质的媒体从业者，而不仅仅是"喉舌"。

另一方面，随着媒体体制改革的逐步深化，向企业化方向发展的传统媒体一般不再提供具有事业编制的工作岗位，而是以聘用制取代，进入的门槛也越来越高。因此许多新闻专业毕业生选择新媒体作为就业单位，门户网站成为新闻专业毕业生的一个主要就业去向。这种由于媒体体制改革带来的就业趋势变化，要求高校新闻院系强化新媒体人才教育培养力度。全面的新媒体教育需要课程、设备、师资相配套的教学体系，虽然目前大部分高校新闻院系都开设了网络新闻传播等理论课程和网页编辑制作等实践操作课程，并投资购入相关的软件平台和操作设备，但是在配套师资方面存在明显缺陷。

在高校新闻专业教师队伍中，具有媒体从业经历的人才历来稀缺，而具有新媒体从业经历的就更为罕见。近年来许多新闻院系通过人才引进、兼职客座等方式，为新闻专业师资队伍增添了业界力量，一些具有丰富媒体从业经历的人进入高校成为全职或兼职教师。比如，教育部推出的高校与媒体从业人员互聘"千人计划"，双方单位交叉兼职，媒体从业者与高校教师互换身份，从而打破学界和业界壁垒，实现相互对接。但这些举措主要还是从传统主流媒体中选择业界人员，而对新媒体业界很少触及。新媒体从业人员中硕士及以下学历者居多，而高校设定的博士

学历进入门槛以及较高的理论水平要求，使新媒体业界与学界之间的人才流通更为困难。

由于缺少直接来自新媒体业界的师资力量，即便开设了网络新闻传播这样的课程，授课教师也往往"换汤不换药"，由原有师资队伍中的教学人员兼任，而网页编辑和多媒体动画等操作类课程往往由计算机专业教师兼任。这样的师资队伍构成很难在教学过程中给学生提供新媒体领域最前沿的理念和最新鲜的案例，对于新媒体的描述有着明显的"凭想象"的痕迹。

（二）媒介融合趋势挑战专业方向划分和校内实践平台

伴随日益多元化的媒介形态和专业化的发展趋势，许多高校的新闻院系对专业方向的设置进行了进一步的细分化。在按照史论、业务两大类传统粗略划分的基础上，又进一步按照不同的媒介形态细化为广播、电视、报刊、网络等专业或方向，中国传媒大学新闻学院超越了以媒介形态为依据的专业细分，在本科教育中又新增了媒体创意、调查统计、传播心理等更为具体的专业。为了适应新媒体发展和媒介融合的大势所趋，一些高校新闻院系还在原有专业之外开设了新媒体、数字新闻传播、跨媒体传播等相关专业。

表面看来，这种专业设置方式似乎顺应了媒介专业化和融合的大方向，但实际上却与媒介融合趋势背道而驰，人为制造了学科内部的割裂和壁垒。媒介融合要求的是把融合的理念贯穿在新闻教育的各个层面，贯穿在学生对新闻生产流程认知的各个环节，而不是独立于其他专业方向之外。这些专业的单独设置本身就与融合的要求存在悖论，而且会造成有限的师资和设备向这些专业倾斜，无形中分割了新闻院系其他专业的教学资源和学习融合新闻制作与数字媒体传播的机会。

受到媒介融合趋势挑战的另外一个方面是校内媒体实践平台。校内媒体实践平台作为新闻专业学生重要的实践平台之一，是对课堂新闻教育的一种课外补充，也成为高校新闻教育的一个基础元素。

在媒介融合和全媒体转型的趋势下，一些走在新闻教育前端的高校新闻院系进行了打造融合型校内实践平台的尝试。人大新闻学院组织学生自办《新闻周刊》，在此基础上又创办网络电视台、网络电台和网站，形成"接力传媒集团"。中国传媒大学电视台斥巨资购入直播车设备，并建立中传网络电视台，在新年音乐会等重大校园活动中，中传电视台全程直播，中传网络电视台联合优酷、搜狐等多家视频网站开展同步网络直播。以汕头大学为代表的一些高校建立融合媒体实验室，作为校园媒体的补充平台。

但构建校园全媒体平台的尝试仅仅局限在少数财力充足、新闻专业教育名列前茅或独具特色的高校。大部分普通高等院校不具备构建校园全媒体平台的实力，一般不拥有融合媒体实验室和校园电视台，主要以校园广播和校报校刊等传统校园媒体为支撑，在运作方面也各自独立，互相没有交集。这也就使得多数新闻传播专业的学生在校期间日常接触的校内媒体实践平台与未来工作中将要接触的全媒体平台在运作方式上差距过大，造成毕业生在职业生涯的起步阶段很难适应这种跨度很大的工作方式。

（三）自媒体时代来临挑战专业课程设置和传统教学内容

社交媒体和智能移动终端的普及昭示着"全民记者"的自媒体时代真正到来。在"人人都是记者"的时代，媒体从理论上拥有了来自社会各阶层和不同学科背景的庞大报道者队伍，因此具有丰富学科背景的非专业报道者不再稀缺。而正是由于报道者队伍的复杂性和非专业性特征，媒体对拥有新闻专业背景的专业化媒体人才需求量在增大。美国密苏里大学新闻学院高级社会研究中心主任孙志刚认为，以往媒体对新闻从业者的要求是具有 40% 的新闻专业素质和 60% 的非新闻素质。而现在却相反，60% 的新闻专业素质和 40% 的非新闻素质成为新的要求。① 可以说，自媒体时代是一个专业门槛最低的时代，却也恰恰是对专业性要求最高的时代，对专业素质的重视达到前所未有的高度。

从目前我国高校新闻专业的课程设置情况来看，综合性的基础课程占有总体学时学分的较大比例，而专业类课程明显偏少。尤其是在学生进入高校的第一学年，在夯实专业基础的入门阶段，专业类课程一般只设置有新闻理论基础和中外新闻史两门，大部分学时学分被公共课和文学基础课占据。

基于对新闻从业者"杂家"的要求，适度增加人文社科类的基础课程对于新闻专业学生形成广博知识背景、构建完整知识体系而言，无疑是必要且顺应学科交叉融合趋势的。但我国新闻教育的这种课程设置存在两个方面的问题：

一是在占有大量学时的人文社科基础课中，文学类基础课过多，而与新闻从业密切相关的经济、法律、社会学、哲学等课程比例很少，甚至没有。一项调查显示，开设文学专业课的学校占样本总数的 78.8%，而开设法律和经济类课程的学校仅占样本的 23.5%。② 这样的课程体系虽然表面看起来增加了新闻专业学生的综合人文素质，而实际上由于综合性课程涉及面的单一，仍然难以培育起学生的广阔视野和丰富的学科背景。

二是在专业课程中，专业理论课程又占有相当大的比重，导致原本就学时不足的实践操作类课程进一步受到挤压。在专业实践课程中，采写编评等传统职业技能训练又占据主导地位，而与现代化新闻生产流程要求相适应的报纸电子排版、视频制作软件等操作类课程学时受到压缩。

再从教学内容来看，我国传统的新闻教学内容在自媒体时代也显现出短板。一方面，自媒体时代对于新闻专业主义教育提出更高的要求。而我国传统的新闻教学中，对专业主义理念涉及甚少，对学生的新闻专业主义精神缺少培养意识。甚至在很长一个时期内，一些新闻专业教师把专业主义作为敏感话题，避而不谈，更不要说在日常教学过程中潜移默化地渗透专业主义理念了，因而新闻专业学生的专业精神淡薄也就不足为奇。另一方面，学生毕业后选择创办自媒体，将可能成为另一个新的就业去向。在未来的新闻专业毕业生中，可能会出现越来越多如罗振宇一样的自媒体人，创办如《罗辑思维》、《晓说》一样的脱口秀节目。而在我国现有的新闻教学体系中，很少有新闻院系组织和指导学生进行创办自媒体的教学尝试。

在这样的课程体系设置和教学内容框架下，在有限的学习时间内，新闻专业学生难以构建起丰富完整的知识结构和学科背景，没有培育起自觉的专业主义精神理念，也很难熟练掌握基础职业技能和自媒体创办经验，在自媒体时代也就丧失了应有的专业优势。

三、变与不变：新闻教育的辩证应对策略

媒体行业本身就是一个富于变化、在变化中求生存的行业。在媒体转型的大背景下，新闻业界的变化速度更是前所未有。而教育的改革进程是相对迟缓的，尤其是在涉及教育制度、教育理念、教育传统等深层内涵时，更是一个长期渐进的过程。因而要求新闻教育的改革进度与新闻媒体的转型步伐完全同步也是不现实的。

① 姜巍：《再议媒介融合趋势下的新闻教育改革》，载于《今传媒》2013 年第 7 期。
② 陈勇、王远舟、吴晓川：《高校新闻教育与媒体接轨状况调查》，载于《新闻界》2008 年第 1 期。

在这种情况下，新闻教育所能做的是把握变与不变的辩证关系，在坚守中适度调整。无论新媒体技术如何发展，传统媒体如何转型，媒体格局如何剧变，有一点是贯穿始终的，那就是媒体对专业主义精神的追求不会变，对采写编评等基本职业技能的需求不会变。对于我国的新闻教育而言，理当以专业理论素养教育为基础，以专业基本技能训练为重点，形成以职业化为特征的新闻教育体系，从而以专业化的"不变"来应对媒体转型中的"万变"。

【成文胜，中国传媒大学新闻学院副教授；荣翌，中国传媒大学新闻学院新闻学专业 2013 级博士生】

规范与自由：方法论上的矛盾二重性
——读《电视与乡村社会变迁》有感

【摘　要】本文从方法论角度对《电视与乡村社会变迁：对印度两村庄的民族志调查》一书的优缺点进行评析。该书在研究方法和写作手法上所具备的规范与自由两种特性构成了一对矛盾，既使该研究呈现出诸多优势，也使之留下了诸多缺憾。

【关键词】研究方法　规范　自由

■　田　园

　　见惯了对传播效果的量化分析，难免会对精心控制的变量和细微严谨的调查问卷生出些许倦怠，而一部不乏文学味儿的民族志作品却似酷暑中的一杯冰镇冷饮，让人精神为之一振，耳目为之一新。从这一角度上讲，与其说民族志是一种通过田野调查来对人类社会进行细致描述的研究方法，不如说它更像一种能够借助社会这所"自然实验室"来带领读者参与到大众日常生活的有效体验——在未经历完这一旅程之前，一切都是个谜。

　　像大多数"西式"风格的研究一样，美国学者柯克·约翰逊（Kirk Johnson）的《电视与乡村社会变迁：对印度两村庄的民族志调查》（以下简称《电视与乡村社会变迁》）严格遵循了"提出问题（第1章）——梳理文献（第2章）——方法介绍（第3章）——研究背景回顾（第4章）——开展研究（第5、6、7、8章）——得出结论（第9章）"的学术逻辑，较为系统、全面地梳理了电视这一大众传播媒介在印度两村庄社会变迁中所扮演的角色；而又如同大多数民族志作品一样，这一建立在参与式观察和深度访谈基础上的研究在学术之外又平添了几丝生活气息，使作者得以凭借自己早期在被访社会语境中13年的生活经历、历时9个月的田野调查、融贯中西的文化背景，以完全能够入乡随俗的"当地人"和兼具敏感性、观察力且训练有素的"研究者"的双重身份深入其中，获得了许多细致入微、富有洞察力的见解。如此一来，这部作品便无形中在研究方法和写作手法上具备了规范和自由两种特点，这种矛盾的二重性在全书中一以贯之，既造就了该作许多同类民族志作品所不具备的优势，同时也留下了诸种难称完美的缺陷和遗憾。

一

　　其实无论从B. S. 巴维斯卡为该书所作的序言中，还是从作者本人对研究方法的介绍中，均不难发现：研究者柯克·约翰逊是一个对其所要研究的地区有着较高熟悉度（如童年在印度乡村度过了13年，在印度西部接受的中学教育等），同时又受过西方良好社会学教育（分别获得了社会学学士、社会学和国际研究硕士、社会学博士学位）的人。然而可贵的是，他没有将自己先前所具备的这些优势直接拿来作为研究的"眼镜"，用自己的过往经历或书本中的社会学理论对现实情况加以佐证，而是从零开始，重新进入村民的实际生活中，观察他们的一言一行甚至一颦一笑，做了大量扎实的田野调查，尽可能客观地记录下自己的所观所感，然后才将这些鲜活的一手资料与早年的所见所闻作对比，并借由自己的社会学知识进行分析，为读者绘就出一幅动态的、栩栩如生的印度乡村生活图景，接续性的观察时间、对比的视阈、夹叙夹议的呈现共同构成了该研究的一大亮点。

该研究的另一个值得称道之处是作者对于整个研究方案的反复、周详的通盘考虑。在第1章的绪论部分，作者第一次就该研究的主要方法——质化访谈和参与式观察作了灵感来源上的介绍，并尽可能地突出此种方法的创新之处；随后在第2章的文献回顾中，作者也似有意加入了"关于研究方法的若干考虑"一部分，对这种方法进行了理论来源上的阐释；接下来的第3章便是重点介绍研究方法的部分。由于方法对一项研究至关重要，因此在这部分中，作者未吝笔墨，从观点、目标到村庄选择、数据收集、受访者选择等与研究相关的各个方面都作了逐一介绍，甚至不惜引用了自己观察村庄的第一件大事——婚礼仪式的案例，以说明自己一步步"融入"村庄、村民的过程。有意思的是，这部分并非作者对其研究设计的结果式呈现，而是几乎将其研究方案从"初稿"到"终稿"历经曲折的整个过程都做了一一交代，如第一次访问了18个村庄后初步确立了一些村庄选择的标准，而后又依据

现实情况重新评估了这些标准，最后，在研究地区更大范围内访问了更多村庄后，加入了语言、习俗、接近性、种姓、向城市迁移程度等因素，又重新确立了一套村庄的选择标准。在介绍访谈方法时作者也同样遵循了这种具体全面的思路，对于不同访谈阶段具体做哪些工作、为何要这样做、如何记录访谈内容（如慎用录音方式）、如何处理访谈记录、访谈的问题如何设定、访谈的参量如何界定、如何选择访谈的措辞，等等，都进行了讨论。这些深入具体的操作方法对很多民族志研究的初学者来说可以提供非常有益的参照。

如果说上述优点均是由作者良好的研究习惯和该研究的规范特性所带来的，那么作者在操作上的自由则使研究具备了另外两个不可多得的优点：细致和生动。

该研究的细致具体表现在三个方面。

首先，对于深访资料处理的细致。在该研究的主体部分（即第5、6、7、8章），作者使用了大量访谈资料，在处理这些资料时，其方式是灵活多样的：既有对受访者所述内容的大意归纳、概括和总结（即转述），也有对受访者针对某个问题所作回答的完整、全篇幅呈现（即直引）；对于同一个问题，既有所谓"优势种姓"的人的回答，也有相对"低等种姓"的人的回答，既有赞同的观点，也有反对的意见，既有男人的态度，也有女人的看法，既有老年人的倾诉，也有年轻人的声音。这种细致、周密的考虑对研究最后的结论来说是极为关键和难能可贵的。

其次，研究过程中对细节性问题的关注。在一些研究中，研究者可能被告知要尽可能顾全大局，而不要在一些细枝末节上纠缠，而在社会科学研究领域，这种"纠缠"可能是有益且必要的。在该研究中，作者在记录一些受访者对问题的回答时，不仅记录下了他们所说的内容，甚至

完整地还原了他们说话时的神情、对问题的反映。例如述及电视对人们重新组织自我和人际关系的问题时，作者在一名受访者的谈话前注明了"一个自我感觉时髦并认为自己的服装反映了电视潮流的村民说"①；针对社区里的事，作者注意到"最畅所欲言的参与者是年轻人"②。大多数时候，作者对受访者的身份作了有助于读者理解的标注：一个育有4个孩子的母亲、一位40多岁的女性、一个刚结婚的男人、一个即将外出打工的人、一位接受过大学教育的年轻男子，等等。这些对不同身份、地位、年龄、经历的受访人群的区别是意义重大的。此外，从头至尾读罢这部民族志研究，一个更让人印象深刻之处是：尽管深度访谈是该研究借以获取结论最重要的方法之一，作者却并没有陷入"唯访谈是从"的误区，对受访者所传达的观点不加分析地接受，而是将其与自己的所观所感相结合，力求全面地为读者呈现一切并尽可能作出合理分析。例如针对村庄中的种姓间交往和关系，作者所接触到的大多数受访者都表示村里的种姓关系很好，而作者却敏锐地注意到"人们告诉我的内容与他们的行为之间有许多矛盾之处"③，并直白地指出："我从未见过这两个种姓之间存在友好关系。他们之间的交往要么是生意上的、政治上的，要么是出于生活需要。我从未在该村见过马拉地人与低等种姓之间的社会交往。"④针对这种现象，

作者也利用自己获得的认识作出了解释："关于种姓关系，有一种在政治上正确的表述方法……当人们被问及种姓关系等富有争议性的问题时，人们试图做出最佳的回答。"⑤

最后，对最终结论的全面考量。在整个研究过程中，柯克·约翰逊十分注重一个方法之外的方法，即在答案中提出问题，在调查中发现假设。他不是预先假定好自己的研究结论，而是追求一种研究中的"自然"法则，让事实自己说话。即便在已经得出结论之后，作者也并不止于此，而是对所得到的结论举一反三。例如几乎是在确知了电视对乡村社会变迁的推动作用之后，作者仍没有一味渲染这种变迁，而是看到："社会变迁在有益于一部分村民的同时，也损害了另一些人"⑥，并详细论述了电视普及后是如何将那些家里没有电视的人即研究中所说的"信息弱势群体"推向一个更不利的地位的。这样一来，研究所得出的结论便不是单面的，而是立体化的。

与细致的观察相呼应的是作者生动的笔触，这可以说是大多数民族志研究的一个共同特点，而该研究也很好地践行了这一点。无论是绪论开篇对印度村庄生活场景的细致描画，还是贯穿整个研究中对受访者们心理、语气的准确拿捏，无论是对昔日传统乡村生活方式的体验式再现，还是对电视普及后村民新生活方式的展示，都生动

---

① ［美］柯克·约翰逊著，展明辉、张金玺译，展江校：《电视与乡村社会变迁——对印度两村庄的民族志调查》，中国人民大学出版社2005年版，第193页。

② ［美］柯克·约翰逊著，展明辉、张金玺译，展江校：《电视与乡村社会变迁——对印度两村庄的民族志调查》，中国人民大学出版社2005年版，第199页。

③ ［美］柯克·约翰逊著，展明辉、张金玺译，展江校：《电视与乡村社会变迁——对印度两村庄的民族志调查》，中国人民大学出版社2005年版，第110页。

④ ［美］柯克·约翰逊著，展明辉、张金玺译，展江校：《电视与乡村社会变迁——对印度两村庄的民族志调查》，中国人民大学出版社2005年版，第110页。

⑤ ［美］柯克·约翰逊著，展明辉、张金玺译，展江校：《电视与乡村社会变迁——对印度两村庄的民族志调查》，中国人民大学出版社2005年版，第110页。

⑥ ［美］柯克·约翰逊著，展明辉、张金玺译，展江校：《电视与乡村社会变迁——对印度两村庄的民族志调查》，中国人民大学出版社2005年版，第34页。

而富于依据，令人印象深刻。

二

正如本文开篇所言，规范与自由在《电视与乡村社会变迁》这部研究中表现为一对矛盾：规范使整个研究更加周密、严谨，却造成了个别地方的僵硬；自由使作者可以关注到一些他人未必注意得到的细节，同时灵活处理资料，表述更加生动，却也在一定程度上让研究变得零碎、分散。这可能是很多研究都需要尽力平衡的两个问题。

对大量前人相关理论成果和受访者谈话原文的引用是该研究的一个突出特点。诚然，这是十分必要。有时，只有在充分占有资料的基础上，我们才能在更高的层次上认识问题，进而得出更有涵盖力的结论；有时，一些学者的理论或观点可以为我们观察到的现象提供解释，帮助我们从本质上认清现象背后的原因；有时，出自受访者之口的很多话胜过研究者自己的千言万语，能够对某种现象轻易作出解释。然而，若不加辨别和批判地引用，便会给人以一种"为引用而引用"和"理论依赖症"之感，也使研究自身的价值大打折扣。该研究中作者多处所引用的理论和说法其实并非必要的，尤其在第8章对"电视在社会变迁中扮演的角色"的归纳中，作者几乎无一例外地在每个分项下大段引用了受访者的原话，而事实上，这本是最需要研究者在理性视角下做出富有学理性的解读的部分。

由规范带来的另一个僵化之处是该研究的文献综述。与作者对那些复杂访谈资料的处理相比，他处理文献的方式显然不够灵活。首要的一点是，我们不能为了确保涵盖内容的各个方面就选择一个大而化之的标题，因为这往往也是导致

内容随之失去针对性的起点。而该研究就多多少少进入了这样的误区。第2章的标题"理解大众传播媒介"几乎可以套进所有的传播研究理论，作者也确实在这一框架下吸收了包括"媒介效果研究和理论的历史演变"、受众研究主导范式的历史演变、"效果研究"、"使用与满足"、"文化研究"、"传播与发展"在内的六项理论的文献梳理，这固然是全面的，但如此大的铺设面既难以做到详尽，也不利于紧扣该研究所涉及的特定问题。事实上，在该研究的绪论部分，作者已经明确提出了研究想要试图解答的相关问题，这些问题包括："电视在印度乡村社会变迁中扮演了什么角色？它对性别、种姓和家族关系有什么影响？村民的追求、期望和所关心的事是什么？电视对这些有什么影响？村民认为电视在地区社会和经济发展中扮演什么角色（如果有的话）？"[①]这些问题虽零散，但均主要指向媒介对乡村社会日常生活深层次的制度化影响，依笔者之见，若是从这些问题出发，提炼出一个轴心——例如"媒介与乡村社会变迁研究"来做综述，其针对性和文献价值均会相应提升。

与固守的规范易导致僵化相似，在一些地方，自由的风格也让该研究陷入了"形"散"神"也散的尴尬境地。一个最突出的问题是，作者的各部分论述好比一粒粒珍珠，但全书却始终没有一条能将这些珍珠穿起来的主线，即没有一个主要的和核心的理论框架将各部分整合、联系起来，章节与章节之间、各章节内部之间缺乏有效的联系和内在逻辑性，电视与乡村社会变迁分割开来，现象和理论阐释分割开来。退回到文献综述的问题上去，尽管作者在这部分中介绍了诸多理论的产生和历史演变、主要观点，但这些好似与后文所正式展开的研究都无太大关联，也

---

① ［美］柯克·约翰逊著，展明辉、张金玺译，展江校：《电视与乡村社会变迁——对印度两村庄的民族志调查》，中国人民大学出版社2005年版，第4页。

没有其中哪个理论可以完全统领全书，这使得整个研究的有效性有所降低。

而结构安排的失当或许正是完整框架的缺失所导致的另一个问题。无论是一本好的书籍还是一篇好的文章，评价其"好"的一个最起码标准是：各篇章或各部分安排是否妥当合理，至少应当没有重复之处。可不知是作者有意强调还是疏忽所致，该研究中多处地方出现了重复。例如对有了电视后男人帮女人分担家务的现象、年轻人变得不懂礼貌的现象、人们对电视剧的"痴迷"现象、电视所引发的消费主义现象，等等，都不止一次地在不同部分出现，且都有不同程度地对受访者原话的引用，这反映出全书的框架并非无懈可击。

框架和结构上的零散固然应当警惕，但这并不是最致命的。就一项研究而言，"神"散可能是更需要引起重视的问题。民族志研究说到底是一种研究者将自身置于"整体生活方式"的语境中对价值与意义的考察，这样的考察对研究者提出的一个重要要求就是，要具有系统论思维。也许或多或少受到研究对象和研究目的的影响，

仅就该书的标题——"电视与乡村社会变迁"而言，可能便会让研究者和读者在未研究或未读到研究结果前就有意无意在内心勾画这样的结论：电视推动了乡村社会变迁。这样就使得研究变成了一种无意义的印证。因为只要将媒介与社会分裂开来，就难免会产生一种错觉，即社会变迁似乎是由一种媒介推动的。而事实上，媒介系统也是社会大系统中的一部分、一个子系统，作为一种结构化的社会力量，它是通过对人们日常生产生活的渗透、影响而逐渐触发社会变化的，但它仅仅是众多推动社会变化的齿轮之一。

一项研究，无论采用何种方法，要做到尽善尽美都是十分困难的。除了上述由规范和自由的限度失调所带来的问题，仅从方法上讲，该研究仍有值得我们思考的地方，如将质化方法与量化方法置于对立面的问题、所选择的两村庄在全国范围内的普适性问题，等等。在研究中，我们所要做的是寻找一种最适合特定问题的特定方法，尽可能不断发现不足并尽力去完善它，这是一个比完美更重要的过程。

【田园（1989—　），女，中国传媒大学传播研究院传播学专业2013级博士生】

详而不繁，概而不陋
——读《广播电视概论(第二版)》有感

■ 周家旺

"详而不繁，概而不陋"，这是我读完《广播电视概论（第二版）》一书之后的首要印象。

该书由中国传媒大学新闻学院宫承波教授主编。编者坦言，在翻阅了一系列广播电视概论教材之后，感到无论是框架还是内容，都离媒体创意的教学要求有距离。同时惊奇地发现，在以传媒为特色、以广播电视教育而名世的中国传媒大学，却尚未有人编写、出版过一本《广播电视概论》教材。因此，该书的出版可以说为该校填补了广播电视相关教材的一个空白。

纵观市面上其他广播电视概论教材，其结构大多是按照不同主题内容、以章为单位的罗列式排布。虽然其中隐含着"广播电视基础知识—广播电视实务操作—广播电视经营规制"的编写思路，却容易令读者初读之下满眼名词、概念，陷于细琐而失之脉络。

宫承波教授主编的这本《广播电视概论》却独辟蹊径，尝试站在更高的立足点上，将全书内容分为广播电视历史论、技术论、属性论、传播论、节目论以及广播剧、电视剧论等六大单元，极富涵盖力，令人耳目一新。"历史论"包含了中外广播电视发展的历史沿革；"技术论"兼顾了传统广播电视技术和新媒体技术；"属性论"分为意识形态、产业、公共服务三方面内容；"传播论"则阐述了广播电视小的传播要素和大的生态格局；"节目论"和"广播剧、电视剧论"都是针对广播电视具体业务和内容形式的介绍。在这样的框架下，有关广播电视的历史、技术、产业、规制、业务操作等具体领域和内容都被重新排列组合后吸纳进来。与全书整体框架的阐述思路相协调，每一单元之下，也基本遵循着"先概述后具体"的内容安排，如第五章首先是新媒体技术概观，然后分别介绍新媒体技术为广播和电视领域带来的新变化、产生的新形态。这一清晰、凝练的框架以及对广播电视相关领域内容的精巧安排不仅可以帮助读者一目了然、迅速领会全书的主干结构，培养一种"由知而行"、"由全入微"的思考方式，对相关概论类教材的编写思路也无疑能提供一种有益的启发。

虽然是一本概论书，但该书并非知识骨架的堆砌，而是有着丰厚的"血肉"，在内容上体现出"精炼"和"详略得当"的特点。例如，第十四章介绍"广播电视节目的基本形态与类型"，在对"节目形态"进行了必要的辨析之后，又从"内容属性"、"报道方式"、"结构方式"、"播出方式"、"内容线索"和"其他"等七个方面具体介绍了广播电视节目的类型。其中从"内容属性"角度考察的部分是该章的重点，叙述最为详细；其他部分虽着墨不多，但简要叙述中既有概念解释，又有事例说明，读来明快易懂。

"取精容新"可谓是该书内容上的另一个重要特点。所谓"取精"即撷取精华。面对广播电视领域头绪纷繁的材料，该书为读者悉心取舍，尽可能有详有略地勾勒出全景，刘除容易分散读者注意力的旁枝蔓叶，留其主干、生动例子和鲜活细节。如第二章介绍中国内地的广播电视发展概观时，将这一繁多的历史内容分为"民国大陆时期"、"新中国成立至改革开放前"和"改革开放至今"三部分，每部分又依次划分为几个阶段。在这一清晰脉络之下，突出了诸如延安新华广播电台的产生和发展等重要内容，并引用了延安台曾经播出的部分稿件等生动细节。此外，书中各单元的不同章节各有侧重，内容上去粗取精。所谓"容新"即容纳新内容。书中不仅概括和总结了既有的理论、史实，更增添和注入了很多富有时代感的新成果、新材料；既有相关从业人员的新经验，又有相关学者的新思考，做到了业界动态与学界前沿兼顾。以第三单元为例，不同于一般教科书从"自然属性"、"社会属性"和"特殊属性"等角度的阐述，该书从广播电视的意识形态属性、产业属性和公共服务属性三方面对广播电视的属性进行概括，这无疑是经过深入思考后的创新。

书中行文有述有评，常在大量的客观叙述之后辅以简短有力的评论。这些评论让读者能够了解编者的所思所想，从而架起了编者和读者之间沟通的桥梁；而寥寥数语的点评也对之前的内容起着提纲挈领的作用，发人深省。该书在叙述语言方面体现了简洁与平和的风格，符合教科书客观公正的要求，读起来亦不会艰涩难懂。例如第十六章关于中国广播剧的历史，在论及"文革"时期中国广播剧的历史时写道："1966年进入'文革'以后，广播剧创作也基本陷入停滞。整个'文革'期间，全国生产了不到40部广播剧。"叙述始终围绕着核心内容，常有恰到好处的点评，为读者留下思考空间。

该书首印出版后广受欢迎，陆续被众多高校相关专业选作教材。这次修订，与第一版内容相比较，编者加强了如下两方面工作：一是对整体框架作了补充、调整和完善，如删除了"产业论"部分，保留了"广播电视产业"这一重要内容，并有机地融入到新增的"属性论"单元之中；对"属性论"的创新式总结显示了该书对广播电视理论的新思考。与之前相比，新框架更加合理。二是对具体材料、内容进行了全面更新和优化。有些部分几近重写，如"广播电视节目概说"等部分就进行了大面积改动——首先去掉了冗杂多余的内容，整体更加精炼；其次整合变动了叙述的顺序，逻辑和层次更加清楚；再则增添了新内容，如对《中国好声音》、《最美和声》、《我是歌手》等节目同质化的分析，更具时代感。

参与该书编写的既有中国传媒大学的知名教授，也有年轻学者，体现出严谨的学术性和充满活力的创新性。第二版由赵玉明教授、张凤铸教授担任审订工作，两位广播电视学界权威学者的支持，无疑是对该书内容和质量的肯定。

对于新闻传播专业的学生和研究者来说，该书结构合理、内容翔实，是比较理想的教科书；而对于普通传媒爱好者而言，该书资料丰富，叙述明快流畅，也是提升媒介素养的可选之作。

【周家旺，中国传媒大学新闻学专业2013级硕士生】

以变局思策略，以创意谋变革
——《广播电视创意与策划》评述

■ 刘辛未

《广播电视创意与策划》一书紧扣创意与策划核心，上篇从创意与策划的内涵与意义切入，继而分别从频道（频率）、栏目、节目三个层面探讨广播电视创意策划的要义和方法，遵循的是从宏观到微观的逻辑顺序；下篇则从瞭望窗口类、喉舌与舆论导向类、舆论监督类、娱乐类、社会交流与服务类、情感抚慰类、文化传播类、时尚引领类这八类广播与电视节目的视角，对节目层面的创意与策划进行了更为细致及较为全面的剖析，逐层深入、各个击破。

该书在介绍与解读广播电视领域的创意策划技巧时，注重结合理论观点、时代背景、文化环境、传媒动态进行深入剖析，循序渐进、娓娓道来，而这样的写作与编排方式也更容易为专业大学生和业界实践者所接受。深入具体创新策略之前，该书首先着重论述和强调了当代传媒业的时代背景，从一定的视觉高度来审视当今的传媒业前所未有之变局，并以此作为创新策略和创意策划的启程点和最终目标点，以变局思创意，以创意定策略，以策略谋变局，最终形成传媒产业的良性循环，因此首先了解时代背景有利于更好地做出实践层面的决策。

当下，我国广播电视媒体正处在一个弱肉强食的"春秋战国时代"，群雄争霸的割据局面已由理论预测演变成为旦夕之危。书中指出，当下广播电视媒体正面临着三大挑战：首先来自于"从单一到多元的传播模式"。广播电视内容生产与传播从原来"你播我看"模式进入了更为复杂的矩阵模式，传统的广电媒体已经不能完全掌控这个矩阵模式，新兴的网络媒体、手机媒体等其他移动接收媒体等都在强势攻入这一传播模式之中，新媒体的创新拓展、舆论引导、经营表现、社会包容以及互动平台成为威胁传统广电媒体的"达摩克利斯之剑"[①]。其次是传统媒体的传播对象，即受众，面临着严重流失，网络电视机顶盒、智能手机、平板电脑等不断分流传统媒体受众，尤其是未来的主流群体80后、90后已然失去了对传统广播电视的依赖，黏性大大降低。受众的媒介接触与使用习惯已经发生改变，传统广电更应该脱下"皇帝的新装"，实现自身的改革与突破。最后指出，当前广电媒体正处在一个错综复杂的媒体市场之中，书中观点认为，在大数据时代，媒体市场已经进入了群雄纷争的局面，各类风险投资更眷顾新媒体，传统媒体想在争夺战中分一杯羹，需要付诸更多的努力才可突出重围。与此同时，即便是当下或有一些悲观预测，但广播电视仍然被视为最具价值、最有公信力的信息来源，其需要把握自身优势，推出制作精良

---

① 参考徐帆、徐舫州：《电视策划与写作十讲》，浙江大学出版社 2009 年版，第 2 页。

的广播电视节目，内容为王，权威制胜，以寻求媒体价值的回归。有关媒介格局的分析在第一章概说中分量很重，点明了在当前媒介环境下，广播电视创意与策划的实际意义所在，而后文中有关创意策划的具体方式方法便顺理成章地铺陈开来。

此外，在讲述不同层面、不同类别的节目创意方略时，也注重与时代环境、节目背景、理论概念进行结合，如在介绍瞭望窗口类节目的创意与策划时，首先将大众传媒的瞭望功能加以阐释；论述娱乐类节目的创意与策划时，先将娱乐的概念及娱乐经济的全球背景、中国环境进行梳理和介绍，兼论大众传媒的"麻醉"功能、提供娱乐的职能等；探讨文化传播类节目的创意与策划时，则首先将"文化"的含义、当代文化的基本格局加以剖析。每一章节都基本遵循的是理论阐述、背景介绍、节目分析、提出创意的逻辑思路展开。市面上一些创意策划类的书籍在理论与背景的论述方面，存在缺失或缺位的现象，《广播电视创意与策划》则能够以此见长，体现出该教材学者的理论深度、从业者的实践宽度及策划者的创意高度。

在语言风格方面，该书继承了"媒体创意专业核心课程系列教材"的一贯风格，简洁有力，朴素平实，求是严谨，并在此基础上增添了活泼生动的趣味性特点，摆脱了空洞乏味的泛泛而谈，能够引经据典、旁征博引，用中外文化中的典故来"借喻"所要表达的对象，如书中提到的"达摩克斯利之剑"、"西西弗斯的石头"等，生动准确地传递了作者的意图，也使得读者能够更多地认知、更好地理解，为这本特色教材增添了可读性和吸引力。

语言方面的严谨质朴同样也表现在案例分析中，使之与所述理论得以良好契合，有"理"有"据"，翔实可感。《广播电视创意与策划》一书着重分析了当下中外广播电视媒体的具体实践案例，具有较强的典型性和时新性，这使得该书在众多广播电视策划类书籍中脱颖而出。学习案例分析可以说是掌握广播电视创意与策划技巧的前提和基础，只有对经典案例的成功经验进行深入细致的挖掘，才能从中获得具有针对性、创造性的实践指导。"工欲善其事，必先利其器。"在学习广播电视创意与策划过程中，案例分析就是事先必"利"之"器"。书中对于中外广播电视节目的分析较为全面，例如第八章对中国娱乐节目的历时性梳理，从综艺晚会阶段到游戏娱乐节目阶段，再到益智博彩节目阶段、真人秀节目阶段，最后进入引进海外版权节目的阶段，详细分析了《春节联欢晚会》、《综艺大观》、《快乐大本营》、《幸运52》、《开心辞典》、《超级女声》、《中国达人秀》、《中国好声音》等电视娱乐节目，继而又从横向视界展开共时性研究，对当前娱乐节目的几种典型形态进行细分，结合中外电视娱乐节目的成功案例，剖析各类节目的特质与成功之道。进而总结前人经验，从定位策划、内容策划、主持人策划、营销策划这四大方面，以由宏观到微观、由核心到外延的逻辑关系提出了娱乐节目的创意策划要领。

滋生于当前媒介变局之下的新节目形态已然"乱花渐欲迷人眼"，名目繁杂，内容宏博，但模仿居多，少有创新。创意乃是广播电视节目之魂，缺少创意，节目就如同无源之水、无本之木，失去了动力和灵性。而对于一本《广播电视创意与策划》教材来说，创意则同样重要，它的"创意"主要体现在书中所述的创新策略之中。仅以该书第二章"频道（频率）层面的创意与策划"为例，教材中提出了具有独创性的"卡位"原则。所谓"卡位"原则实际上是在差异化原则下逆向思维的编排思路，是力图在频道内部追求节目差异化、连续性、整体感的节目串联策略。该书指出，在此原则下有三种具体的编排方式，即"田忌赛马"式，通过优势电视节目类型与强势电视频道竞争，规避同类型节目的竞争；重型打击式，用强势节目连环编排，以持久、递进的方式长时段"卡位"，以保证观众的兴趣延续；竞赛实力式，通过自身的优势节目与其他频道强势节目进行同时段竞争，"冷兵器"直接交战。此外，还进一步提出了细节"卡位"的编排创新，如无缝播出、电视剧的"套播"方式等。总结较为全面、凝练，展现了笔者的创新思维和逻辑思维，其概括性用语掷地有声、字字珠玑，超越了普通教材的平铺直叙、索然无味。可以说，类似的独创性策划方略在书中不可胜数，成为此本教材的点睛之笔。

总的来讲，《广播电视创意与策划》不仅仅是一本传媒类高校媒体创意专业学生的必读之作，同时也能够对广播电视编导、文艺编导、节目导演、播音主持、传媒经济、媒体管理、广告策划等传媒相关专业的教学起到一定的启迪与引领作用。该书的理论高度可适用于学术论文的写作参考，该书的案例分析又能够和学生的专业实践相结合，同时，其独创性的创意策划方略更能够对学生今后的从业经历给予指导。此外，它不仅是传媒高校学科教学的首选教材，更是一本能够指导当下传媒从业者的时代性"行业手册"。兼具理论性、逻辑性、实践性、时代性与独创性，是其得以出类拔萃的根本原因所在。

【刘辛未（1991— ），女，中国传媒大学新闻学院新闻学专业2013级硕士生】

《春晚三十年》读后

■ 李忠利

首届中央电视台春节联欢晚会导演黄一鹤赠给《春晚三十年》一幅气势恢弘的对联：

悦国民、伴国兴、三十年春晚、一路欢歌笑语、风光无限

忆峥嵘、探险峻、五十万宏文、满目珠玑琳琅、智光闪熠

"五十万宏文"实至名归，"满目珠玑"就太"客气"了。

《春晚三十年》确实是点线面结合的鸿篇佳作：每一篇春晚回忆文章是洒落了一地的颗颗繁星，闪耀着独特靓丽的光芒；三十年春晚编年史是璀璨的银河，勾连起对经典的温暖回忆；不同维度的科学分析是各具特色的片片星云，春晚的夜空因此而夺目光彩。《春晚三十年》主要分为两个部分，第一部分详细介绍了从1983年第一次公认的春晚开始，到2012年这三十年间，春晚从横空出世到日臻完美的过程，每篇文章后都附有当年春晚节目单；第二部分则从不同方面对三十年春晚进行了科学系统的探究。

岁月无声流淌，发展日新月异。改革开放后的每一年，太阳对每个中国人都是新的，春晚也是新的。缓缓翻开一页页凝练的文字，轻轻敲开沉睡的心灵，春晚的"昨天·今天·明天"尽收眼底。将眼神望穿于某一岁的春晚回忆录，文章高屋建瓴，着笔于这一年中国的改革东风，这一年共产党的运筹帷幄，这一年艺术生命的再次怒放；这一年春晚的成熟与成长，这一年春晚的改变与创新；这一年春晚给祖国的华丽小结。

2005年我一次看春晚，亦从此倾倒于春晚。七年后《春晚三十年》用文字再现了那一个个萧索的冬天里中央电视台赠与我的最美妙的礼物。1983年春晚的文字记忆里，有太多的"第一次"见证着春晚的与众不同；1985年，春晚直播现场"'茶座'变'场馆'"，新生的"活力少年""兵败滑铁卢"，遭观众一片唾弃；2012年春晚对现代科技的运用登峰造极，形式上回归了全民联欢；……我对春晚的宏观把握源自于《春晚三十年》的精细整理，倾力总结。透过它，我得以全方位地了解这场世界收视率最高，播出时间最长，演员人数最多的电视综艺晚会，我得以弥补其他22年间收看春晚的缺席。翻阅《春晚三十年》，我了解了小品何时走上了电视荧屏，一把火何时点燃了大家的激情，"中国心"何时开始鼓舞最广大的中国人民，宋祖英何时开始与春晚岁岁相伴，"开门办春晚"何时开始成为春晚响亮的口号……我明白了春晚怎样起起伏伏，花开花落，相声和戏曲怎样由鼎盛走向了衰败，混搭何时便开始在春晚落地生花，小品王赵本山怎样吸引住了广大观众的心，科技怎样改变着这场无与伦比的电视晚会……

在细描春晚的锦瑟年华之后，《春晚三十年》又用其独特的视角，合理地分析开始了对春晚"片片星云"的特色解剖。首先是春晚本身的特质，如春晚的表达方式等，接着是对春晚节

目的探究，如春晚歌曲的发展演变等；其次是春晚中的人，如春晚主持人的形象变迁，春晚舞台上的草根明星等；最后是春晚的困境和未来。尽管目录没有详尽地作此分类，但简单探究之后，还是能清晰地发现其中的逻辑关系。

通过细致的"面"的探究，春晚的创造力跃然纸上。其次，先事实，后分析的写作方法，符合正常的学习习惯；这种先横向罗列，再纵向分析的科学构架有利于读者在纵览春晚历史并有独到见解之后，与作者们的一些分析相对照、比较并重新思考。

综上两点，"五十万宏文"对《春晚三十年》来说实至名归。但是问题同样存在。

第一，该书资料价值丰厚，审美价值略显不足。第一部分的回忆文章，分别由不同人执笔。按照该书后记说法："参与本书写作的有博士生、硕士生、也有本科生……"此外，本书半年左右完成并于2012年8月印刷第一版，由此可以粗略地判断该书的大部分笔者出生在85后（硕士研究生、博士生均按照三年制计算，本科一年级按照18岁计算），这些作者从出生到有价值判断能力和审美观念至少要六年以上。同时我了解到该书笔者还包括一部分在职教师。这些足以让我们得出如下结论：一大部分执笔者由于年龄原因没有机会感受1983年至1990年（以三年级博士生6岁开始看春晚为标准计算）的中国，导致了对当年中国人精神的饥渴以及对文化食粮的诉求无法感同身受。他们可能为了写作看了当年的春晚，但是这与直接在当年看春晚的感受必然不同，而且差别很大。所以我们看到的是一篇篇缺乏感情体验而仅仅完成了对各方资料及意见客观整理的文章。令人更加失望的是，即使像《千手观音》这样笔者必然看过而且举国震惊的节目，文章也几乎将叙述的重点全部放在了该节目为什么是经典上，罗列了一大堆原因。对于如此震撼的节目，再丰满的原因罗列都显得苍白无力。作者的感情在哪里？不带感情的回忆春晚，是对春晚的亵渎。路遥说过："我们永远不丧失一个普通人的感觉，这样我们所说的一切，才能引起无数心灵的共鸣。"审美价值来源于饱满的感情，精致的文字，巧妙的结构，而感情无异于是审美价值的核心。由此说来，该书的文章审美价值不足便是理所当然了。如果编者能多组织一些亲身感受过所写春晚的学者们来抒发意见，或许文章的效果会更加完美，但这或许会影响主编锻炼学生的初衷。

第二，该书的第二部分有一篇分析文章，名为"网民眼中的龙年春晚——新浪博客评论的框架透视"，文章指出："博客代表了精英阶层的观点，……他们的作品更易被媒体转载，进而对网民产生较大影响……"研究网络民意的目的很明确，就是为春晚改进找出方向，继而创作出让更多人满意的春晚。这一切都很合理，但是这篇文章却显示出当下民意调查的一个共性问题：无情抛弃"非网民"。中国互联网络信息中心（CNNIC）7月17日对外发布《第32次中国互联网络发展状况统计报告》。报告显示，截至6月底，我国网民规模达5.91亿，互联网普及率为44.1%，较2012年年底提升了2个百分点，而国家统计局发布的2012年国民经济和社会发展统计公报显示，2012年年末，全国大陆总人口为135404万人。尽管两份数据公布时间稍有差距，我们依然可以估测虽然现在中国网民基数庞大，但其比例不足全国总人口一半，关键在于中国人不是随机选择成为网民的。那么诸如此类的调查公平性何在？剩下一部分人的意见只能带进坟墓么？社会的确在飞速发展，但跟不上速度的人始终存在，因此就要放弃他们的意见，请问是否合理？春晚代表着先进文化，面向的是全体中国人，仅仅凭着几个意见领袖说三道四，太不科学、人道。同时我也很疑惑：为什么各种网络民意调查不计其数，难道调查者不懂这些基本道理么？我想他们懂的，但是网络民意调查既方便快捷，又可以快速掌握足以撼动主流话语的网民意见，"何乐而不为"呢？

第三，对春晚产生的社会影响力阐述不足。在第一部分，文章更多关注本年度政策变化及重大社会事件对春晚节目编排的影响，而对春晚过后大家生活习惯的变化和社会流行趋势的演变未做详细记述；第二部分也只有一篇分析文章"浅析春晚三十年流行语"与春晚影响力有关。春晚因为独有的天时地利产生了无与伦比的影响力，如果对此有所忽视，整个研究就是不够完整的。

也正如张凤铸赠与《春晚三十年》的话：这是一部春晚发展的多彩画卷，是三十年春晚的总结，也是对未来春晚的有力推动……《春晚三十年》让我明白：如果春晚的创造力不灭，春晚便不会灭……

【李忠利，中国传媒大学新闻学院传播学（媒体市场调查与分析方向）专业2013级本科生】

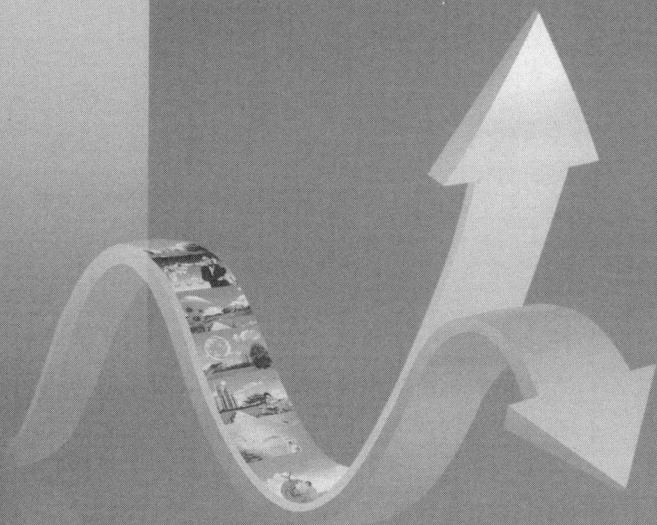

Cover Figure
封面人物介绍

青年学者范松楠

姓名：范松楠

学业经历：

2001年9月—2005年7月，就读于东北师范大学传媒科学学院，获学士学位。

2005年9月—2007年7月，获保送研究生资格，就读于东北师范大学传媒科学学院，获硕士学位。

2007年7月—2011年9月，任教于牡丹江市师范学院，任新闻学专业教师。

2011年9月至今，就读于中国传媒大学传播研究院，攻读传播学博士学位。其中2013年9月至2014年9月，在加拿大西门菲莎大学交流访问。

研究领域：

传媒与公共性；环境传播。

求学感悟：

作为一个出身矿工家庭的孩子，在我的求学路上布满了一串偶然。高考填报志愿时因老师的一句话填了新闻传播学专业；满心想着成为"无冕之王"时阴差阳错地走上了大学讲台；几年下来越发忐忑，才疏学浅万不可误人子弟啊！于是，努力挣扎着成为传说中的"第三类人"。但在这一连串"偶然"中，其实一直有一个疑问萦绕心头，那就是：传播究竟是什么？对于人文社科学科来说，一大困惑就是每每提及某个概念就总能扯出一筐的定义，于是超越本质主义的主张被提出来了。而于我而言，传播是某种关系的建立、维系以及改变，这其中当然包括人类与环境的关系。

中国人讲求"天人合一"，但这个天想必不会是雾霾天。但重要的是，雾霾以最直观的方式开启了国人对人类与环境之间关系的反思。20世纪初，一个叫富兰克林·金的美国农学家不远万里到中、日、韩三国访问，他想弄明白为什么东亚国家能够在几千年的时间里用并不丰饶的土地供给了高密度人口，而欧美国家的土地却在百年间就耗尽了地力。他发现奥秘就在于中国人会用粪便！所有动物和人类的粪便在东亚三国中都被视为宝贝，绝对不可以浪费！它们非但不会像在欧美国家那样被直接排入江河湖海，成为污染源，相反会与其他各种有机垃圾一起被精心处理后成为肥料重新返还给土地，实现了持续循环的农业发展模式。这当然是祖先留给我们的处理农业（人类与自然最基本的关系之一）的宝贵财富。在我看来，这种传统智慧在食品安全成为社会焦点、有机食物身价倍增的时候会启发我们，在追求我们自己的现代化的道路上，也许不能只是向西看品咂他们的药方，也要向东瞧听听老辈的故事。

　　说到老辈不免想到很多勤俭持家的老人形象，如果能坐公交车，他们断然不会打出租。理由当然不是减少 CO_2 的排放，而是"省一块是一块"。诚然，这种对经济利益的维护并不只是个人生活的指导原则，它还是社会中整个生产体系的指导思想。于是乎，在人们反思甚至重塑人类与环境关系的时候，总会蹦出一只额头上写着"GDP、发展、钱"字样的拦路虎。它总是试图迫使我们在发展和环境之间做单选题，全然不顾这二者完全可以共存的可能。但是，在人类已经开始面临全球环境危机的时刻，我总觉得传播或许是驯服这只拦路虎的有力工具。至少，传播会降低人们在意识中对这只拦路虎的恐惧，构建一幅环境友好、发展有序的和谐画面。

　　而我，真心希望可以在这幅画面中描上几笔。

图书在版编目（CIP）数据

新传媒. 2014 年第 1 期／宫承波主编 . —北京：中国广播影视出版社，2014. 6

　ISBN 978－7－5043－7187－4

　Ⅰ. ①新…　Ⅱ. ①宫…　Ⅲ. ①传播媒介—文集　Ⅳ. ①G206. 2－53

中国版本图书馆 CIP 数据核字（2014）第 124884 号

新传媒 2014.1

宫承波　主编

责任编辑	王　佳
封面设计	亚里斯
责任校对	张　哲

出版发行	中国广播影视出版社
电　话	010－86093580　010－86093583
社　址	北京市西城区真武庙二条 9 号
邮　编	100045
网　址	www. crtp. com. cn
电子信箱	crtp8@ sina. com

经　销	全国各地新华书店
印　刷	高碑店市德裕顺印刷有限责任公司

开　本	889 毫米 ×1194 毫米　1/16
字　数	220(千) 字
印　张	13.5
版　次	2014 年 6 月第 1 版　2014 年 6 月第 1 次印刷

书　号	ISBN 978－7－5043－7187－4
定　价	30. 00 元